매매춘,
한국을 벗기다

매매춘, 한국을 벗기다

ⓒ 강준만, 2012

초판 1쇄 2012년 3월 30일 찍음
초판 1쇄 2012년 4월 6일 펴냄

지은이 | 강준만
펴낸이 | 강준우
기획 · 편집 | 김진원, 문형숙, 심장원, 이동국, 이연희
디자인 | 이은혜, 최진영
마케팅 | 박상철, 이태준

펴낸곳 | 인물과사상사
인쇄 · 제본 | 대정인쇄공사
출판등록 | 제17-204호 1998년 3월 11일

주소 | (121-839) 서울시 마포구 서교동 392-4 삼양E&R빌딩 2층
전화 | 02-325-6364
팩스 | 02-474-1413
www.inmul.co.kr | insa@inmul.co.kr

ISBN 978-89-5906-212-6 04300
      978-89-5906-013-9 (세트)

값 12,000원

매매춘,
한국을 벗기다

국가와 권력은 어떻게
성을 거래해왔는가

강준만 지음

인물과
사상사

왜 '매춘'이 아니라 '매매춘'인가?

한국 매매춘의 역사 현장을 산책하기 위해 가져야 할 첫째 자세는 왜 '매춘'이 아니라 '매매춘'이라고 해야 하는지를 이해하는 것이다.

1986년 10월 14일 한국교회여성연합회는 '매춘 문제와 여성운동'이란 주제로 세미나를 개최하여 기지촌 여성들의 현장 증언, 제주도의 기생 관광 실태와 매춘 여성 인권유린 현장, 동남아 성매매와 여성 인권유린 현실의 심각성을 부각했다. 이 세미나에서 우리나라 성매매 반대 운동 사상 처음으로 매춘에 대한 개념 정의가 이루어졌다.

이 세미나에 참석한 손덕수와 이미경은 종래의 '매춘賣春'이라는 용어가 잘못되었다고 지적했다. 손덕수는 우리나라에서 처음으로 "매춘은 몸을 파는 사람과 몸을 사는 사람이 있을 때 성립하므로 '賣春婦'와 '買春夫'가 똑같이 문제가 되어야 한다. 그러므로 매춘을 매매춘賣買春

이라 부르는 것이 마땅하다"라고 하며 용어의 적확한 사용을 촉구했다. 이미경도 '사는' 남자 쪽을 강조하며 '매매춘賣買春' 혹은 '매춘買春'으로 쓰기를 주장했다.[1]

이후 '매춘' 대신에 '매매춘'이란 용어가 널리 쓰이게 되었는데, 이 글에서도 '매매춘'이란 용어를 쓰기로 한다. 그러나 인용 문헌에 '매춘'으로 나와 있는 것은 그대로 표기하였음을 밝혀둔다.

매매춘은 문화권별로 성性 문화가 어떠한가에 따라 다양한 모습을 보이고 있다. 미국 뉴욕 주립대의 부부 교수인 번 벌로Vern Bullough와 보니 벌로Bonnie Bullough는 《매춘의 역사》(1987)에서 "매춘이란 명확히 성관계, 여성의 처녀성, 여성의 간통 등에 대한 종교적 견해나 철학적 가설과 결부되어 있다"라며 다음과 같이 말한다.

"여성의 처녀성이 찬양되고, 여성의 간통이 처벌되는 사회에서는 아마도 제도화된 매춘이 성행할 가능성이 더 클 것이다. 매춘은 또 결혼의 패턴에도 관계가 있으며 여성들이 결혼을 어렵지만 매우 가치 있는 일로 생각하는 경우, 아마도 매춘 발생률이 높아질 것이다."[2]

이 진술은 한국이 세계 최고 수준의 '매매춘 공화국'이 된 이유를 시사해준다. 겉과 속이 다른 이중성 또는 신축성이야말로 한국 성性 문화의 핵심이 아니겠는가. 여기에 오랜 기간 외국 군대를 주둔시킨 한국 근현대사의 비극이 가세해 그런 결과를 낳은 게 아닌가 생각한다.

매매춘은 인류 역사만큼이나 오래됐다. 고대 그리스 사서에 매춘부의 존재가 처음 등장했는데 매춘을 뜻하는 영어 'prostitution'도 이때 비롯됐다. 어원에는 여러 해석이 있지만, '앞'을 뜻하는 'pro'와 '서 있다'는 뜻인 'stitution'이 합쳐진 것으로 문 앞에서 남성을 유혹하는 행위를 뜻한다는 풀이가 우세하다. 고대 그리스·로마 사회에서는 매춘부들에게 구분되는 옷을 입혔고 세금도 부과했다는 기록이 남아 있으며, 고대 히브리 사회에서는 외국 여자에게만 매춘을 인정한다는 법률을 제정하기도 했다. 집단을 이룬 '매음굴'이 등장한 것은 중세 유럽 때부터였다. 이곳은 중요한 세원으로 정부의 보호를 받으며 번성하다 종교개혁으로 철퇴를 맞았지만, 이는 곧 다른 형태로 부활해 오늘에까지 이르고 있다. [3]

한국 매매춘의 기원은 본문에서 다루기로 하자. 그런데 기원을 찾다보면 매매춘과 간통의 근본적인 차이는 무엇인가 하는 의문에 봉착하게 된다. 매매춘은 돈을 매개로, 간통은 사랑을 매개로 한다는 차이를 지적할 수 있겠지만, 오늘날 '대중화' 된 간통은 그런 차이를 무의미하게 만드는 경우가 많다. 이 책 끝에 〈간통의 역사: 한국은 어떻게 '간통의 천국' 이 되었는가?〉라는 비교적 짧은 글을 부록으로 게재한 이유도 거기에 있다. 매매춘의 역사를 심도 있게 이해하는 데에 도움이 되리라 믿는다.

이 책은 나의 '한국 사회문화사 시리즈' 가운데 《죄의식과 희생양: 대한민국 반공의 역사》(김환표와 공저, 개마고원, 2004), 《고종 스타벅스에 가다: 커피와 다방의 사회사》(오두진과 공저, 인물과사상사, 2005), 《축구는 한국이다: 한국축구 124년사, 1882~2006》(인물과사상사, 2006년), 《강남, 낯선 대한민국의 자화상: 말죽거리에서 타워팰리스까지》(인물과사상사, 2006), 《입시전쟁 잔혹사: 학벌과 밥줄을 건 한판 승부》(인물과사상사, 2009), 《어머니 수난사》(인물과사상사, 2009), 《전화의 역사: 전화로 읽는 한국 문화사》(인물과사상사, 2009), 《영혼이라도 팔아 취직하고 싶다: 한국 실업의 역사》(개마고원, 2010), 《룸살롱 공화국: 부패와 향락, 패거리의 요새 밀실접대 65년의 기록》(인물과사상사, 2011), 《담배의 사회

문화사: 정부 권력과 담배 회사는 세상을 어떻게 변화시켰나》(인물과사상사, 2011)에 이은 열한 권째 책이다. 한국 사회의 모든 것들을 역사적 기록으로 남기겠다는 내 뜻에 지지와 격려를 아끼지 않은 독자들께 깊이 감사드린다.

2012년 4월

강준만 올림

차례

1 장

계집애 고운 것은
갈보로 간다

개화기 이전의 매매춘

　　우리나라에서는 신라 시대에 가무를 담당하던 유녀를 매매춘의 효시로 보지만, 일치된 의견은 없다. 삼국시대부터냐 조선 시대부터냐 하는 논쟁이 있는데,[1] 이는 매매춘의 제도화에 관한 논쟁으로 보는 게 옳을 것이다. 즉, 매매춘은 삼국시대 이전부터 존재했을 가능성이 매우 크지만, 그것이 제도로 정착해 널리 성행했는가는 기록과 자료의 부족으로 판단하기 어렵다는 것이다.

　　기록을 중심으로 보자면, 고려 시대 때 중국에서 관기 제도가 수입되면서 기녀라는 명칭이 붙었고 조선 시대에는 기생으로 이름이 바뀌었다. 본래 기생은 관기와 민기, 약방기생과 상방기생 등을 통칭하는 말로 매매춘을 본업으로 한다기보다는 궁중의 약 제조나 가무를 맡아보던 사람들인데 후에 사대부나 군인들을 상대하는 위안부로 역할이 바뀌었다는 것이 정설이다. 조선 태종 때 창기를 모두 없애자는 주장에 대해 일부 관리들이 "창기를 없앤다면 관리들이 여염집 담을 넘게 돼

훌륭한 인재들이 벌을 받게 될 것"이라며 반대했다고 한다.[2]

조선 조정은 세종 때 부산포 · 염포 · 제포 등 삼포三浦에 왜인 거주 지역을 허용했는데, 이들이 조선 여자와 매매춘을 하는 것에 대해선 강력히 대응하였다. 응징은 어떠했던가? 이규태는 다음과 같이 말한다. "왜인의 머리채를 노끈으로 나무에 매달아 놓는다. 그리고서 많은 사람이 보는 앞에서 활을 당겨 그 노끈을 잘라 땅에 떨어지게 하곤 했다. 한국판 윌리엄 텔이었다 할 수 있다. 이런저런 분노가 결집하여 삼포의 왜란倭亂이 일어났음은 알려진 사실이다." 이후에도 일본인을 상대로 한 매매춘은 계속되었는데, 정조 때의 《대전통편》은 왜인에게 뇌물을 받고 여인을 유인한 자는 참형에 처하고, 매춘한 여인은 장형杖刑 1백과 유배에 처한다고 규정했다. 매매춘한 일본인은 강제 추방하였다.[3]

조선 후기의 관기(1892년).

신경숙은 논문 〈조선 후기 여악女樂과 섹슈얼리티〉를 통해 "조선 시대에는 일반 기녀들뿐 아니라 국가의 공식 의례와 각종 연회에서 음악과 가무를 담당했던 여악이나 관기官妓도 지배층을 위한 성적 봉사 임무에서 자유롭지 않았다"라며 "조선

계집애 고운 것은 갈보로 간다

후기 여악이 관의 영향에서 벗어나 민간 예술의 영역으로 편입되면서 여악의 경영자로 나선 기부妓夫, 남성 가객, 좌상객座上客 등 이른바 '여악 매니저'들에 의해 여악이나 관기의 성적 도구화가 더 심해지게 됐다"라고 주장했다.[4]

조선 후기 들어서는 서울과 평양 등지에 갈보라고 불리는 직업 매춘부들이 소규모 유곽을 이루었지만, 홍등가가 본격 등장한 것은 구한말 일본 군대가 진주한 1904년께부터였다.[5] 사정이 그런 만큼, 한국 매매춘의 역사를 탐구해보는 이 책은 개화기에서부터 출발하겠다.

계집애 고운 것은 갈보로 간다

한국의 매매춘 제도화엔 17세기 이래 공창公娼제도를 택해온 일본의 영향이 컸다. 개항(1876년) 이후 일본의 매매춘 제도는 일본인 거류지에서 시작해 조선 전역으로 확산했다.[6] 《독립신문》은 일본인들의 성매매 업소에 드나드는 조선인들을 비판하기도 했다. 《독립신문》1896년 7월 11일자는 "음녀들이 각처에 많이 있어 빈부를 막론하고 어리석은 사나이들을 유인하여 돈들을 빼앗으며…… 무뢰한 배들이 남의 계집아이들을 사다가 오입을 가르친다니 이런 일은 경무청에서 마땅히 엄금할 일이더라"라고 했다.[7]

청일전쟁(1894년)·러일전쟁(1904년)을 거쳐 일본인들의 침투가 가속화되면서 성적 향락 문화는 일반 대중의 삶까지 파고들었다. 매춘 여

일본인 거류지였던 부산 초량의 1900년 당시 모습. 1897년 강화도조약이 체결되면서 부산이 개항되었고 조선 시대에 왜관이 있었던 부산 초량은 일본의 행정권이 미치는 전관거류지가 되었다.

성을 격리하고, 등록하여 허가를 받게 하며, 세금을 걷고 위생검사를 하게 된 것은 1900년대 중반부터였다.

1904년 경무사 신태휴는 매춘 행위가 공공연하게 이루어지는 것을 못마땅하게 여겨 서울 남부 시동詩洞에 상화실賞花室이라는 매매춘 지역을 만들고 그 외에서의 영업은 못하게 하는 훈령을 내렸다. 내국인들이 드나드는 집은 '상화가賞花家', 외국인들이 드나드는 집은 '매음가賣淫家'라는 문패를 달게 했다. 인천 화개동 등 여러 곳에도 집창촌이 형성되었다.[8]

홍성철은 "당시 일본으로부터 배일적인 인물로 분류됐던 신태휴가 성매매 여성 집단 거주지를 자발적으로 추진했다는 것은 그만큼 성매매 여성의 증가와 성병 문제, 성매매에 따른 사회적 폐해, 성폭력 등으

계집애 고운 것은 갈보로 간다

로 말미암은 풍기문란이 심각했기 때문으로 보인다"라고 분석했다. |9|

　1904년 무렵에는 "전답 좋은 것은 철로鐵路로 가고 계집애 고운 것은 갈보로 간다"는 속요(〈신아리랑타령〉)가 떠돌 정도였다. |10| 갈보蝎甫의 '갈蝎'은 중국 말에서 온 것으로 밤에 나와서 사람의 피를 빨아먹는 취충(臭蟲, 빈대)을 뜻하는 것이었으니, 욕치고는 끔찍한 욕이었다. |11| 그럼에도 갈보는 계속 늘어나는 추세를 보였다.

일패, 이패, 삼패

　　　　　　권희영은 〈호기심 어린 타자: 20세기 초 한국에서의 매춘부 검진〉이란 논문을 통해 1904년 인천에서 처음 시작된 매춘부들의 위생 검진에 주목했다. 권희영은 "정치가, 군인, 사회운동가 등이 모두 부국강병을 시대적 목표로 설정함으로써 매춘부 치료가 하나의 시대적 요청으로 여겨지게 됐다"라며 "이 과정에서 당시 '매춘부'는 남성의 불안감과 죄책감까지 함께 떠안은 채 가차 없이 그 명예를 짓밟혔다"라고 말했다. |12|

　1906년부터 모든 주요 도시에서 매음세를 징수하는 동시에 매춘부에 대한 위생 검사가 시행되었다. 1909년의 보도로는 창기 숫자가 서울에서만 2,500을 헤아렸다. |13| 1900년대부터 약 광고가 범람한 가운데 1910년 이후에는 성병 치료제 광고가 제일 흔했다. |14|

　처음에 성병 검사에 대한 매춘부들의 저항은 필사적이었다. 성병

구한말 관기 사진. 20세기 초반까지도 관기는 관아에 소속되어 있었다. 그러나 일제 통감부는 1909년 관기 제도를 폐지하고 기생단속령, 창기단속령을 내리는 등 적극적인 공창화 정책을 펼쳤다.

검사가 남자 의사에 의해 강압적이고 비인간적으로 진행되었기 때문이다. 그들은 검사를 피하려고 영업을 일시적으로 중단하거나, 검사 대상에 오르지 않는 기생으로 전업하거나, 지방에 내려가거나, 심지어는 아편을 먹고 자살을 기도하였다. 당국은 포주에 대한 단속을 강화하는 것으로 저항에 대응했다. [15]

1908년 6월에는 매춘부의 가부(假夫: 기둥서방)나 포주들에게 '경성 유녀조합'을 조직하게 해 성병 검사 위반자에 대한 경찰 개입을 강화했고, 1908년 9월에는 경시청령으로 '기생단속령'과 '창기단속령'을 발표해 매매춘 관행의 공창화를 구체화했다. 그렇다면 기생은 무엇이고 창기는 무엇일까? 기생은 매춘할 수 없고 객석에서 무용과 음곡을 할

계집애 고운 것은 갈보로 간다

수 있었던 반면, 창기는 매춘만 할 수 있게 한 구분이었다. [16]

이즈음부터 기생을 일패一牌, 이패二牌, 삼패三牌로 나누는 분류법도 쓰였다. 일패는 양반층의 잔치에 참여해 흥을 돋우는 예전 뜻 그대로의 기생을 뜻했다. 이패는 기생 출신으로 은밀히 몸을 파는 은근자殷勤者 또는 은군자隱君子인데, 이때의 '군자'는 도둑을 양상군자梁上君子로 부르는 것과 같은 반어적 용법이다. 사람들은 보통 '은근짜'라고 불렀다. 삼패는 성매매만으로 생계를 이어가는 여성을 뜻했다. 전통 기생은 이패와 삼패가 기생으로 불리는 것에 분노했으며, 기생만 쓸 수 있는 홍양산을 삼패가 쓰고 다니자 경무청에 항의하는 한편 양산에 기妓 자를 금색으로 새겨 붙이기도 했다. [17]

일제 통감부의 적극적인 공창화 정책

기생은 그들이 사용하는 화장품으로도 분류되었다. 일패는 값이 가장 비싼 양분洋粉을 썼기에 양분기생, 이패는 값이 중간인 왜분倭粉을 썼기에 왜분기생, 삼패는 값이 가장 싼 국산품인 연분鉛粉을 썼기에 연분기생으로 불렀다. [18]

국산 연분(납분)은 그 부작용이 매우 심각했다. 이 연분을 많이 쓰는 여인들은 얼굴이 푸르게 부어오르고, 잇몸이 검어지고, 구토가 나고, 관절이나 뇌세포까지 손상되는 납독의 피해를 감수해야 했다. 납독으로 미친 사람도 생겨났고, 기생의 사생아들도 눈이 멀었다든지 관절

구한말 양분·왜분으로 통칭되는 소위 일제·청제 등 외제분이 등장한다. 특히 일제 구라부(クラブ) 백분이 새로운 광고와 함께 시장을 파고들었다. 광고 문구로는 '최신 과학이 산출한 우량한 백분으로' 등을 사용하여 국산 연분에 비해 부작용이 없고 과학을 바탕으로 한 문화생활을 누릴 수 있음을 강조했다.

이 굳었다는 사례들도 많이 나타났다. 그런 심각한 부작용을 알면서도 연분을 썼으니![19]

　1908년 10월 1일 통감부는 기생·창기·기둥서방 등 468명을 한자리에 모이게 해 단속령에 관한 설명회를 열었다. 통감부는 이들에게 스스로 조합을 결성케 해 성병 검사는 물론 화대 조정에 협조하게 하였다. 새로운 규약은 화대를 한 시간에 80전으로 정했다. 기존에는 시간 여하에 관계없이 1회 4~5원으로 되어 있었는데, 고객들이 이용하기에 불편하므로 시간당 요금을 정해야 일반인들이 더 저렴하게 이용할 수 있다는 이유에서였다. 또 기생과 창기의 연령 하한을 당시 조선의 결혼 가능 연령을 근거로 만 15세로 정하였는데, 이는 일본 국내 공창의 연령 하한인 18세보다 세 살이나 낮고 일본인 거류지의 일본인 창기의 연령보다 낮은 것이었다.[20]

　야마시다는 "일본은 통감부 설치와 동시에 조선인 매음부의 공창화 그리고 일본식 공창화를 추진하였으며 그것은 거류지의·공창화와는

계집애 고운 것은 갈보로 간다

대조적으로 강압적으로 행해졌다. 조선 공창제도의 특징은 일본 국내 또는 거류지에서 풍기 단속을 위해 유곽을 설치한 것과는 달리 시내에 산재해 있는 상태에서 매음업을 공허하면서 매음부의 성병 검사를 중심으로 공창화를 실시한 점이다"라며 다음과 같이 말했다.

"이것은 결과적으로 조선 사회 전반에 매매음을 스며들게 하는 역할을 하였으며 그와 더불어 여성을 성적 도구로 삼는 성 의식 확산에 영향을 끼쳤을 것으로 보인다. 또한 조선 공창제도 확립 과정에서 매음부의 성병 검사가 일관되게 중시된 것은 일본 군대의 강병책에 그 배경이 있었으며 그 실질적인 의미는 매음부의 건강을 위한 것이 아니라 성적 도구의 '안전성'을 확보하려는 데 있었다." [21]

매춘을 알선하는 소굴

1900년대의 공연 예술은 자주 매매춘 논란에 휘말려 들곤 했다. 특히 개신교인들이 반대 목소리를 높였다. 《황성신문》 1909년 6월 3일자를 보면, 개신교 신도 수십 명이 공연 중인 연흥사 앞 건물에서 소리 높여 찬송가를 부름으로써 공연을 방해하였다. [22] 경찰도 풍기 단속을 이유로 곧잘 통제를 가하곤 했다. 경찰 당국은 입장객이 40명 미만이면 공연을 하지 않는다는 규칙을 만들어 시행했는데, 1909년 8월 1일 그러한 규칙에 따라 실제로 극장 문을 열지 못하는 사태가 빚어지기도 했다. [23]

연극장 내 풍기 문란이 심한 건 사실이었던 것 같다. 이승원은 "연극장에는 부랑패류들과 매춘에 종사하는 여성들이 범람했다. 연극장을 찾는 목적도 일차적으로는 연극을 구경하는 데 있었지만, 몇몇 사람들은 '부인석의 갈보 구경도 실컷' 하려는 꿍심을 감추지 않았다"라며 다음과 같이 말했다.

"신문 보도에 의하면 1909년을 기준으로 서울에서 매춘에 종사하는 여성의 수는 2,500명 정도였다. 이들의 주요 활동 장소가 연극장이었다. 공권력은 사복 경찰을 연극장에 비밀리에 투입하여 매춘에 종사하는 사람들을 검거하기 시작했다." [24]

이승원은 "문명개화를 위해 설립한 근대적인 신식 극장들이 매춘

우리나라 최초의 상설 영화관인 단성사의 옛 모습. 1907년 6월 4일 '우리나라 연예계를 발전시키기 위한 목적'으로 건축됐다고 전해진다. 초창기에는 자선 공연을 펼치며 일반 서민들이 가장 많이 찾는 극장으로 애용되었지만 기생들이 등장해 공연을 펼치기도 하는 등 '오락장'이라는 비판을 동시에 받았다.

계집애 고운 것은 갈보로 간다

을 알선하는 소굴로 변해갔다. 단성사, 협률사, 원각사, 광무대 등 근대식 극장은 취군 나팔 소리를 동원하여 사람들을 유인하였고, 이 때문에 도시는 좀더 소란스러워졌다"라며 다음과 같이 말했다.

"사람들은 극장의 취군 나팔 소리에서 탕아들의 방탕한 화류계 생활을 연상했다. 이 때문에 신문들은 극장에서 공공연히 거래되는 '매춘'에 대해서 비난의 화살을 퍼부었다. …… 기생들의 판소리 또한 계몽가들에게 공격을 받았다. 기생의 노랫소리에 패가망신하는 사람들이 속출하였고, 기생방에서 세월을 낭비하는 청년들이 늘어났기 때문이다."[25]

서울 기생이 급증한 데에는 1909년 관기 제도의 폐지가 미친 영향이 컸다. 먹고살 길이 없어진 지방 기생들은 앞다투어 서울로 상경하였고, 적극적으로 영업함으로써 수요를 창출하고자 하였다.[26] 철도 덕분에 지역 간 이동이 자유로워졌고 기생의 법도가 무너진 것도 큰 영향을 끼쳤다.[27]

과거엔 양반만 상대할 수 있었던 기생을 돈만 있으면 누구나 접할 수 있게 됨에 따라 그간의 신분제를 뛰어넘는 한풀이 수단으로 기생 수요가 폭증하였다. 또한 신흥 기생 고객은 기생의 법도를 모르는 자들이라, 기생의 공급도 마구잡이로 이루어졌다. 이런 수요-공급의 상승효과로 기생이 급증하였던 것이다.

임종국은 이 시대의 전반적인 풍기문란은 일본이 정책적으로 조장한 것이라며 "일제의 침략은 칼과 코란이 아니라 칼과 여자로 수행되었다"라고 주장했다. 그는 그 이유로 "첫째는 구한말 집권층의 정치적 불만의 토출구로써, 둘째는 유산 계층의 탕재로 민족자본의 형성을 저해하기 위해서, 셋째는 청년층의 민족의식을 주색으로 마비시키기 위해서" 등을 들었다.[28]

화류계의 친일화 공작

일제 강점 후, 특히 3·1운동 이후 일제의 친일파 보호·육성 공작은 치밀하게 전개돼 심지어 화류계까지 친일화 공작의 대상으로 삼았다. 당시 요정은 조선 엘리트들의 주요 사교·담론 공간이었기 때문이다. 일제의 공작 내용은 첫째, 경성 시내의 기생 전부를 시내 각서에 불러 엄중히 훈계한다. 둘째, 윤치호가 회장인 교풍회와 제휴하여 시내 각 권번의 역원과 경찰 간부 모임을 열어 불령한 음모를 방지하도록 협의한다. 셋째, 새로이 권번을 허가하여 기생을 친일화 하도록 노력한다. 넷째, 내선內鮮 화류계의 융화를 촉진한다 등이었다.

경기도 경찰부장을 지냈던 지바千葉7는 "1919년 9월 우리가 처음 경성에 왔을 당시의 화류계는 …… 기생 800명 모두 살아 있는 독립격문獨立檄文이었다"며 그런 공작을 펼친 결과 "음모의 소굴로 음부陰府나 다름없었던 화류계가 지금은 내선일여內鮮一如를 구가하는 봄날의 꽃동산이 되었다"라고 자랑했다.[29]

실제로 3·1운동으로 크게 고무된 기생들은 대학생이 요정에 가면 지금이 어느 때인데 독립할 생각은 않고 유흥이냐고 타이르면서 함께

原籍京城府
現住京畿道水原郡水原面南水里二○二
【金김杏행花화】(二十二才)

技藝── 劍舞、僧舞、各呈才舞、歌詞、詩調、京城雜歌、西關俚謠、楊琴

水原組合

1919년 3월 29일 건강검진(성병 검사)을 받으러 자혜병원으로 가던 수원조합 소속 기생 일동이 '만세 운동'을 벌였다. 주모자로 붙잡힌 수원 기생 김향화는 징역 6개월을 선고받고 옥고를 치른다. 사진은 일제가 조선 기생들을 관리하기 위해 1918년 발간한 《조선미인보감 朝鮮美人寶鑑》에 실린 김향화 사진.

놀기를 거절하기도 했다. 또 가난한 청년 학생에게 학자금까지 제공하면서 독립투사가 되도록 설득하기도 했다.[30]

그러나 일제의 공작 후 달라지기 시작했다. 기생은 원래 요릿집에서 숙박할 수 없었지만 이후 요릿집에 상시 고용돼 성을 팔기도 했다. 1926년 《개벽》은 "과거의 기생은 귀족적이더니 현재의 기생은 평민적이다. 과거에는 비록 천한 직업이었지만 염치와 예의를 챙겼는데, 이제는 금전만을 숭배한다"라고 했다.[31]

일제는 그런 공작 차원에서 성매매 산업을 육성했다. 미국에까지 소문이 날 정도였다. 《시카고트리뷴》(1919년 12월 26일)은 "일본이 조선에서 가장 먼저 한 일 중 하나는 바로 인종차별적인 윤락가를 만든 것"이라며 "일본인들이 조선에 악의 시스템을 전달했다"라고 보도했다. 이 신문은 "조선 자체에는 이러한 악의 거리가 없었다"면서 "이러한 윤락가는 조선인 남녀의 성적 타락을 위해 일본이 치밀하게 도입한 것"이라고 했다.[32]

평양 기생학교 전경과 예비 기생들. 15세에서 20세까지의 처녀가 이곳에 입학하면 가음곡과 서예 등 기예를 익혀 기생이 되었다(위). 악기 다루는 시범을 보이고 있는 평양 기생학교의 수업 장면(아래).

계집애 고운 것은 갈보로 간다

매매춘 만연, 성병은 '국민병'

　　　　　　　매매춘업이 일본에서 본격 수입되면서 "전통적으로 호색적인 일본의 풍속, 자유방임적, 데카당적 사조가 유입되는 등 성 해방, 성생활의 자유화가 급속히 만연되었다." [33] 1920년대 성병은 '국민병'이 되었다. 과장된 것이겠지만, 한 의사는 "30세 내외의 남자로서 성병 없는 사람이 5할가량밖에 아니 된다"라고 주장할 정도였다. 또 어느 병원은 "병자 100명에 12명 정도가 매독 환자"라고 밝힐 만큼 심각한 수준이었다. 매독의 공포를 불러일으키기 위해 '코가 떨어진다'는 경고가 주로 쓰였다. 실제로 매독 약 광고는 코가 떨어져 나간 여성의 끔찍한 얼굴을 실어 공포 분위기를 조성했다. [34] 그럼에도 매매춘은 기승을 부렸다.

　　《신여성》 창간호(1923년 10월호)는 여학생의 교복과 교표를 지정해야 한다고 주장했다. 여학생을 구별하는 경계선이 무너지게 된 것이 그 이유였다. 기생들이 여학생의 복장이나 스타일을 흉내 내고 있다는 것이다. [35] 그러나 흉내 내는 정도를 넘어 아예 여학생 교복을 입고 매매춘을 하는 데엔 당해낼 재간이 없었다. 1924년엔 여학생 복장을 한 매춘도 등장했다. 여학생도 아니면서 교복을 입고 매매춘을 하는 방식이었다. 또한 포주들이 경찰 단속을 피해 성매매 여성을 학생복 차림으로 내보내기도 했는데 이 때문에 학교 교사들이 동원돼 학생들을 조사하는 일도 벌어졌다. [36]

　　매매춘의 정도가 너무 심해 1920년대 종교계에선 공창폐지운동이 일어났다. [37] 최초의 공창폐지운동 단체는 1924년 남감리제파의 기독교도들이 중심이 되어 결성한 '공창폐지기성회'였다. 공창폐지기성회는 강연 등에 의한 계몽 활동과 12,000명의 서명을 모아 총독에게 '조선 공창폐지신청서'를 제출하는 등의 운동을 전개했다. 1925년 완도에 거주하는 여성 500~600명이 공창 반대 데모를 벌이는 등 지방 여성들의 자발적인 공창폐지운동도 있었다.

그러나 널리 확산하기는 어려웠다. 매매춘을 사회체제의 산물로 보아 사회가 근본적으로 변하지 않는 한 없어지지 않는다고 보는 견해가 유력했기 때문이다. 예컨대,《개벽》1924년 3월호는 "공창제도를 지지하는 죄는 공창 자신이나 성에 굶주린 노동자에게 있는 것이 아니라, 불로소득의 약탈자인 유곽 주인과 그 현상을 보호하는 관료, 빈부 대립의 사회제도에 있다"라고 주장했다. [38]

조선인의 멸망을 위한 매독 정책

공창은 조선 지배 정책의 일환이었기에 폐지는 더욱 쉽지 않았으리라. 1923년 일왕 부자를 폭살하려 한 박열은 일본 경찰의 신문조서에서 일제가 조선인의 멸망을 위해 아편 정책과 매독 정책을 쓰고 있다고 비판한 바 있다.

"일본 정부는 아편의 매매를 금지하고 있지만 그것은 표면상이며, 내실은 그 매매를 공인하고 있다. 아편은 대개 일본인 의사의 손에서 팔리며 도쿄성 제품이 사용되고 있다. 생각 있는 조선인이 그 매매 사실을 알고 관헌에 신고하면 그 위범자는 2, 3일간 구류해두는 데 그치는 것이다. 그러면서도 일본에서의 아편 매매는 엄중히 단속되고 있다. 일본 정부는 은근히 매춘을 장려하고, 성병을 일본으로부터 유입해 결코 매독 검사를 하려 하지도 않는다. 이러한 것 등은 일본 정부가 정책상 조선인의 멸망을 꾀하고 있다는 증거다." [39]

박열의 주장엔 그럴 만한 근거가 있다. 일제는 아편전매정책으로 식민지 유지에 필요한 재원을 보충하였다. 일제는 제1차 세계대전 이후 아편을 이란, 터키 등에서 수입하여 대만과 관동 지역에 판매하다가 한국을 재배지로 택해 대규모로 생산했다. 종전 후 아편 생산량은 감소했지만, 1931년 만주사변 이후 다시 급증했다. 그런 과정에서 국내에 아편이 유행하기 시작했다.

아편을 현실도피 수단으로 쓰는 게 가장 많았지만, 웃지 못할 오·남용 사례도 많았다. 남성의 성 기능을 강화해주는 회춘 약이나 정력제로도 이용되었으며, 심지어는 수면제로까지 널리 쓰였다. 별로 믿기진 않지만 이런 일도 있었다. 《기독신보》(1924년 12월 24일)는 "전북 전주는 아편이 어찌 많이 유행하는지 부인들이 일할 때에는 그 어린아이에게 아편 주사를 하야 잠을 들게 하고 일을 한다. 그러나 그들은 강연을 듣고 이러한 일을 금지하기로 작정하였다"라고 보도했다. [40]

일제가 정책상 조선인의 완전한 멸망을 꾀했을 것 같진 않다. 적당한 멸망이었을 것 같다. 지속적인 이용 가치를 위해서라도 말이다. 박열이 말한 멸망의 의미는 일제의 그런 계산을 지적한 것이었으리라. 조선여자기독교절제연합회를 비롯하여 여러 사회단체가 공창폐지운동을 전개했지만 효과는 없었다. 매춘 여성의 수는 1925년에 조선인 2,085명, 일본인 4,085명에서 1931년엔 각각 5,072명, 4,361명으로 늘어나 조선인 매춘 여성 비율이 더 높아지게 된다.[41]

　　매매춘 여성에 대한 사회의 시각은 싸늘했다. 《동아일보》(1925년 11월 28일)는 매춘 여성을 '사회의 해독'으로, 그들의 몸은 '썩은 고깃덩어리'로 정의했다. 또한 매매춘 여성은 인권의 사각지대에 놓여 있었다. 1931년 4월 함경북도 청전에서 동맹파업을 일으킨 창기 열한 명은 단발을 하고 단식을 하면서 "우리를 절대 해방하지 않으면 죽음으로 대항하겠다"라고 맞서기도 했다.[42]

카페 여급의 2차 성매매 활동

　　1930년대에 성행한 카페의 일부도 매매춘 사업에 뛰어들었다. 1930년대 경성엔 카페가 1,000개나 되었으며, 낙원 카페는 카페 걸 숫자가 70여 명에 이르렀다.[43] 지방 도시의 카페도 만만치 않았다. 1931년에는 이미 광주에서 "여급들의 등쌀에 '놀이'가 없다고 기생들이 동맹파업을 단행하고 경찰에 진정할 정도였다.[44]

　　여자 종업원들은 손님들이 주는 팁으로 먹고살았기 때문에 에로 서비스를 감행했으며, 일부 카페는 심지어 독일 여자 릴데메와 러시아 여자 마리아 니나를 고용했다가 벌금을 부과받기도 했다. 카페가 그런

1930년대 성행했던 카페와 그곳에서 일하는 여급의 모습. '근대의 멋과 풍류'를 상징하던 카페 일부도 매
매춘 사업에 뛰어들었다.

식으로 변질해가자 일제 당국은 1931년 실내조명은 신문을 읽을 수 있
는 정도의 밝기를 유지할 것, 박스(칸막이) 안의 일부는 광장에서 볼 수
있게 개방할 것, 여자 종업원에게 의류 구매를 강제하지 말 것, 여자 종
업원에게 홀에서 댄스나 비천하고 외설적인 행동을 하도록 시키지 말
것 등의 내용을 담은 영업소 내부 규약을 지키도록 지시했다. [45]

　　그러나 그런 지시가 지켜지긴 어려웠다. 《삼천리》 1932년 8월호에
는 다음과 같은 기사가 실렸다. "카페! 카페는 술과 계집 그리고 엽기가
잠재하여 있는 곳이다. 붉은 등불, 파란 등불 밝지 못한 샨데리아 아래
에 발자취 소리와 옷자락이 부벼지는 소리, 담배 연기, 술 냄새, 요란하
게 흐르는 재즈에 맞추어 춤추는 젊은 남자와 여자, 파득파득 떠는 웃
음소리와 흥분된 얼굴! 그들은 인생의 괴로움과 쓰라림을 모조리 잊어
버린 듯이 즐겁게 뛰논다." [46]

규제는 점점 강화돼, 1934년 6월에는 여급들이 창문에서 밖을 내다보지 말 것, 여급이 손님과 절대로 희롱하지 말 것 등을 지시했다.[47] 그러나 에로 서비스는 카페 내에만 머물지 않았다. 카페 밖으로 '2차'를 나가는 수준으로까지 발전했다. 이런 서비스가 조직적으로 이뤄지자 붙은 이름이 '에로단'이다. 단속이 강화된 이후로도 카페 여급의 2차 성매매 활동과 관련된 에로단의 적발을 알리는 신문 기사는 계속 나왔다.[48]

청등홍등 밑에서 젊은 여자들을 끼고 돌아가며 '괴기염'을 토하는 사내들의 취흥이 넘쳐나던 카페. 카페의 성패가 여급의 능력에 달렸기 때문에 '카페의 원조'였던 일본에선 여급을 훈련시키는 학교도 생겨났고, 또 여기서 훈련받은 여급이 경성에 공급되기도 했다.

《조선일보》(1933년 8월 24일) 사설은 조선의 일류 지식분자들이 도박과 비밀 댄스에 도취해 있다는 사실을 지적하고 이들의 자포자기적 행동을 비난하였다.[49] 그러나 때론 자포자기도 힘이 되는 법. 비밀 댄스의 아성인 카페는 퇴폐적인 동시에 급진적이기도 했다. 당시 맹활약하던 공산주의 혁명가 이재유는 "공장 근처의 카페 등에서 유행하는 음악은 현재의 세상을 저주하는 것들이고 다른 음악이 있다면 '죽을 때까지 싸워 보자' 는 정도의 전투적인 음악"이라고 할 정도였다.[50] 1933년 9월에 정사(情死: 동반 자살)한 카페 여급 김봉자가 실은 공산당원이었다는 유언비어가 나돈 건 《동아일보》의 오보에서 비롯된 것이었는데, 그런 오보가 나올 만큼 카페엔 혁명의 기운과 상통하는 말세적 기운이 감돌고 있었다.

태평양 카페, 엔젤 카페 등에서 활약했던 여급 김봉자. 1933년 9월 유부남 의사인 노병운과의 이루어지지 못한 사랑에 절망, 한강에서 투신자살하였다. 다음 날 노병운 역시 한강에 투신자살하며 당대의 대표적 정사 사건으로 기록되었다.

사창굴의 전성시대

여성 단체의 공창폐지운동

해방되었다고 해서 매매춘까지 해방된 건 아니었다. 해방 직후 '향린원'이란 한 여성 단체는 서울의 대표적인 유곽인 묵정동 신정新町 유곽과 용산 미생정彌生町 입구에서 "어머니를 알고, 자매를 알고, 자기 딸을 아는 사람은 유곽에 들어가지 마시오"라는 유인물을 나눠주기도 했다.[1]

여성 단체들이 발 벗고 나섰다. 1945년 12월 전국에 걸쳐 150여 개 지부와 80만 명을 회원으로 둔 조선부녀총동맹은 공·사창제의 폐지를 우선적으로 요구하면서 미 군정 사령관 하지에게 "민주주의 국가에서 공·사창을 공인하고 인신을 매매시키며 시민의 눈앞에 인생 지옥인 인육 시장을 설치하고 사람을 기계처럼 상품화시키는 것은 우리 부녀를 농락함이요, 부녀의 해방을 저해하는 것이며 민주주의 국가의 다시 없는 큰 죄상일 것이다"라는 결의문을 제출하였다.[2]

여성 단체들의 활동에 자극받은 미 군정은 1946년 5월 17일 '부녀

서울 최초의 공창 지역으로 기록된 '신정 유곽' 전경. 1904년 청일전쟁에서 승리한 일본이 본정(현 중구 충무로)을 집단 거류민 지역으로 바꾸면서 현 쌍림동과 묵정동 일대에 신정 유곽 단지가 형성되었다(위). 일본군을 상대로 한 유곽이 있었던 용산 미생정(현 마포구 도화동). 기모노를 입은 일본 여인들이 보인다(아래).

자의 매매 또는 그 매매계약의 금지'를 공포하는 법령 제70호를 발표하였다. 이후 한동안 경찰의 포주 단속이 벌어졌고, 신문은 "이들 창기가 마굴魔窟에서 벗어나와 광명한 사회로 진출하려는 모습을 사진 찍어 독자에게 소개"하는 등 대대적으로 보도하였다.[3] 그러나 오기영은 월간 《신천지》 1946년 9월호에 쓴 〈공창〉이라는 글에서 "이뿐으로서 한 개의 사회제도가 완전히 개선될 수 있는 것인가"라고 회의를 표시하였다.

"정조를 상품으로 삼는 이외에 아무런 생활 수단도 배운 것이 없고 능력도 없고 후원도 없는 그들이다. 갑자기 어느 회사의 여사무원이 된달 수도 없고 써주는 회사도 있을 리 없고 바느질을 배웠으니 침모針母가 되나, 반찬을 할 줄 아니 식모가 되나, 되고 싶으니 써줄 집이 있나. 시골 가서 농사를 지으라고? 더구나 농사를 지으라고? …… 그야말로 몽땅 감옥에라도 쓸어 넣어 이런 에로당을 완전히 소탕했다고 치자. 그러나 여인의 육신을 일시의 상품으로나마 사야만 할 기회조차 없으면 안 되는 독신 노동자 빈민은 어떻게 될 것인가. 이들은 결단코 청교도들이 아니다. 성불을 꿈꾸는 스님들도 아니다. 이들보고 생리의 욕구를 무리하게 거저 참기만 하란다고 사회질서는 명랑하게 유지될 건가. 모두가 안 될 말이다. 인간을 상품화하는 근본적인 모순을 꺾어버리기 전에, 정당한 일부일처의 정의가 확립하기 전에, 불평등한 생활과 빈부의 차별을 천국으로 올려 쫓기 전에 매음賣淫의 필요는 아마 존속하지 않을 수 없을 것 아닐까?" [4]

공창철폐연기운동

실제로 법령 제70호의 발표 이후 인신매매만 더

한층 극심해져 아무런 실효를 거둘 수 없었다. 《조선일보》(1947년 4월 12일)는 "해방 후 조락凋落하여가는 서울! 세칭 서울은 친일파 민족 반역자의 소굴이라고 하는가 하면 생활고에 허덕이는 세민층細民層을 울리고 동포의 피를 빠는 악질 모리배와 독립운동은 고사하고 더욱 정계의 혼란만 조장하는 정치 뿌로커의 집합지라고까지 한다. 여기에 또 한 가지 묵인할 수 없는 사실이 있으니 이는 사창私娼의 번창이다"라며 다음과 같이 말했다.

"현재 시내외는 각 처에 사창굴이 있으며 수천 명 이상에 달하는 사창이 있는데 이즈음 나날이 늘어가는 현상이다. 이곳이야말로 풍기를 문란케 하며 모든 범죄를 양성하는 온상이 됨은 폐일언하고 당국에서 시민의 보건 후생을 기하고자 화류병 근절책으로 공창은 물론 여급 기생들까지 검진하느니 건강증명서를 교부하느니 하는 이때 사창의 번창으로 말미암아 당국의 성의 있는 대책도 결국 수포에 돌아가지 않을까 의심되는 바이다. 사창이라면 별다른 자들이 아니라 이들의 태반은 해외에서 돌아온 전재민戰災民이며 가족과 어린 자식까지 있는 자들이건만 직업도 없고 생활난의 절정에서 막다른 골목에 서자 '살아갈 수가 없어서' 이 길로 나섰다는 한숨과 한탄이 거지반 전부 그네들의 하소연이다. 생활난이 빚어낸 비극 중에도 가지각색이려니와 이야말로 사회의 피를 좀먹는 가공할 비극이라 아니할 수 없다. 서울 거리의 푸라타나스에도 새싹이 트는 봄은 왔건만 나날이 시들어가는 이네들에게는 언제나 새싹이 트고 꽃이 피려나?"[5]

《한성일보》(1947년 8월 2일)는 성매매 여성의 수를 7천에서 8천 명 정도로 추산했다.[6] 김말봉, 박현숙 등 여성 단체 지도자들 10여 명은 공창폐지연맹을 조직하여 기왕에 발표된 법령 제70호는 단지 인신매매 금지령일 뿐이므로 시급히 공·사창을 폐지하게 하는 법령을 제정해달 라고 입법의원에 건의하였다.[7] 이를 받아들여 입법의원은 1947년 10 월 28일 전격적으로 공창폐지법을 통과시키고 즉시 미 군정 장관의 추 인을 요청하여 이듬해 2월 14일 공창제 폐지를 시행하는 법령을 공고 하였다.[8]

공창이 사창으로 바뀌면 어떻게 할 것인가? 이에 대한 대응은 '성 병 병원 신설'이 전부라고 해도 과언이 아니었다. 《조선일보》(1947년 11 월 1일)는 "그런데 이 공창 폐지에 따라 앞으로 사창이 격증할 것이며 따 라서 성병의 전파율도 상당히 많을 것으로 보이는데 서울시에서도 이 성병을 방지하기 위하여 순화병원 3층에 방금 설치 중인 국립중앙성병 원과 현재의 신정병원을 시영 성병원으로 개편 강화하여 사창이 발각되 는 대로 강제수용하여 성병의 일소를 기하리라 한다"라고 보도했다.[9]

1948년 2월 14일, 서울의 창녀들과 포주들은 종로에서 공창철폐연 기운동을 위한 긴급회의를 열고 제각기 억울함을 호소했다. 그중 한 창 녀는 일어서서 이렇게 외쳤다. "우리 동생 부모들은 누가 구해줍니까? 훌륭한 사람으로 만들어준다니 고맙지만, 우리들의 영업 간판만을 떼 가는 것이나 다름없어요! 우리더러 어떻게 살라는 말입니까!"[10] 이런 와중에서 공창제폐지법 제정 반대를 위한 700만 원의 정치자금 모금 사건까지 발생했다. 창녀들에게 1인당 2천 원씩 거둬 모은 돈으로 관련 입법의원들에게 로비 비용으로 사용한 사건이었다.[11]

사창으로 전업한 공창

그러나 공창만 폐지됐을 뿐 매춘 제도 자체가 폐지된 건 아니었다. 매춘부 2천여 명(1947년 10월 현재)은 공창제도가 폐지되자 살 길이 없어져서 대부분 사창으로 전업하였다.[12] 또한 1947년 서울에만 요정이 3천여 개 이상 있었으며, 부산의 매춘 여성의 수는 한 달 동안 연延인원 10만을 돌파하여 '마도화魔都化'라는 말까지 나왔다.[13] 당국은 그저 실효성도 없는 '강력 단속'만 외쳐댔다.

《동아일보》(1948년 2월 17일)는 "공창 폐지 후 사창이 늘어갈 것을 예상하고 경찰 당국에서는 철저한 취체(단속) 대책을 세우고 있는데 경찰에서는 여자 경찰서원을 동원하여 사창 특별수사대를 조직하고 앞으로 매음 행동에 대한 철저한 박멸책을 세우는 동시에 만일 발견할 때에는 엄벌에 처할 방침이라고 한다"[14]라고 당시 상황을 전했다.

같은 신문 3월 10일자에는 다음과 같은 보도도 나왔다. "인천 부내 율목동, 속칭 역무 별장 일대에는 벌써부터 미군 상대의 사창 소굴이라고 하리만큼 소문이 나고 해가 지면 여염집 여인은 통행까지 피해 다니는 곳으로 풍기상 묵과할 수 없다 하며 노총 인천지부 부녀부에서는 벌써부터 경계하던바 8일 상오 5시경 부원 8명이 목을 지켰다. 강금자(가명, 37)의 집에서 미군과 자고 나오는 홍정임(가명, 38), 김정숙(가명, 39), 신복녀(가명, 25) 4명을 잡아 인천여자경찰서로 넘기어 문초 중이다."[15]

인력거꾼이 큰 문제라고 보았던 걸까? 1948년 3월 29일 서울 종로 경찰서장 박주식은 인력거꾼 170여 명을 일제히 소집, "사창 박멸에 차

일본이 패망하고 해방이 되었지만 매매춘까지 해방된 것은 아니었다. 일본군이 떠난 자리는 고스란히 미군이 대치했다. 미 군정은 성매매를 금지하는 법령 제70호를 발표하고 공창제를 폐지하는 등 단속에 나섰지만 오히려 미군을 상대로 한 사창 소굴만 더욱 번성하는 결과를 낳았다.

부들의 협력을 바란다" 라며 "만일 추후 손님을 사창에 안내하는 때에는 공창폐지법에 의하여 엄벌에 처하겠다" 라고 경고했다. 그러나 인력거꾼들은 사창 안내를 중지하면 밥을 먹을 수 없다고 불평하면서 성매매 알선 행위를 계속했다. [16]

엄벌로는 문제를 해결할 수 없다는 것이 점점 더 분명해졌다. 《조선일보》(1948년 3월 31일)는 "행정법령 16호에 의하여 지난 28일 묵정동전 유곽에 남아 있는 전 창기들을 강제 철퇴시킨다 함은 기보한 바이어니와 29일 오전 7시 중부서장 지휘하에 280여 명을 강제 철퇴시켰다고한다. 그런데 강제 철퇴시킨 다음 서울시에서는 대부분이 시영 수용소에 들어올 줄 알았는데 현재까지 겨우 4명이 들어왔을 뿐 나머지 전부는 행방불명이 되고 말았다고 한다. 당국에서는 이들의 행방은 대개 사

기생을 태운 인력거. 1894년 우리나라에 처음 들어온 인력거는 기생들에게 요긴한 이동 수단이었다. 요정에 손님이 들면 대기하고 있던 인력거꾼이 지명된 기생을 권번에서 모셔오는 방식이었다.

창으로 전락한 것으로 보고 있는데 그렇지 않아도 사회문제화되고 있는 사창의 수만 늘게 한 것으로 이에 대한 적절한 대책이 요망되고 있다" [17] 라고 보도했다.

사창을 단속하기 위해 '강연회'를 여는 것이 적절한 대책이라고 생각한 걸까? 《동아일보》(1948년 12월 2일) 보도에는 다음과 같은 내용도 있었다. "서울시 부녀과에서는 포주와 창부에게 공창제도 폐지의 민주성과 도덕적 문화 발전에 관련한 의의를 이해시키고 전부 폐업에 대한 불안과 공포를 없애주는 동시에 그들로 하여금 생활의 자신과 희망을 갖게 하기 위하여 4일 하오 1시 반 묵정동 대석 조합에서 창부 위안 강연회를 개최하기로 되었다." [18]

불야성을 이룬 도시의 요정

그 결과는 무엇이었던가? 보건사회부에서 실시한

연도별 접대부 검진표를 보면 1947년 1만 6,874명이었던 성매매 여성은 1948년 4만 2,567명, 1949년에는 5만 3,664명으로 급증했다. [19] 이에 질세라 상층부 사람들은 요정에 미쳐 돌아갔다. 《조선경제》(1948년 4월호)에는 〈도탄에 빠진 남조선의 민생문제〉라는 글이 실려 세태를 다음과 같이 꼬집었다.

"도시의 요정은 불야성을 이루고 있나니 그곳은 포만도당飽滿徒黨인 친일파 자본가 모리배 악덕 관리들의 호유처豪遊處로 되어 근로 인민들의 세계와는 별천지를 형성하고 있다. 신문 보도에 의하면 최근 1개월 동안 서울 시내의 유흥비는 1억 수천만 원이라 하여 작년 6월 한 달 동안의 유흥세(서울)만 약 6,000만 원에 달하고 있다." [20]

특히 엘리트 계급이 주도하는 '요정 정치'는 미국 기자가 조롱할 정도로 기승을 부리고 있었다. 미국 《라이프》의 사진기자 조지 실크는 서울발 기사에 이렇게 썼다.

"나는 지금 한국의 유명한 기생집에서 파티가 벌어지는 가운데 이 기사를 쓴다. 이 파티는 이와 유사한 51개 파티 중 세 번째 것이다. 지난 수 주일 동안 한국에서는 51개 정치 집단이 우후죽순처럼 생겨났으며, 그들은 저마다 미군 당국에 접근하려고 노력하고 있다. 이에 실패하자 그들은 미국 언론으로 표적을 바꾸어 환대해주고 있다." [21]

1948년에 발표된 소설 《낙조》에서 채만식은 미군의 아이를 밴 춘자의 입을 통해 당시 한국 엘리트 계급의 '정신적 매음'을 이렇게 꼬집었다.

"난 양갈보야. 난 XX 놈한테 정조를 팔아먹었어. XX 놈의 자식 애뺐어. 그러니까 난 더런 넌야……. 그렇지만서두 난, 누구들처럼, 정신적 매음을 한 일 없어. 민족을 팔아먹구 민족의 자손까지 팔아먹는 민족적 정신 매음은 아니했어. 더럽기루 들면 누가 정말 더럴꾸? 이 얌체 빠진 서방님네들아!" [22]

한국전쟁의 비극

한국전쟁은 매매춘과 관련해서도 최악의 비극이었다. 1951년 3월 하순쯤 흑석동에 주둔한 영국군 탱크 부대의 통역관으로 일했던 김병걸은 "흑석동에서 나는 차마 드러내놓고 말할 수 없는 그리고 내 기억에서 영원히 지워지지 않을 민족적인 비극의 현장을 목격했다. 피난 갔던 서울 시민들이 흑석동 일대에 파리떼처럼 모여들었다. 서울은 수복되었으나 아직은 도강渡江이 금지되어 있었다. 그래서 피난민들에게 밀어닥친 큰 문제는 추위와 당장 하루의 끼니를 이어가야 하는 식량 문제였다. 전선에서 결코 멀다고 볼 수 없는 지역이어서 정부의 식량 배급 같은 것이 있을 턱이 없다"라며 다음과 같이 말했다.

"피난민 중에는 남편을 잃었거나 남편과 헤어진 여성들도 적지 않았다. 남편이 없는 여성들이 당장 아사餓死를 벗어나기 위해 할 수 있는 일이란 외국 군인들에게 몸을 파는 것밖에 없다. 창부도 아닌 여인들이 몸을 판다는 건 바로 삶의 파멸을 의미하는 것이지만, 동물적인 생명을 건지기 위해선 그 길밖에 다른 선택이 없다는 것이 전쟁이 강요한 또 하나의 처절한 비극이었다. 그들은 추위와 주림을 벗어나기 위해 미제 담요 한 장으로 외국 군인들에게 여성으로서의 최후 보루라 할 수 있는 정조를 헐값으로 팔아야만 했다. 저녁때가 되면 우리 영국 부대 주변에 얼굴빛이 해쓱하고 몸이 수척한 여인들이 몰려와서 통역인 나에게 호소하는 것이었다. 담요 한 장이라도 좋으니 군인을 소개해달라고 읍소한다."[23]

전쟁은 남자들의 목숨을 더 많이 앗아간다. 전후 "군경 전사자 혹은 행방불명자의 부인, 민간인 폭사자 혹은 납북자의 부인, 전쟁 후유증으로 사망한 자의 부인" 등을 모두 '전쟁미망인'으로 불렀다. '미망인未亡人'이라는 말은 그 이전부터 사용돼온 것이지만 "남편과 함께 죽어야 하는데 아직 죽지 아니한 아내"라는 뜻이 시사하듯이, 이들은 가혹한 고통과 시련이 기다리고 있는 생활 전선으로 내몰리면서도 주변의 따가운 시선을 감수해야만 했다.[24]

보건사회부 통계를 보면, 1957년 10월 말 현재 전국의 미망인 수는 55만 5,000여 명이었다. 이 중 독신자 3만 4,800여 명을 제외한 나머지 미망인들이 생계를 책임져야 하는 부양가족의 수는 91만 6,000여 명이었다.[25] 한 언론사의 연감은 이렇게 기록하고 있다.

"전쟁 중 가족이 흩어져 두 아내를 갖게 된 남성도 생기는가 하면 남편을 전쟁에 보낸 아내는 피난지에서 다방에 취직하면서 사람이 천양지판으로 변한다. …… 유엔군에 몸을 팔고 생활을 의탁하는 '유엔 마담' 내지 '유엔 사모님'도 독버섯처럼 번창했다."[26]

이렇듯 목숨을 부지하기 위한 발버둥 행위도 '독버섯'으로만 여겨졌다. 여기에 혼혈아에 대한 인종차별주의까지 가세해 "흑인의 피는 천지개벽의 변화가 있더라도 한국 사람의 핏속에 소화될 리 없을 것이다"는 주장까지 버젓이 월간지에 실리는 판국이었다. [27]

'양공주'는 '독버섯'이었는가?

그러나 그렇게 말할 수 있었을까? 훗날,《현대문학》(1963년 4월호)에 발표된 오영수의 소설《안나의 유서》는 이렇게 항변했다.

"몸뚱아리를 가릴 옷이 없고 벽돌 조각이 고깃덩이로 보일 만치 배가 고픈 젊은 계집에게 숙녀가 되고 정숙을 바랄 수 있을까? 전쟁으로 해서 나는 고아가 됐다. /배가 고팠다. 철든 계집애가 살을 가릴 옷이 없었다. 이것이 내 죄가 될까? /그래서 나는 '안나'라는 갈보가 됐다. /한 끼 밥을 먹기 위해서 피를 뽑아 팔 듯 나는 내 몸뚱아리를 파먹고 스물여덟을 살아왔다. /주어진 한 생명을 성실히 살아온 죄가 갈보라는 직업에 있다면 그건 결코 내가 져야 할 죄가 아니다." [28]

그랬다. 설사 '유엔 마담' 또는 '양공주'가 독버섯에 비유되는 것이 타당하다고 하더라도 그건 결코 그들의 책임은 아니었다. 현길언의 소설《헬로우, 아이 러브 유》에 나오는 말처럼 모든 게 전쟁 때문이었고 게다가 미국이 너무 부자 나라였기 때문에 빚어진 일이 아니었을까?

"통역병에 주어진 근무 외에도 한국 사정에 서툰 미군들의 친절한 안내자가 되어야 하였다. 그런 일에는 부끄럽고 고통스러운 일들이 많았는데, 그중에 뚜쟁이 노릇을 하는 일이 더없이 치욕스러웠다. 그러나 나는 그 일을 거부할 수 없었다. 통역병 일이 우리 집안 식구들을 먹여 살리는 데 큰 도움이 되었기 때문이다. 미군이 있는 곳에 여자와 고아들이 들끓었다. 여자들은 미군이 지나가면, '헬로우, 아이 러브 유' 하며 자기 몸을 사달라고

미 군정과 한국전쟁의 여파로 많은 여성이 미군을 상대로 성을 파는 소위 '양공주'로 전락했다.

소리 지르며 애원을 하였다. 어느 날 나는 외출병들과 함께 군용 버스를 타고 마을을 지나게 되었다. 길가에 늘어섰던 아이들과 젊은 여인들이 '헬로우, 아이 러브 유', '유 넘버 원. 기브 미 초콜릿'을 외치며 떠들었다. 미군 병사들은 열린 차창으로 고개를 내밀고는 손을 흔들고 휘파람을 불면서 즐거워하는데, 《타임》을 읽으며 내 옆에 앉아 있던 중위가 나를 보며 지껄였다. '한국 사람들은 달러라면 제 에미나 딸도 기꺼이 팔아먹을 것 같군.' 혼자 지껄이는 소리지만 내가 들으라고 한 말이었다. 나는 심한 모욕감 때문에 몸이 떨렸다. 나중에는 어떻게 되는 간에 한 대 후려치고 싶었다. 그래서 두 주먹을 불끈 쥐고 그 중위를 쏘아봤다. '그건 전쟁 때문이고, 당신네 나라가 너무 부자기 때문이오.'" [29]

허영심에 날뛰던 나머지
매매춘에 뛰어들었다?

당시의 신문 기사들은 그런 비참한 현실을 담담하게 전하면서도 여성에게 책임을 묻는 경우도 적지 않았다. 《조선일보》(1953년 7월 27일)는 "6·25 공산도당들의 남침과 더불어 유엔군의 한국 진출은 생활고에 허덕이는 많은 여성으로 하여금 필연적으로 양공주 혹은 유엔 사모님이라는 아름답지 못한 호칭을 받으면서 밤거리에 진출케 하여 하루하루 연명을 구하지 않으면 안 될 비참한 현상을 빚어내게 하고 있거니와 서울 지구만도 이러한 여성은 약 2만 명이라는 놀라운 숫자에 달하고 있을 것이라고 관계 당국자는 말하고 있다"라며 다음과 같이 덧붙였다.

"그런데 그중 당국에서 내사한 2,197명에 대한 학력과 연령 등을 살펴보면, 무취학자가 616명(28퍼센트), 국문 해독자가 1,581명(72퍼센트)으로서 이 중에는 중학교 이상이 152명, 전문학교 이상이 23명에 달하고 있다는바 전문학교 이상의 학력을 가진 여성들은 일시적인 허영심에 날뛰던 나머지 이러한 길에 들어온 것으로 보인다 한다. 한편 연령별로 나누어보면 20세로부터 24세가 968명(44퍼센트)으로 최고를 점하고 다음 25세로부터 29세까지 700명(31.8퍼센트), 다음 19세 이하가 321명(14.6퍼센트), 30세부터 34세가 169명(7.6퍼센트), 35세 이상이 39명에 달하고 있다." [30]

허영심에 날뛰던 나머지 매매춘에 뛰어들었다? 아무려면 그랬을까. 학력이 높은 여성이라고 해서 무슨 일자리가 있었던 것도 아니잖은가. 1954년에 나온 관련 기사 몇 개를 더 감상해보자.

《조선일보》(1954년 3월 28일)는 "보건부에서 조사하여 현재 확인되어 있는 서울 시내의 매춘부 중 약 3백 명은 사변 중 남편을 잃은 전쟁미망인이다"라며 다음과 같이 말했다. "그런데 그들의 월수입을 조사한 결과 최고 9천 환에서 최저 천 환까지로서 만 환이 넘는 사람은 극히 드물다는 것. 게다가 그들은 대개가 두세 명의 부양가족을 가진 것도 조사되었다니 '사회사업' '구제 사업' '군경원호' 등등 듣기 좋은 사업 기관들은 이 정도의 것을 해결 못 하나?" [31]

같은 신문 8월 20일자는 다음과 같이 지적했다. "새삼스러운 것은 아니지만 요즘 서울 일부 여관에서는 매춘부도 수두룩 두고 술도 팔고 …… 빈틈없는 영업을 하고 있다. 심한 곳이면 아예 그런 손님이 아니면 '만원'을 핑계로 점잖게 사절하여 버린다고. 이쯤 되고 보니 여관인지 술집인지 매춘부 포주인지 분간키 어려울 정도. 그래 17일 밤 경찰국에서는 일제 취체를 하여 10여 개소의 업주들을 붙들어서 치안재판에 넘겼는데 모두 2주일간 구류처분. 구류처분도 좋지만 아주 업태 변경시키는 게 어떻겠소?" [32]

계속해서 12월 15일자에도 다음과 같은 기사가 실렸다. "매춘부를 감독하는 감찰반이 며칠 전부터 서울에 생겨서 화제가 되어 있는데. 13일에는 동 감찰반원들이 종로경찰서에 야간통행증 발급 신청을 하여 또 화제. 원래가 밤 풍기를 단속하기 위해 조직된 감찰반이라니 밤길을 다녀야 하기도 하겠지만 …… 창녀가 도시 법에 비추어 있을 수 없는 존재라는 것을 까맣게 잊은 모양이로군!"[33]

'서종삼'과 '이봉익'

보건사회부 조사로는, 1955년에 전국적으로 1,112개소의 성병 검진소에서 검진을 받은 접대부들은 모두 11만 7,507명이었으며, 이 중 성병에 걸린 접대부는 24퍼센트에 해당하는 2만 8,104명이었다. 주요 성병으로는 임질과 매독이 다수를 차지했다. 검진한 접대부들의 업태를 살펴보면, '유엔군과 국군 등을 상대로 하는 매소부, 즉 위안부'가 64.7퍼센트인 6만 1,833명으로 가장 많았으며, '밀창'이 24.7퍼센트인 3만 1,593명, '기생 작부 등의 접대부'가 8.4퍼센트인 1만 4,020명, '땐사'가 2.3퍼센트인 3,196명이었다. 연령별로는 20~24세가 50.8퍼센트로 가장 많았고, 25~29세가 26.8퍼센트, 15~19세까지가 20.1퍼센트, 30~34세가 7.2퍼센트, 35세 이상이 1.5퍼센트로 나타났으며, 15세 미만이 24명으로 0.1퍼센트에 그쳤다.[34]

이런 현실과 관련, 《한국일보》(1955년 12월 4일)는 "해방 십 년 동안의 언어 발달사(?)를 들춰보면 웃음보다도 먼저 한숨이 나올 지경으로 절실한 감이 있는데 1945년 '코쟁이'들이 들어와서 '양키', '양서방', 'GI', '미군' 등으로 이름을 바꿔온 10개 성상"이라며 다음과 같이 말했다. "이제 재미있는 시대어들만 추려보면 우선 미군 관계로는 세칭 '양갈보'가 있다. 이것이 '빵빵'으로 되었다가 양부인, 양공주, 유엔 사모님 등으로 점차 승진해왔고 그에 관련하여 '펌프', 'GI마니', '숏타임', '올나잇', '온리' 등의 새말이 나왔다."[35]

국내 매매춘과 관련해선, '서종삼' 과 '이봉익' 이란 말이 유행했다. 집창촌인 종로 3가에 간다는 말 대신에 "서종삼이네 간다" 는 말을, 또 종삼 옆 봉익동에 간다는 말 대신에 "이봉익을 만나러 간다" 라고 할 정도로 종삼에서 봉익동에 이르기까지 사창이 번성한 것이다.[36]

이런 유행어는 신문 기사에까지 그대로 등장했다. 《한국일보》(1955년 12월 10일)는 "서울 밤거리의 요화妖花 '서종삼' 이의 집에서는 얼마 전부터 탕객들에게 봉투 한 장씩을 내주고 있다. 이 봉투 겉장에는 '인정이 많으신 사회 인사여, 고아들을 위하여 10환 한 장만 넣어주십시오' 라고 쓰여 있는 것. 따라서 이곳을 찾는 탕객들은 그 봉투 속에 10환이나 100환이나 넣기 마련인데 이 돈은 모 고아원으로 고스란히 기증된다고. 윤락의 항간에서나마 불쌍한 고아들을 염려하는 갸륵한 마음씨가 싹터 나오는 것은 그래도 꺼지지 않는 한줄기 희망의 빛이라고 할까"라고 전한다.[37]

그런 미담도 드물게 나오곤 했지만, 매매춘 관련 기사 중 압도적으로 많은 건 늘 정부의 단속 방침 보도였다. 《한국일보》(1955년 12월 11일)는 "사창굴私娼窟 근멸 문제가 대두하고 이에 따라 구체적인 대책을 수립고자 관계 기관의 공청회가 개최되려는 이때 10일 변邊 시경찰국장은 '인육 시장' 에서 그들 자신을 구출치 못하고 있는 이유가 포주抱主와의 금전채무 관계라고 하면 경찰로서는 이 부채 관계를 완전 백지로 돌리고 그들을 고향으로 돌려보낼 단호한 조치도 취할 것이라고 언명하였

'사창 일소' 관련 기사. 한국전쟁의 와중에 집안이 몰락하고 사창가에서 일하게 된 한 인텔리 여성의 사연을 자세히 보도하고 있다.

– 〈동아일보〉 1955년 12월 9일자

다"라며 다음과 같이 보도했다.

"이어 변 국장은 사창굴의 근멸과 밀매음부 등의 사후 구호 대책 등의 문제는 오는 12일 개최될 공청회 결과 세워질 것이나 우선 경찰로 서는 하루라도 이들의 번식을 막기 위하여 경찰이 묵인(?)하여준 영업 지대 외에서 영업하는 밀매음부들에 대하여는 수일 전부터 철저히 단속을 개시하고 있으며 이미 지난 1일부터 10일까지 시내 각처에서 4백여 명이 검거 치재(치안재판)에 회부되고 있다고 말했다. 그런데 현재 서울 시내에서는 등록·미등록을 합하여 약 7천 명의 밀매음부들이 고식적인 생계를 유지하고 있다." [38]

그러나 같은 날에 나온 《조선일보》 기사는 정부의 단속 방침에 대해 비관적인 전망도 있다고 전했다. "치안국에서는 8일 각 시도 경찰국에 시달하여 도심지와 주택가에 자리 잡고 있는 사창굴을 오는 15일부터 1월 15일까지 사이에 일소하도록 지시하였다고 한다. 그런데 당국자 말에 의하면 현하 사회의 실정으로는 사창굴을 근절시킬 수는 없을 것이므로 이를 교외로 집결시키는 방안 이외에는 별도리가 없을 것이라고 한다." [39]

한 달 내로 사창 근멸?

그럼에도 1955년 12월 12일 오후 2시 서울시청 회의실에서 서울시 경찰국이 주최한 사창근멸공청회私娼根滅公聽會가 열렸다. 이를 보도한 신문 기사를 보자. "이 회합에는 입법부, 사법부, 행정부의 관계자들과 각 사회단체와 언론인들도 참석하였었는데 먼저 김 서울시장이 인사말로 전쟁 후의 문젯거리인 사창 문제는 선진국에서도 많이 논의되고 있는 문제이고 더욱이 우리는 6·25사변을 겪은 처지로서 이의 해결에 애써야 할 것이나 이를 없애려는 수차의 시험도 다 실패로 돌아갔으니 이 문제 해결에 대한 의견을 들려달라는 말에 이어 변 시 경찰국장의 사창에 대한 실정 보고가 있었다. 이어서 토론으로 들어갔는데 공청객들은 대부분 사창의 급격한 단속이 역효과를 낼 것을 우려하고 그들 스스로 자기가 빠진 함정에서 빠져나오려고 하는 발분을 북돋아주는 노력을 도와주어야 한다는 의견들이 다수를 차지하였다." [40]

그로부터 3일 후인 12월 15일 서울시 경찰국은 한 달 내에 사창을 일소하겠다고 결의했다. [41] 물론 어림도 없는, 절대 가능하지 않은 결의였다. 무엇보다도 농촌에서 먹고살 길이 없어 밀물처럼 도시로 향하는 여성들을 막을 수 없었기 때문이다. 이와 관련,《조선일보》(1955년 12월 16일)는 다음과 같이 보도했다.

"사창 정리가 운위되고 있는 이때 보건사회부 집계에 의하면 전국에 널려 있는 윤락 여성의 수는 3만 8,000명이 넘는다고 한다. 그런데이들 윤락 여성의 대부분이 농촌 출신이라는 점으로 봐서 군색한 농촌의 살림살이에서 빚어진 결과라는 것을 알 수 있다는 것인데 도별로 살펴보면 전라남도가 가장 많아 5,750명이고 그다음이 서울로서 3,238명이라고 하며 서울 내에 산재해 있는 윤락 여성의 대부분도 모두 전라도 출신이라는 것이다." [42]

이런 일도 있었다.《조선일보》(1955년 12월 19일)는 "18일 서울 종로경찰서에 서울시 종로구 봉익동 45번지에서 사창 노릇을 하는 이순희(20세, 가명) 양과 곽춘희(18세, 가명) 양이 찾아와 포주가 전업하는 것을 막아 마굴에서 떠날 수가 없으니 구원해달라고 호소하였다"라며 다음과 같이 말했다.

"즉, 서울시 경찰국에서 지난 15일부터 오는 30일까지를 사창 근멸 계몽 선전 기간으로 정하고 이들의 전업을 촉구하게 되자 이 양과 곽 양은 전부터 그 생활을 그만두려고 하다가 17일 전부터 정을 두어오던 강원도 운천에 사는 모 군인과 타협해서 그 군인의 거류지로 향하려고 포주인 이영자(40세) 씨에게 그 뜻을 전했다는 것이다. 그런데 이 양과 곽 양은 둘 다 포주에게 약 5만 환씩의 빚이 있는데 그 빚을 갚기 위해서 그동안 장만한 옷을 맡겨놓고 한 달에 1만 환씩 갚아주겠다고 포주에게 말했다는 것이다. 그러자 포주는 이들의 소지품을 이들이 없는 사이에 모조리 감추어놓고 '아직 계몽 기간이 30일까지인데 30일까지 창녀 영업을 더 계속하고 그 후에는 다른 곳으로 가서 나와 같이 있지 왜 가느냐'고 협박하고 그 빚을 모조리 지금 당장 내놓으라고 야단을 치더라는 것이다. 이에 18일 아침 일찍 이 두 소녀가 마굴에서 벗어나 시골에 가서 농사나 짓고 살려는 희망을 꺾였으니 경찰에서 어떻게 구해달라고 호소한 것인데 앞서 사창근멸대책위원회에서 단속 방안의 하나로서 '경찰서장은 소위 포주로서 창녀에게 금전 관계를 구실로 자유를 억제하거나 그 밖의 방법으로 유형무형의 압력을 가하는 일이 전혀 없도록 계몽할 것'이라고 규정되어 있어 종로서에서는 곧 이에 대한 조치를 취할 것이라 한다."[43]

사창 단속 하나 마나

계몽이 통할 리 없었으니, 남는 건 그저 '강력 단속'을 외치는 것뿐이었다. 《조선일보》(1955년 12월 30일)는 "서울시 경찰국에서는 서울 시내 각처에 흩어져 있는 사창을 근멸하기로 방침을 결정하고 지난 15일부터 29일까지를 지도 계몽 기간으로 정하고 창녀들의 자진 전업을 독려, 계몽해왔으나 그간 서울시 경찰국에서 집계된 서울 시내 창녀 1,574명 가운데서 29일 하오까지 전업한 수는 약 3할인 584명밖에 되지 않아 3일부터 적극적인 적발을 실시하리라 한다. 이리하여 서울 시내 각 경찰서에서는 포주들을 소집해서 자진 전업을 촉구하는 한편 여관업자 등 사창이 머무르는 곳에 미리 통첩해서 앞으로 사창에 투숙하는 대로 경찰에 알리도록 강력히 지시하였다. 그래서 30일부터는 우선 집단적인 사창굴에 주야 구별 없이 경찰권을 발동해서 이들의 일소를 기할 것이라 한다"라고 전했다.[44]

《조선일보》(1956년 1월 7일)는 '새해의 과제'로 윤락 여성 문제를 들면서 단속보다 구호救護가 앞서야 한다고 지적했다. 사정 모르는 당국은 말만을 연발하고 있고, 창녀들의 먹고살 길을 열어주는 데엔 나 몰라라 하고 있다는 것이다.[45] 1956년 1월 경찰의 '사창 근멸'은 성공할 가능성이 전혀 없거니와 그저 사창을 분산시킨 정도에 지나지 않았다는 것이 분명해졌다.[46]

《한국일보》(1956년 2월 1일)는 그 사실을 지면에 소개했다. "31일 상호 10시부터 하오 1시까지 종로구 위생계에서는 시내 종로 3가 및 봉익

동 일대 밀매음가에 대하여 전례 없는 주간 수색을 단행하여 백주 매음녀와 동침 중이던 탕아 2명을 포함한 45명의 매음부를 적발 즉시 치안재판에 회부하였다. 사창근멸대책위원회에 의한 시내 사창굴 적발 강권 발동 기간이 지난 15일로 완료된 후 경찰 당국에서는 대부분 매음녀가 전업하고 그 외 극소수의 매음녀도 구세군들에 의하여 집단 보호를 받아 직업이 선도될 것이라고 말한 바 있었으나 이날 종로서에 연행되어 온 매음녀 중 태반이 이미 귀향 또는 전업하였던 여자들이 다시 보직(?) 영업하던 사실이 나타나 일소되었다고 알려진 사창굴은 다시 부활, 번성하고 있는 감을 주고 있다." |47|

《한국일보》(1956년 3월 8일)는 "작년 12월 25일 사창 단속이 시작된 이후 대구 시내의 실정을 보면 남일, 사일, 도원동 일대의 집단 소굴만은 표면상 없어진 것 같이 보이며 당국에서도 완전히 처리된 양으로 공표하고 있으나 사정은 이와 달라 밀집한 대로부터 자취를 감춘 창녀들은 일반 민가 지대에 잠입하여 신생 포주들의 쇠사슬에서 풀리지 못하고 있는 한편 폐쇄됐다는 도원동 일대 24개 포주는 밤만 되면 뒷구멍으로 탕아들을 유인하고 있다"라며 다음과 같이 말했다.

"24세 된 박명자의 경우를 보면 고향인 부산을 가고 싶으나 우선 여비마저 얻을 수 없어 부득이 포주집에 기식 중인데 그날그날의 연명을 위해서 당국의 추체를 피해가며 마치 도둑질하듯 공포 속에서 몸을 팔지 않을 수 없고 단속 이후 2개월 동안 검진도 못 받고 있어 저 자신의 육체에 무엇이 침식됐는지 모르고 있다 한다. 이러한 위험한 육체를 노리고 철모르는 탕아들이 찾아듦으로써 성병 감염의 위험을 조장시키고 있는 실정임에 당국은 철저한 단속을 계속하든지 종전대로 공개하여 검진을 실시함으로써 국민 보건상 위험을 미연에 방지할 것인가의 확고한 단안이 요청되고 있다." [48]

한 달 뒤 《한국일보》(1956년 4월 4일)는 다음과 같이 보도한다. "보건사회부에서는 전국적으로 자꾸 늘어가고 있는 놀라운 숫자의 성병 환자를 검진, 치료함으로써 그 만연을 막고자 전염병 예방법 중 시행세칙을 작성하여 법제실에 올렸다. 2일 동부에서 밝혀진 동 시행세칙은 성병을 전염시켰거나 시킬 우려가 있는 자를 검진할 수 있다는 것을 골자로 하는 것이다. 공창제도가 없어졌는데 검진이란 있을 수 없다는 내무부 측 견해와 공창은 없어졌다고 하나 각처에 비밀 사창굴을 중심으로 성병은 여전히 늘고 있는 것이 사실이니 이에 대한 조치로써 검진이 필요하다는 보건사회부 측 주장의 상치된 간격은 금번 시행세칙의 실현으로 메꾸어질 것으로 보인다. 현재 보건사회 당국에서도 성병 환자의 숫자가 대단히 많으리라는 것밖에 모르고 있으며 전기 시행세칙이 통과된 후 검진이 실시되어야 비로소 윤곽이라도 잡을 수 있게 될 것이라고 한다." [49]

결국 수개월 후엔 모든 게 다시 원위치 되고 말았다. 정부는 또다시 단속을 외치고 나섰지만 이젠 아무도 그 말을 믿지 않게 되었다. [50] 1956년 9월에는 정부가 사창을 늘지 않게 하는 현실적 방안으로 전환하기로 했다는 보도가 나왔다. [51] 그러나 이마저도 지키기 어려운 목표였고, 사창의 수는 갈수록 늘어만 갔다. [52]

1950년대 후반엔 매매춘에 대한 새로운 골칫거리가 등장했는데,

그건 바로 해외 매매춘이었다. 얼마나 정확한 조사 결과인지는 알 수 없지만, 해외로 간 여성 태반이 윤락의 길로 들어서고 있다는 것이었다. 1956년 9월 12일 치안국은 급기야 "유학차 도미하는 여학생과 국제결혼을 하여 도미한다는 여성들에게는 어느 정도 해외 여권 발급을 제한하겠다"라고 발표하기에 이르렀다. 지난 4년간 국제결혼을 하고 해외로 나간 여성의 수는 미국 413명, 중국 9명, 기타 20명 등 모두 442명이었다. 또 동 기간 중 미국으로 유학을 간 사람의 수는 미국 3,370명, 영국 17명, 프랑스 70명, 일본 21명, 중국 25명, 캐나다 18명, 서독 42명, 필리핀 12명 등이었는데 이 가운데 여성이 3분의 1을 차지하고 있으며 이들의 상당수가 매매춘을 위한 위장 유학생이라는 게 치안국의 주장이었다. [53]

에레나가 된 순희

매매춘은 1957년에도 계속 증가세를 유지했다. 아무리 단속해도 줄지 않는 사창에 대해 악이 받친 걸까? 신문 기사엔 "이 잡듯이 잡아도 줄지 않는 것이 매음부들"이라는 말까지 등장했다. [54] 아무래도 빈곤이 가장 큰 이유였던 것 같다.

1956년 4월 현재 결식아동은 70만 명에 이르렀는데, 1957년 5월 경기도 안성군에선 기막힌 사건이 두 건 발생하였다. 백성국민학교에서 배고픔을 견디다 못한 아이들이 교정에 있는 등나무를 칡뿌리로 잘못

알고 벗겨 먹다가 27명이 중독된 사건이 발생한 것이다. 또 죽산국민학교에선 학생 922명 중 210명이 하루에 한 끼를, 135명이 하루 두 끼를 굶고 있었는데, 이 학교 교장은 결식아동용으로 배급된 분유를 자기 집 돼지 사료로 썼다는 게 밝혀졌다.[55]

농촌에서 굶주림을 견디다 못한 젊은 처녀들은 대거 도시로 이주하여 식모가 되었다. 장창옥은 《여원》 1957년 11월호에 기고한 〈식모에 대한 대우를 개선하자〉라는 글에서 "경제적으로 여유가 있는 가정에서는 물론 단칸짜리 셋방살이, 판잣집 살림에서도 환경과 가정 형편은 염두에도 없다는 듯이 서로 다투어 너도나도 식모를 두고 있다"라고 지적하였다.[56] 식모에 대한 인권 유린도 심각하여 이들을 매매춘의 길로 내모는 결과를 초래하기도 했다. 1965년 동두천 지역에서 성매매 여성 198명을 대상으로 한 표본조사에서는 전직이 식모인 여성이 26퍼센트인 52명인 것으로 나타났다.[57]

이재오는 "농촌에서 '먹을 것'이 없어 도시로 나오고, 공장에서 '먹을 것'이 없어 거리로 나오고, 사회 전반에 부정부패가 만연하고 농촌에서는 보릿고개를 못 넘어 소나무 껍질, 칡뿌리, 산나물, 황토로 배를 채워야 했고 견디다 못한 열아홉 '순이'는 실패 감던 손을 놓고 미군의 품 안에 안겨 맥주를 마시는 '에레나'가 되어야 했다"라고 말한다.[58]

에레나는 누구인가? 고은의 〈에레나〉는 이렇게 말한다.

"1956년 여름 / 저녁 야학당에서 돌아오는 길 / 지프차 미군 두 놈에게 / 강간당했습니다 / 죽고 싶었습니다 / 죽고 싶었습니다 / 하늘도 없어져 버렸습니다 / 그러나 고향은 감싸주는 곳이 아니라 / 손가락질하는 곳이었습니다 / 울며 집 떠나 / 팔자대로 경기도 송탄 미군 부대 밖 양공주가 되어버렸습니다 / 순자가 에레나가 되었습니다" [59]

에레나는 1959년에 노래의 주인공으로까지 등장했다. 손로원 작사, 한복남 작곡, 안다성 노래의 〈에레나가 된 순희〉가 바로 그것이다. "그날 밤 극장 앞에 / 그 역전 카바레에서 / 보았다는 그 소문이 들리는 순희 / 석유불 등잔

경제적으로 어려움에 처한 농촌 여성들은 도시로 이주해 식모로 살거나 미군을 상대로 몸을 파는 매춘부로 전락했다. 당시 시대상을 담은 노래 〈에레나가 된 순희〉를 부른 가수 안다성.

밑에 밤을 새우면서 / 실패 감던 순희가 / 다홍치마 순희가 / 이름조차 에레나로 달라진 순희 순희 / 오늘 밤도 파티에서 춤을 추더라"

원래 이름이 순이건, 순자건, 순희건, 에레나는 집을 떠나 도시를 방황하다 기지촌으로 흘러든 수많은 젊은 여성을 상징하는 이름이었다. 에레나는 그녀들을 기지촌으로 보내지 않으면 안 되는 한국 사회의 가난과 또 보내놓고 손가락질하는 한국 사회의 이중성을 고발하는 이름이기도 했다. [60]

'창녀 유격 부대'의 등장

1950년대 후반 내내 매매춘 단속은 숨바꼭질 놀

이를 방불케 했다. 매매춘을 없애는 건 불가능하다고 손을 놓고 있다가 비난 여론이 거세지면 정부는 다시 '강력 단속'을 외치곤 했는데, 이는 이후 반세기 동안 계속되며 일정한 패턴을 형성하게 된다.

1958년 6월에 다시 한 번 그런 단속 바람이 불었다. [61] 《한국일보》 (1958년 7월 1일)는 "경찰에서 사창가에 선전포고를 한 지 1개월이 지난 요즘에는 미묘한 공방전이 장기화한 듯. 봉익동, 돈의동, 양동, 도동 등 마굴에 전투복을 입은 경관이 텐트를 치고 야영하면서 밤낮을 가리지 않고 기습 작전을 쓰고 있는 데 대하여 창녀들은 철저한 무저항주의를 견지하면서도 뿌리 깊게 그 거리를 떠나지 않고 있다"라며 다음과 같이 말했다.

"경관들은 대개 포주들을 잡았을 때 함께 창녀들을 경찰서에 끌고 와 포주들이 딱 잡아떼는 경우 증거로 내세우는 것인데 창녀들은 사흘 동안 유치장 맛을 보고 나갔는가 하면 며칠이 멀지 않아 또 새로 잡혀 오고 하니 취체반들은 그들을 잡았다간 내주고 내주었다간 잡아들이고 를 되풀이하는 실정이니 짜증만 날 수밖에. 승부 없는 공방전만 반복되고 있는 창가의 장기전에 시간과 정력만 소비되고 보니 그들이 몸을 팔지 않고도 살 수 있는 근본 대책이 있어야 할 것 아닐까?" [62]

어쩌나 사창의 번식력이 높은지, 1959년 3월엔 포주가 사창을 없애달라고 진정하는 이색 사건까지 벌어졌다. 《조선일보》(1959년 3월 29일)는 "사창굴 철거 진정서에 포주들도 가담하여 진정서에 날인 제출한 이채로운 진정서가 당국자들을 놀라게 하고 있다"라며 다음과 같이 말했다.

"즉, 28일 영등포구 영삼동 9통의 주민 90여 명과 포주 5명이 사창굴을 철거하여달라고 연판장을 영등포경찰서에 제출하였는데 이 진정서를 제출하게 된 동기를 몇 가지 살펴보면 다음과 같다. 영등포구 내에 산재하고 있는 사창굴들은 7, 8군데가 있는데 그중 세칭 경방 앞(경성방직 정문)이 가장 심하며 이 사창굴에는 20여 호가 있다고 한다. 그런데 이곳에 있는 창녀 70명은 행인에게 집단 폭행까지 자행하는 경향 등 밤이면 주민들이 잠을 잘 수가 없다는 것인데 밤에는 창녀들과 손님 간에 벌어지는 싸움으로 '사람 살려'라는 비명에 소름이 끼치기도 하고 당국에서 취체를 하면 가정집으로 마구 들어오는 등 자녀 교육에 악영향을 초래하는 한편, 이 길이 매일같이 여직공 3천여 명이 왕래하는데 때로는 창녀들에게 봉변을 당하는 일도 있어 주민은 이상 더 참을 수가 없다는 것이다." [63]

1959년 여름엔 강변 등지에 '창녀 특파대'가 진출해서 벌이는 현장 영업이 기승을 부렸다. [64] 일명 '유격 부대'라고도 했다. 홍성철은 "집창촌뿐만 아니라 여름철이면 유원지 등에서 '유격 부대'라고 불리는 이동 성매매 여성들이 나타났다. 특히, 한강이나 뚝섬, 우이동 등이 유명했다. 용산역 앞에서는 판잣집은 물론 손수레에 자그마한 방을 임시로 만든 이동식 판잣집에서 윤락을 하기도 했다. 한강로 큰길가에는 양공주 수십 명이 길가에 나와 호객 행위를 했는데, 미군뿐 아니라 한국 남성들도 성매매 장소로 안내했다" [65] 라고 말했다.

1959년 9월 서울시 자혜병원장 송상근이 자신의 병원에 찾아오는, 외국인을 상대로 하는 매춘부 500명을 조사한 결과를 보고서로 내 화제가 되었다. 언론은 이를 '한국판 킨제이 보고서'로 불렀다. 이 보고서를 보면, 55퍼센트가 생활고 때문에 매매춘을 하는 것으로 나타났다. 115명(23퍼센트)이 자유연애로 처녀성을 잃었고, 최초의 성교 연령은 12세 2명, 14~16세 23명 등이었으며, 학력은 대학 출신 1명, 고등학교 출신 21명, 중학교 출신 60명 등이었다. [66]

20만 사창

1959년 12월 시골서 오는 구직 여성을 착한 길로 인도해 윤락을 막자는 캠페인이 벌어졌다. 닷새 동안 경찰이 100여 명을 보호했는데, 지역별로는 호남 출신이 가장 많고, 그다음이 충청 출신, 영남 출신 등이었다. [67] 또 이때에 호텔을 무대로 하는 고급 창녀도 단속 대상으로 신문에 보도된 걸 보면 이 분야의 매매춘도 심각했다는 걸 알 수 있다. [68]

귀향 캠페인이 성과를 거두기는 애초부터 불가능했다. 먹고살 길이 없어 고향을 떠나는 걸 무슨 수로 막을 수 있으랴. 《조선일보》(1960년 1월 10일)는 "처벌해도 살아나고 선처해도 돌아오고"라며 금의환향에 빗대어 창의불환향娼衣不還鄕이라고 했다. 창녀 선도책으로 서울역에서 열차를 태워 보내면 영등포역에서 내려 되돌아오기 일쑤라는 것이다. [69]

1959년 말 당국이 집계한 윤락 여성의 수는 16만 7,000여 명이었다.

|70| 1960년부터는 '20만 사창'이란 말이 쓰이기 시작했다. |71| 왜 그렇게 매매춘에 집착했던 걸까? 시인 고은은 1950년대의 비극과 그에 따른 상실감에서 그 이유를 찾았다.

"1950년대는 심상에 커다란 공동空洞이 생겼고, 그런 상태의 상실을 무엇인가로 충당하지 않으면 안 되었다. 잃어버린 것은 어머니와 집만이 아니었다. 책뿐이 아니다. …… 그들은 고향도 잃고, 철학도 잃고, 모든 것을 잃었다. 사랑하던 순희는 양갈보 에레나가 되어버린 것이다. 집은 폐허가 되고, 철학은 허무가 된 것이다. 오직 상처받는 혼으로 그런 상실감을 감당하지 않으면 안 되었다. 그것이 술이며 창녀였다." |72|

에레나들의 처지는 더욱 가혹했다. 1960년 1월 2일 동두천 여인 삭발 사건이 벌어졌다. 두 여인이 전부터 알고 지낸 미군을 만나기 위해 철조망 구멍으로 7사단 탱크 대대에 들어왔다는 이유만으로 두 여자의 머리를 빡빡 밀고 희롱한 사건이다. |73| 《동아일보》(1960년 1월 7일) 기사를 보면, 미군은 "논평할 것이 없다"라고 답변하면서 "부대를 따라다니는 자들을 삭발로 벌하는 것은 오래전부터 전통"이라고 말했다. |74|

미군의 그런 오만한 태도는 곧 한국 정부의 무기력한 대응을 의미하는 것이기도 했다. 대통령 이승만부터 주한 미군 범죄에 대해서는 너그러웠다. 이승만은 측근들이 미군의 한국인 린치 사건과 같은 미군 범죄를 보고하면서 미군에 대해 좋지 않은 얘기를 하면 이렇게 주의를 시키곤 했다.

"이 사람아, 내가 가끔 그런 행동을 한다고 자네도 그러면 못쓰네……. 미국은 우리가 어려울 때 도와준 친구야. 우리가 위급할 때 도와줄 수 있는 것은 오직 미국뿐이야. 미국 군인의 비행이 신문에 나면 대미 감정이 좋지 못해지니 되도록 신문에 보도되지 않고 처리하도록 해야 해." [75]

　국회도 한국인의 인권보다는 미군의 성생활을 염려하기에 바빴다. 1959년 10월 한 의원은 국회에서 이렇게 주장했다. "외국 군인들을 만족시키는 매춘 여성이 있어야 하는 것은 불가피하다. 우리는 국내 손님을 만족시키는 매춘 여성과 미군을 만족시키는 매춘 여성을 구분해야 하며, 외국인을 만족시키는 여성에게 미국 관습, (오락) 재주 혹은 언어와 에티켓 등을 교육시켜야 한다." [76]

　《사상계》 1960년 4월호에 발표된 오상원의 〈황선지대〉를 비롯하여 많은 기지촌 소설들이 수많은 에레나들이 사는 '황선지대' 를 파고들었다. 김정자는 이렇게 설명했다. "십 미터 간격으로 담벽 또는 나무 판자에 커다랗게 붙은 표지판에는 'OFF LIMITS YELLOW AREA' 라고 쓰여 있다. 원래 'yellow' 라는 단어 자체에는 '음산하고, 야비하며, 비겁하다' 는 뜻이 내포되어 있다. 전염병 환자가 있다는 표시Yellow Flag로도 쓰인다. 미군 주둔지 변두리에 황색 인종들이 서식하는 더럽고 음산한 지대, 온갖 질병과 성병의 가능성으로 우글거리는 지대가 황선지대이다. 미군 기지의 어둡고 더러운 변두리에 더덕더덕 서식하는 곰팡이와 같은 존재. 그 부유하는 전쟁의 피해자들은 미군이 먹다 버린 치즈한 조각과 빵 껍질의 음습한 습기 속에 붙어사는 떠돌이 인생들이다." [77]

'OFF LIMITS'라는 표지판이 달린 출입 금지 구역. 매매춘을 하는 사창 구역임을 뜻한다. 표지판 뒤로 출입을 감시하는 미군 헌병이 보인다.

수출·국방 정책으로서의 매매춘

군사정권도 두 손 든 매매춘

1961년 5·16쿠데타 직후 매매춘 문제에 대한 군사정권의 청교도적 접근 방법은 많은 사람에게 신선한 느낌으로 다가왔다. 뚜쟁이 440명을 체포하고 매춘부 4,411명을 집으로 돌려보내는 조치를 취한 것이다. [1] 군사정권은 매매춘 자체를 완전히 제거하겠다는 듯 1961년 말까지 계속 '강력 근절'을 외쳐댔다. [2]

그러나 달러를 벌 수 있다면 얘기가 달라졌다. 군사정권은 1961년 9월 미군 위락 시설인 워커힐을 짓기 위해 현 서울시 광진구 광장동 부지 18만 평을 수용했다. 전 미8군 사령관 월튼 워커의 이름을 따서 지은 워커힐은 마땅한 휴양지가 없어 일본으로 떠나는 주한 미군의 달러를 잡아두기 위해 구상되었다. 1962년 봄 일본의 주간지들은 앞다퉈 "한국의 군사정권이 미군 장병을 끌어들이기 위해 술과 여자와 도박판 위주의 위락 시설을 짓고 있다"라고 보도했다. 미국 언론도 1962년 10월 "이 시설은 매춘굴·카지노·미인 호스티스 등을 갖추고 있다"라고 보

주한 미군과 유엔군 장병을 유치하기 위해 지은 워커힐 전경(1963년). '워커힐'이란 명칭은 한국전쟁 중 숨진 미8군 사령관 월튼 워커의 이름을 딴 것이다. 비밀리에 추진되던 워커힐 건립 계획은 일본 주간지들의 보도로 세상에 알려졌다.

도했는데, 이에 미국 부인 단체가 유엔군 사령부와 한국 정부에 강력히 항의하기도 했다. 그러나 공사 착공 11개월 만인 1962년 12월 26일에 준공된 워커힐은 원래 목적인 미군 장병 유치엔 실패해 적자 경영을 면치 못했으며, 그 대신 박정희가 기생 파티를 위해 자주 이용하게 된다. [3]

정부는 매춘부들을 '부녀지도보호소'에 수용해 기술을 가르치는 프로그램도 병행했다. 그러나 1962년 들어 매춘부들이 보호소에서 집단 탈출하기 시작하면서 이 프로그램이 성공하기 어렵다는 게 분명해졌다. [4] 결국 1962년 여름 군사정권은 '매매춘 특정구역 설정'으로 후퇴했다. [5]

하지만 그마저도 실패작으로 드러나기 시작했다. 1960년대 중반

수출·국방 정책으로서의 매매춘

부터 매춘부들이 특정 구역에만 머무르지 않고 주택가에 침투하기 시작했다. 이에 대해 정부는 속수무책이었다. 오히려 12~16세 10대 창녀의 수가 크게 늘었으며, 창녀를 식모로 가장시켜 영업하는 수법도 생겨났다. [6] 서울시는 윤락 여성과 부랑아를 대상으로 합동 결혼을 주선하는 방법을 쓰기도 했다. 1963~1964년 2년 동안 성사된 부부는 350쌍이었는데, 이 가운데 45쌍(13퍼센트)이 파경, 130쌍(40퍼센트) 이상이 불안 상태여서 '절반의 성공'이라는 평가를 받았다. [7]

콜걸의 등장, 인신매매의 산업화

마셜 매클루언Marshall McLuhan은 1964년 출간한 《미디어의 이해》에서 전화의 예상치 못한 결과로 '콜걸'의 등장을 들었다. 전화가 매매춘 형식에 혁명을 일으켰다는 것이다. [8] 그런데 《조선일보》(1964년 11월 28일)에 "서울에도 콜걸 우글우글"이라는 기사가 실린 걸 보면, 그 혁명이 한국에도 상륙했던 것으로 보인다.

"고급 창녀들이 적선지역赤線地域, 사창가 밖의 도심지 주택가에 잠식, 순결한 가정생활에 흙탕질을 치고 있다. 충무로 5가 · 오장동 · 묵정동 등지의 주택가에 방 2~3개를 얻어 비싼 세를 물어가며 자리 잡고 있는 이들 독립 창녀들은 거리에서 유객 행위를 하지 않고 ① 전화로 매음 청부를 맡아 금수장, 아스토리아호텔 등으로 하룻밤 1,000원 내지 2,000원씩 받고 원정(?)을 가거나('콜걸' 제) ② 호텔 보이나 웨이터들의 소개를 받고 손님을 찾는(매음 소개) 등 종래와는 달리 점점 지능적으로 번져가고 있다. 25일과 26일 밤 중부경찰서는 새로운 '콜걸'의 '아지트'를 급습, 충무로5가 42번지 강성자 양(22세) 등 20여 명을 연행, 즉결에 회부했다."[9]

1967년 8월 15일 서울 도심에는 거대한 공사판이 벌어졌다. 3·1 고가도로(청계 고가도로) 건설이었다. 1969년 3월 22일 준공된 3·1 고가도로는 우선적으로 박정희의 워커힐 내왕을 쉽게 하기 위한 것이었다. 손정목은 "박 대통령은 워커힐 건설 중에도 그 건설 상황을 점검하기 위해 자주 내왕했지만 1963년 4월에 개관되고 난 뒤에도 뻔질나게 그곳을 찾았다. 토요일, 일요일에도 갔고 평일에는 밤에 갔으며 빌라에서 술자리도 가졌고 잠자리도 가졌다. 워커힐의 빌라는 경호하기에도 쉬웠고 일체의 잡음이 절연된 공간이었다. 바깥방에서는 수행원들이 주연을 벌이고 안방에서는 여색을 즐겨도 외부 세계에서는 전혀 알 수가 없었으니 박 대통령이 휴식을 취하는 데 안성맞춤이었다. 박 대통령의 잦은 워커힐 나들이는 1970년대 중반에 청와대 앞 궁정동에 안가安家라는 이름의 비밀 휴식처가 생길 때까지 계속되었다"[10] 라고 말했다.

1967년 여성 단체들은 '정치 지도자에게 보내는 건의문'을 통해 국회의원이나 정부 고위관리들이 요정을 출입하거나 기생 파티를 하는 일이 없도록 해달라고 요청하였지만[11] 그건 실현되기 불가능한 일이었다. 대통령부터 기생 파티를 위해 뻔질나게 워커힐을 찾고 그 바람에 심심하면 육박전(육영수-박정희 부부싸움)을 벌이곤 했는데, 무슨 수로 기생 파티를 없앨 수 있었겠는가. 박정희는 야당 정치인들에게 정치 보

박정희 정권 당시 요정 정치의 산실로 대표되던 삼청각. 군사정권의 암묵적 승인하에 한국의 기생 파티는 세계적인 명성을 떨치면서 외화벌이에 기여한다.

복을 하더라도 여자관계만큼은 건드리지 말라는 지시를 내릴 정도로 기생 파티의 가치를 높게 평가하는 인물이었다. 그런 이유 때문이었는지는 몰라도 한국의 기생 파티는 산업적 규모로 성장해 세계적인 명성을 떨치면서 외화벌이에 기여하게 된다.

이에 질세라 윤락녀들이 주택가에 침투하더니 1967년부터는 학교 근처에까지 나타나 자주 신문 지상을 장식하곤 했다. 6월 중순엔 동자동에 있는 수도중·고교 학생들과 창녀들 사이에 투석전까지 벌어질 정도였다.[12]

1968년 1월 경찰의 창녀 착취 스캔들이 터졌다. 《조선일보》(1968년 1월 17일)는 "종로경찰서가 최근 적선지역의 창녀들을 연행, 즉결에 넘긴다고 위협하여 돈을 뜯어내고 있는 사실이 피해자들의 집단폭로로 드러났다. 종로 3가 일대의 창녀들에 의하면, 종로경찰서는 매일 창녀 20여 명을 경찰서로 연행하여 이 중 10명가량은 즉결에 넘기지 않고 3,000원에서 5,000원까지의 돈을 받고 석방해주고 있다는 것이다"라고 보도했다. 그래도 아는 경찰관을 만나면 1~2천 원은 깎아주며, 돈이 없으면 경찰에게 시계를 잡히기도 했다고 한다.[13]

이제 매매춘은 산업적 규모로 성장했다는 게 분명해졌다. 1968년 3월 시골에서 상경한 소녀들을 대상으로 한 사람당 2,000~5,000원씩 받고 윤락가에 팔아넘기는 인신매매소가 서울 시내에만 100군데에 이르는 것으로 추산되었다.[14]

종로 3가의 '나비 작전'

1968년 9월 26일 오후 서울시장 김현옥이 세운상가 건설 현장을 둘러보고 가던 길이었다. 골목을 지나는데 한 윤락녀가 "아저씨 놀다가세요"라며 소매를 잡았다. 김현옥은 즉시 종로구청장실로 가 시 관계자들과 경찰 간부 등을 긴급 소집해 종삼 소탕을 위한 '나비 작전'을 세웠다. '나비'는 사창가를 찾는 사람을 표현한 것으로, '꽃(윤락녀)' 단속만으론 한계가 있으므로 나비를 뿌리 뽑자는 것이었다.

나비 작전은 그날 TV·라디오에서 대대적으로 방송되고, 다음 날 27일자 신문에 모두 크게 보도됐다. 27일 낮부터 한국전력 직원이 총동원되다시피 해 종삼 골목 입구마다 수많은 100볼트짜리 전구를 달았다. 종삼으로 들어가는 나비를 가려내기 위해서였다. 또 골목마다 하수도 공사를 한다며 길을 파헤쳐 놓기도 했다.[15]

본격적인 작전은 27일 저녁 시작됐다. 골목에 사람이 들어서면 골목 어귀에 진을 치고 있던 시·구청 공무원과 사복 경찰관이 몰려가 '이름이 뭔가', '직업은 뭐냐', '주소가 어디냐'며 물었다. 분명 인권침해였지만 항의하는 사람은 없었으며, 공무원과 경찰관이 몰려들어 묻기도 전에 달아났다. 김현옥은 10월 말까지는 나비 작전을 펼쳐야 할 것으로 예상했지만, 작전 개시 일주일 만인 10월 초에 나비의 발길이 완전히 끊겼다.[16]

800여 윤락녀는 모두 종로 3가를 떠났고, 그 지역의 땅값이 껑충 뛰었다.[17] 확실하게 하겠다는 뜻으로 주민들은 '종3정화위원회'를 구성해 지속적인 감시활동을 펼쳤다.[18] 윤락녀들은 "한 달 뒤에 온다"라며 짐도 그대로 두고 떠난 상태였기에 안심하기엔 일렀다. 골방에서 단속을 상대로 숨바꼭질하는 일이 한동안 계속되었다.[19]

종로 3가는 달라졌을망정 이쪽을 누르면 다른 쪽이 튀어나오는 '풍선 효과'는 피하기 어려웠다. 게다가 사실상 합법인 기지촌 매매춘이 존재하는 나라에서 어찌 매매춘 근절이 가능했겠는가. 1960년대 후반 평화봉사단원으로 한국에 와 2년간 머무른 브루스 커밍스는 자신의 일기에 의정부 기지촌의 풍경을 다음과 같이 묘사했다.

"미군 기지 주변은 지독히도 가난하다. 이 지역에는 기생적인 인구가 더럽고 낙후되어 불량한 주거 환경에서 살고 있다. 그중에서도 사창가는 최악이다. 구역이 따로 없이 번화가 한편으로 속속들이 배어 있

한국전쟁 직후 미군이 주둔하면서 생겨난 대표적 성매매 집결지인 파주 용주골의 1960년대 풍경. 거리 곳 곳에는 미군을 상대로 성매매하는 클럽이 들어섰다.

다. 미국인만을 상대하는 클럽들이 밀집해 있다. 거기에는 로큰롤 음악

이 쿵쿵 울리고 요란하게 꾸민 간판이 걸려 있으며 문 앞에는 우스꽝스

럽게 치장한 한국 소녀들이 서 있다. 미니스커트를 입은 이 소녀들보다

더 바보같이 보이는 것은 없다. 내가 무엇보다 당황했던 것은 아이 둘

이 매달려 있는 중년 여성이 거리 한복판에서 다가와 침대에서 놀지 않

겠느냐고 물었던 일이다." [20]

한일 육체의 융합 현상

매춘부들의 주택가 침입은 1970년대에 더욱 극성을 부렸다. 부산에선 시민이 직접 들고일어날 정도였다. 《조선일보》(1970년 7월 30일)는 "부산의 소위 사창가 주민이 20년을 참다못해 '우리 동네를 우리가 지키자'며 정화 투쟁에 나섰다. 부산의 중심 지대인 동광동, 연주동 일대 주민은 당국의 손만 믿다간 주택가에 파고드는 사창가를 도저히 없애기 어렵다고 결론 내리고 지난 11일부터 자체 사창선도위원회를 조직, 직접 거리에 나섰다. 영주동 김홍민 씨(35세)가 주동이 된 주민 80여 명은 우선 모금 운동을 벌여 마이크를 마련, 밤 9시부터 새벽 1시까지 이 근처를 배회하는 취객이나 낯선 사람에게 '집에는 아내와 아들딸이 기다리고 있습니다'라는 방송을 하고 있다. 또한 골목마다 사창선도위원회란 어깨띠를 두른 주민들이 유객 행위를 하는 창녀나 포주들을 지도하고 있다"라고 보도했다. [21]

게다가 1970년대엔 일본인 상대 매매춘이 본격화되면서 매매춘 규제는 더욱 어렵게 되었다. 일본인을 상대하는 이들은 '고급 콜걸'로 불렸지만, 하룻밤 50~60달러를 받아 포주나 브로커들에게 뜯기고 나면 수중엔 2,500원 정도가 남을 뿐이었다. [22]

1970년 6월 17일 한국의 부산과 일본의 시모노세키下關를 연결하는 부관釜關 페리호 취항과 같은 해 7월 7일 경부고속도로 개통은 일본인들에게 한국 관광의 매력을 더하게 했다. 이후 서울에서도 일본 번호판을 단 일본 차를 볼 수 있게 되었다. 리영희는 부관 연락선 정기 항로 개통을 "한일 경제의 융합 현상을 상징"하는 것으로 평가했다.[23] 경부고속도로로 연결되는 부관 연락선 정기 항로 개통은 한일 간 경제의 융합현상뿐만 아니라 육체의 융합 현상을 상징하는 것이기도 했다. 늘 '일본은 남자, 한국은 여자'라는 일방성은 있었지만 말이다.

1972년은 1971년에 비해 일본인 관광객 수가 두 배 이상 늘어난 해다. 그런데 왜 하필 1972년에 일본인 관광객이 그렇게 급증하였을까? 바로 그해에 일본이 중국과 외교 정상화를 하면서 대만과 관계를 단절한 것에 주목할 필요가 있다. 당시 대만은 일본인들의 주요 섹스 관광지였는데, 대만과의 단절로 일본인들의 섹스 관광지가 대만에서 한국으로 바뀐 것이다.[24] 한국을 찾는 일본인 관광객은 1971년 9만 6,000여명에서 1972년 21만 7,000여 명으로 급증하였고 1973년에 47만 4,000여

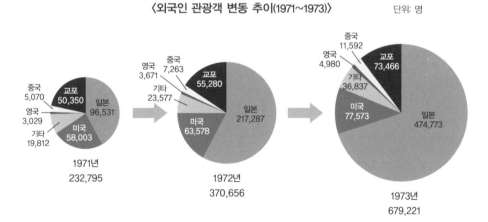

〈외국인 관광객 변동 추이(1971~1973)〉　　　단위: 명

한국을 찾는 외국인 관광객 수는 1971년에서 1973년 사이에 약 세 배나 증가했다. 특히 일본인 관광객 수 증가 폭이 두드러졌는데 약 다섯 배 가까이 폭증했다. 1973년 전체 관광객 중 일본인 관광객이 차지하는 비율은 70퍼센트에 달했다.

　　　　　　　　　　　　　　　　　　　　　　　－〈동아일보〉1976년 10월 12일자에서 재인용

수출·국방 정책으로서의 매매춘

명으로 또 한 번 급증하였던 것도 바로 그런 변화에 기인한 것이다. [25]

일본인 관광객 수는 1979년엔 약 65만 명에 이르렀다. 물론 이들이 모두 섹스 관광을 위해 한국을 찾았다고 볼 수는 없을 것이나 일본인 관광객의 85퍼센트가 아내나 여자 친구 없이 여행 왔다는 점에 주목할 필요가 있다. 1978년 한국이 매매춘을 통해 일본인에게 벌어들인 수입은 700억 원인 것으로 추산되었다. [26] 이에 대해 박종성은 다음과 같이 논평했다.

"세계적으로 특출난 명소가 있는 것도 아닌데, 우리나라에 매일 수천 명씩 일본인 관광객이 몰려오는 이유는 무엇인가. …… 이들 대부분이 '색정단色情團'이란 표현은 그다지 과장된 것이 아니다. …… 한국 여행사는 관광 일정 중에 필수적으로 기생 파티를 넣어 별 투자 없이 막대한 이익을 취한다. 이러한 여행사와 관광 요정 그리고 호텔이 연출해내는 기생 관광은 결국 일본이 경제적 침략으로 한국 노동자의 노동력을 착취하여 벌어들인 돈 일부를 한국 여성들의 성적 유린의 대가로 쥐여주고 있는 것이다. …… 경제구조의 취약성에 기인한 무역 적자의 폭을 한국 여성의 정조와 바꿔치기하도록 정책적으로 묵인 또는 조장하는 한국 정부의 반민족적 행위와 맞물려져서 기생 관광은 날로 번창하게 되는 것이다." [27]

수출 정책으로서의 매매춘

1973년은 외화벌이를 위해 매매춘의 국책 사업화가 본격적으로 이루어진 해였다. 박정희 정권은 1973년부터 매춘부들에게 허가증을 주어 호텔 출입을 자유롭게 했고 통행금지에 관계없이 영업할 수 있도록 했다. 또한 박 정권은 여행사들을 통해 '기생 관광'을 해외에 선전했을 뿐만 아니라 문교부 장관은 1973년 6월 매매춘을 여성들의 애국적 행위로 장려하는 발언을 하였다. [28] 한국 정부의 그런 과감한 정책에 장단을 맞추기라도 하듯, 일본인 관광객 내한이 피크에 달했던 1973년에 일본의 국제 여행 알선 업체에서는 관광단 모집 명칭을 아예 '한국 기생 파티 관광단 모집'이라는 간판을 걸고 나왔을 정도였다. [29]

일국의 정신문화를 책임지는 자리라고 볼 수 있는 문교부 장관이 감히 매매춘을 애국적 행위로 장려하는 발언을 공개적으로 할 수 있었다는 건 당시 대한민국이 목적을 위해선 수단과 방법을 가리지 않는 '병영 국가' 체제였다는 걸 웅변해주는 것인지도 모른다.

실제로 박 정권은 매매춘 여성들에게 안보 교육을 포함하여 자신들이 국가 경제를 위해 얼마나 중요한 일을 하는가에 대한 교양 교육을 시행하여 외국인에게 최대한 서비스를 하도록 독려하였다. 그 교육 내용은 "일제강점기 정신대를 독려하였던 독려사와 너무 흡사하여 '신판 정신대 결단식' 같았다." [30] 물론 박 정권의 그러한 매매춘 장려 정책은 '수출 정책'의 일환이었다. 박종성은 다음과 같이 말한다.

김포공항으로 입국하는 일본 관광객들. 1973년은 외화벌이를 위한 매매춘의 국책 사업화가 본격적으로 이루어진 해였으며 이러한 관광 붐 조성에는 기생 파티가 큰 역할을 했다.

"정부는 외채의 압박을 줄이고 무역 적자 폭을 해소하기 위한 정책 자원을 국내에서 발견하는 데 성공한다. 그것은 바로 관광산업의 개발이었으며, 이를 핑계로 외화 획득의 원천은 이제 기생 관광의 루트를 통해 부분 해소되기 시작했다. 다시 말해서 관광산업의 정책적 육성은 짧은 시일에 더 많은 외화를 벌어들일 수 있는 가장 용이한 방법으로 통용될 수 있었고, 많은 관광산업 유형 가운데에서도 기생 관광은 자금의 회전과 비축이 가장 손쉬운 수단으로 파급되기 시작했던 것이다. 때 아닌 기생 문화의 복원. …… 1970년대 한국 관광산업의 본질은 바로 이렇게 사라진 전통문화 가운데 성을 수단으로 하는 '원색의 소재'를 통해 그 치부를 드러내고 있었다. 그것도 하필 일본인을 주 고객으로

하는 신종 매춘으로 관광 기생업이란 명칭이 보편화한 것이다." |31|

정부의 역할을 좀더 구체적으로 살펴보자. 박종성은 다음과 같이 말한다.

"유신 직후, 한국 정부는 관광 진흥 정책에 따라 관광진흥법에 근거를 두었던 국제관광협회(현재의 한국관광협회)에 '요정과'를 설치하고 관광 기생들과 관광 요정 문제에 관한 본격적 실무에 착수한다. '윤락행위등방지법'(1961. 11. 9) 제정 10여 년 만의 일이었다. 일본 제국 군대의 필요에 따라 만들어진 공창제도를 미 군정이 폐지하고 한국의 군사정부가 이를 새로운 법으로 대체한 지 10여 년 만에 정부는 그들 스스로 떠나보낸 자들을 다시 불러들여 유린의 대가를 긁어모으려는 '악의 논리'와 공모·타협하기 시작했다. 요정과의 업무 방향은 사실상의 '매춘 허가증'과 다름없는 접객원 증명서를 발부하고 교양 교육을 시행하면서 전국 관광 기생들의 행정적 존재 근거를 합법화하는 데 맞춰졌다." |32|

접객원 증명서를 발부받기 위해선 주민등록등본과 신원보증서까지 필요했다. 그 증명서는 어떤 경우에 필요했던 걸까?

"관광객을 실은 버스가 요정에서 떠나면 그날 밤 동침키로 된 아가씨들은 영업용 자가용이나 콜택시에 4명씩 타고 뒤따른다. 호텔에 도착한 아가씨들은 자신들의 파트너가 묵고 있는 방을 찾을 때 곤란에 처하기도 한다. 호텔 측이 이런저런 이유로 기생 아가씨들의 출입을 막는 일이 흔하기 때문이다. 여기에서 호텔 통과증이자 외국인에게 몸을 팔아도 법에 안 걸리는 허가증이 될 수 있는 접객원 증명서가 필요하다." |33|

외국 관광객을 접대하는 여성에 대한 등록증 발급 제도 시행은 인권침해 등 많은 부작용을 낳았다. 등록증을 가진 접객 여성만을 호텔에 출입시키는 이 제도는 사실상 한국 정부가 전국 관광 기생들의 행정적 존재 근거를 합법화한 것이다.

– 〈경향신문〉 1972년 10월 5일자

화대 착취 구조를 묵인한 정부

일본인을 대상으로 한 매매춘 여성들을 애국자라

고 치켜세웠으면 이왕 매매춘의 국책 사업화를 시도한 김에 그들이 큰

돈이라도 벌 수 있게끔 보호 장치까지 만들어줬어야 했을 게 아닌가.
그러나 현실은 전혀 그렇지 않았다.

"이렇게 결코 쉽지 않은 과정을 거치면서 일본 남성을 상대로 갖은 수모와 모욕을 당해가며 번 수입임에도 관광 기생에게 돌아오는 '화대'는 여행사 커미션, 호텔 통과세, 밴드 악사비, 요정 종업원 팁, 버스 운전사 급료, 요정 지배인 몫, 접대 화대, 마담에 대한 사례, 호텔 객실 담당 팁, 교통비 등의 무수한 중간 착취자에 의해 거의 착취당하고 손에 쥐는 것은 생계비도 될까 말까 한 정도에 불과하다." [34]

대부분은 총수입의 80퍼센트를 중간 착취당했으며, 정부는 화대 착취 구조를 묵인했다. 왜 그랬을까? 그 이유에 대해 박종성은 다음과 같이 말한다.

"70년대 국가가 이렇게까지 해서 정책의 전환을 의도했던 이유는 어디까지나 국내에서 외국인들이 많은 돈을 쓰고 가게 하자는 기묘한 이기심에서 비롯된 것이었을 뿐, 진정으로 기존의 매춘 여성들이나 빈곤 여성들을 끌어안아 범사회적으로 인간다운 삶의 조건을 조성해주기 위한 것은 아니었다. 70년대 기생 관광 문화를 즐긴 주 고객들이 일본인이었다는 역사의 아이러니는 해방 공간 속에서마저 단절되지 않고 존속된 과거 일제 공창 문화의 잔재와 이를 스스로 척결하지 못했던 우리 자신들의 사회 의식적·실천적 한계를 반증하는 것이었다. 전도된 성 문화를 강화시키고 기생의 사회적 수요를 팽창시킨 한국의 관광정책은 결국 기생 관광을 일본에 역수출하는 새로운 현상까지 야기시킨다." [35]

수출·국방 정책으로서의 매매춘

일본인 기생 관광은 국내 매매춘에도 큰 영향을 끼쳤다. 수출 산업이 국제 경쟁력 강화를 위해 내수 시장이라는 기반이 필요한 것처럼, 관광 매매춘 산업은 국내 매매춘 시장을 확대하는 효과를 낳았기 때문이다. 리영희는 《여성동아》 1973년 7월호에 쓴 〈외화와 일본인〉이라는 글에서 다음과 같이 말했다.

"이 나라가 해마다 수십, 수백만 명의 외국인을 끌어들이려는 목표로 관광 한국을 자랑하는 동안, 말하기는 다소 쑥스러운 일이지만 일본인에 의한 밤의 수요가 느는 바람에 농촌 소녀는 서울 외곽으로 몰려들고 외곽의 여성은 중심가로, 중앙 지대의 여성은 호텔로 모인다는 호텔 사람들의 설명이다. 그러는 동안에 그 공급이 달려서 인간 상품의 값도 변두리에서 호텔을 지향하는 앙등 추세라는 말도 들린다." [36]

1974년엔 사장 여비서가 인기였다. 호텔에서 사장 여비서라고 주장하며 몸값을 높이는 윤락이 성행했다. [37] 소규모 호텔 시설을 갖춘 '민박民泊 윤락'도 극성을 부렸다. 주로 일본인 상대 업소로, 서울에만 200여 개소가 있는 것으로 추산되었다. [38] 1978년경엔 일본인 상대 소녀 조달 시도가 사회적 물의를 빚었다. [39] 예쁘장하게 생긴 여고생에게 접근해 "얼굴이 예쁘니 광고 모델을 시켜주겠다"라고 속인 다음에 "일본인과 30분만 호텔에서 지내면 아파트가 생긴다"라고 꼬시는 등 온갖 작태가 난무하였다. [40]

박 정권의 노골적인 매매춘 장려 정책은 국민을 '경제 동물화'하여 정치적 저항을 무력화시키는 효과도 얻을 수 있었다. 이는 50여 년 전 일제의 식민정책과 구조가 유사한 것이었다. 박종성은 일제의 매매춘 정책에 대해 다음과 같이 말한다.

"중요한 사실은 그들이 매매춘을 조선 식민정책의 일환으로 인식했으되 시장 구조를 전국 규모로 체계화하여 정치적 반항이나 반일 감정의 무마·전환 수단으로 악용하려 했다는 점이다. 특히 지식인들 보편의 비관주의를 더욱 증폭시키고 정치적 강압에 대한 현실 도피의 발판으로 매매춘 문화를 선별·심화하려 했던 식민 당국에 매매춘을 권하는 사회적 무드의 조성은 무엇보다 긴요한 전제가 된다." [41]

박 정권에게 그런 정치적 의도가 있었는가 하는 건 중요치 않다. 중요한 건 매매춘의 국책 사업화가 당시 한국 사회에 미친 정신적 상처일 것이다.

과시적인 기생 관광 행태

일본 남부에서 북부까지 단체 관광 여행을 해도 1인당 5~7만 엔이 드는 데 비해 한국의 기생 관광은 3~5만 엔이면 충분했다. [42] 일본인 기생 관광객들은 '싼 맛'에 한국을 찾는 사람들이었기 때문에 그들의 기생 관광 행태는 은밀하다기보다는 과시적이었다. 1960대의 한 일본 관광객은 접대부가 팁을 달라고 하자 대뜸 "총독부로 가자. 일러바쳐야겠다"라고 으름장을 놓는 일도 있었다. [43] 리영희는 《여성동아》 1973년 7월호에 쓴 〈외화와 일본인〉이라는 글에서 서울의 어느 호텔에 묵은 한 외국인 친구가 간밤에 한잠도 자지 못했다고 투덜

거린 이야기를 다음과 같이 소개하고 있다.

"그의 설명인즉 오밤중에 요란한 소리에 놀라 화재인가 싶어서 방을 뛰어나와 보니 반나체의 몇 일본 사나이가 한 여인을 이리 쫓고 저리 찾으면서 '밤의 여인'의 쟁탈전을 벌이고 있더라는 것이다. …… 소란은 새벽까지 계속되었는데 호텔 측도 호텔의 풍기를 잡으려 하는 기색이 전혀 보이지 않더라는 불평이었다." [44]

리영희는 이어 자신의 경험담을 소개하고 있다.

"아닌 게 아니라 서울의 호텔이란 호텔은 이 왜소한 동양의 벼락부자들로 술렁거리고 있다. 수십 명이 떼거리를 지어 깃발을 앞세우고 길거리를 누비고 있는 꼴이란 가관이다. …… 엘리베이터를 타면서 구두를 벗어드는 친구가 있는가 하면 같이 타고 있는 사람들의 생각이야 아랑곳없이 와자지껄 떠들어대는 데는 오히려 이쪽이 압도되고 만다. 엘리베이터의 단추를 닥치는 대로 눌러보던 한 친구가 '고래 고쇼데스카?(이거 고장이요?)' 하고 다짜고짜 일본 말로 묻는 데는 당황하지 않을 수 없었다. 일본인이 한국 속에 있는 것인지 내가 일본엘 와 있는 것인지 순간 착각을 일으킬 지경이었다. 이 친구가 엘리베이터를 내려서자 기다리고 있는 듯 보이는 한국인 남녀들이 연상 허리를 굽실거리면서 '아리가도 고자이마스(고맙습니다)'를 수없이 되풀이하는 것이었다. 상전을 맞이하는 졸개들의 얼굴에서 발견할 수 있는 그런 비굴한 웃음들이었다. …… 며칠을 두고 이런 광경을 수없이 보고 겪고 나니 '아, 언제부터 이 나라가 다시 이렇게 되어버렸는가……' 하는 생각에 한숨이 절로 나왔다." [45]

수치스럽게 생각해야 할 기생 관광을 하면서도 한없이 당당한 일본인들! 그래서 서울 시내 한복판에서 나이 든 일본인 관광객들이 젊은 한국 여성을 껴안고 가는 걸 보다 못해 폭력을 행사한 젊은이들의 '저항'이 심심치 않게 일어나곤 했다.

그러나 그러한 저항은 '울분의 폭발'이었을 뿐, 한국인은 점점 더 '경제 동물화' 되어가고 있었다. 한동안 한국인들은 일본인들을 가리켜 경제 동물이라고 욕했지만 내심 그들의 경제력을 부러워했던 것인지도 모른다. 물론 경제 동물이 되지 않고선 박 정권의 폭압적인 통치 체제 하에서 자신의 안전을 지키는 것조차 어려웠다는 점도 간과해선 안 될 것이다. 리영희는 다음과 같이 개탄한다.

"정부나 국가가 그 여성 국민에게 통행금지 면책특권을 주면서까지 외국인 사나이들을 끌어들이는 정책은 딸을 바치고 그 대가로 부자가 되는 아비와 얼마나 도덕적 차이가 있는지 잘 모르겠다. 그 돈으로 국민이 얼마나 부해지며 국가가 얼마나 경제 발전을 이룩할 수 있는지도 모를 일이다. 사회와 국민의 도덕적 타락, 비인간화를 돈벌이의 수단으로 삼지 않고서는 경제 발전을 못 한다는 말일까. 그렇게까지 해서 외국인을 끌어들이고 외화를 벌어야 할까. …… 이 통에 10여 년을 지켜 내려오던 '4·19의 4월'이었던 달이 금년에는 갑자기 '관광의 4월'로 탈바꿈했다. 어제도 오늘도 신문에는 일본의 무슨 재벌, 무슨 사장이 서울과 지방의 어디 어디에 몇 층의 호텔 건설을 약속했다는 기사가 자랑스럽게 보도되는 것을 읽으면서 나는 우울해지는 것이다." [46]

수출·국방 정책으로서의 매매춘

여성계의 반대 투쟁

박 정권의 적극적인 매매춘 국책 사업화에 대해 집단적으로 들고 일어난 건 오직 여성계뿐이었다. 1973년 7월 2일부터 5일까지 서울에서 열린 한일교회협의회에서 한국교회여성연합회 대표 이우정은 기생 관광 문제를 거론하면서 기생 관광 반대 운동을 전개하기 시작했다. 1973년 11월 30일에는 '관광객과 윤락 여성 문제에 대한 세미나'를 통해 대응 방안을 토론하였고, 12월 3일에는 교통부 장관과 보건사회부 장관에게 섹스 관광의 시정과 건전한 관광 사업책의 강구를 요구하는 건의문을 발송하였다. 또《매춘 관광의 실태와 여론》이라는 소책자를 만들어 배포하기도 했다.[47]

이러한 운동은 대학생에게도 영향을 끼쳐 이화여대, 한신대, 서울대 학생의 섹스 관광 반대 시위로 이어졌다. 이화여대 학생들은 김포공

일본의 기생 관광 반대 운동을 보도하는 신문 기사. 일본에서도 일본부인유권자동맹 등 스물두 개 여성 단체 대표들이 모여 일본인의 한국 내 섹스 관광을 반대하는 시위를 벌였다.
– 《동아일보》 1973년 12월 11일자

1973년 12월 19일 김포공항 입국 대기실에서 이화여대 학생 십여 명이 '일본을 상대로 한 매춘 관광을 반대한다'는 호소문을 나눠주고 피켓 시위를 벌이고 있다.

항에 도착하는 일본 관광객들을 상대로 '섹스 애니멀 고 홈'이라고 적힌 플래카드를 들고 반대 시위를 벌이기도 했다.[48] 이에 호응하여 일본에서도 스물두 개 여성 단체가 연합하여 일본인의 한국 내 섹스 관광반대 운동을 전개하였다.[49] 특히 일본 여성 단체가 하네다 공항에서벌인 대대적인 피케팅 시위는 세계의 이목을 집중시켰다.[50]

1974년 2월 26일 이우정은 여성 단체들이 공동으로 개최한 기생관광 반대 강연회에서 정부의 퇴폐적인 관광정책을 신랄하게 비판해이후 당국의 감시와 협박에 시달리는데, '유신 과업 수행을 가로막은반정부 행위'로 간주되어 연행당하기도 했다.[51]

중앙정보부는 반대 운동을 하지 않겠다는 각서를 받아내려고 이우정과 몇몇 대표자들을 잡아들인 적도 있으나, 이우정은 "난 절대 못

수출·국방 정책으로서의 매매춘

쓴다. 가난해도 좋다. 세탁기 안 쓰고 손으로 빨아도 좋다. 우리나라 딸들을 팔아서 부자 되는 것 원치 않는다"라고 말하면서 끝내 각서를 쓰지 않았다.[52]

박 정권은 그러한 강압책과 더불어 회유책을 쓰기도 했다. 문공부 총무국장이 여성계 회장, 초교파 교회여성연합회 회장 등을 음식점에 초대해 협조를 요청한 것도 바로 그런 회유책의 일환이었다. 이에 대해 이우정은 다음과 같이 말한다.

"아주 사정을 하더라고. '우리는 지금 외화가 필요하다. 외화가 있어야 비료도 사오고 물건 만들어 수출도 할 수 있다. 기생 관광도 일종의 애국이다'라며 설득을 하는 거야. 더 심한 말도 했어. 우리나라 기생은 하룻밤에 100달러 받는데 태국이나 필리핀 기생은 50달러에서 20달러밖에 못 받는다는 거야. 그 말을 들으니 얼마나 화가 나던지. '선생이 생각하기에 그게 그렇게 애국적인 일이면 선생 딸부터 관광 기생 만드시오. 그럼 우리도 반대 안 할 테니'그랬다니까. 그 국장 얼굴이 벌게지더구면."[53]

그러나 기생 관광 반대 운동은 큰 성과를 거두지는 못했다. 이승희는 이 운동이 "지속성을 갖고 계속되지 못했고 구체적으로 얻은 성과는 없었으나 정부의 기생 관광 정책에 대한 폭로와 함께 그 실상을 알리는 계기가 되었으며, 심각한 여성 문제로 제기되던 매춘 문제를 최초로 여성운동 이슈화한 것이었다"는 평가를 하고 있다.[54]

일본에 진출한
한국인 호스트 1만여 명?

일본인 기생 관광은 '현지처'라는 신조어를 낳았다. '현지처'가 되는 건 기생 관광업에 종사하는 여성들의 꿈이었다. 돈깨나 있는 일본인의 한국 현지처가 되어 팔자 고친 여자들의 성공담은 부러움의 대상이 되기도 했다. 이들은 주로 아파트에 살림을 차렸는데, 동거에 들어간 이후 일본인이 인색해져 골탕을 먹은 사례도 많았다.[55] 《신동아》 1976년 7월호에 실린 〈르뽀 관광 한국〉이라는 기사는 다음과 같이 말한다.

"일본인 관광객들이 '기생 파티'에서 번호표로 짝을 맞춘 파트너와 '한국에서 하룻밤을' 보낸다는 것은 조금도 신기한 얘기가 아니다. 요즘엔 한술 더 떠 수시로 한국을 드나드는 관광객이나 일본 상사 주재원 또는 장기 체류자 중에는 일정 기간 계약 동거를 하거나 소위 '현지처'라는 이름으로 아예 살림을 차리고 있는 일본인이 많아졌다는 소문이다. H맨션, Y아파트 등에 그런 쌍들이 살고 있다는 소문도 함께 널리 알려졌다."[56]

앞서 지적했듯이, 기생 관광은 수출산업이었다. 그래서 이것 역시 군사작전식으로 이루어졌다. 1970년대 말까지 계속된 이 군사작전에 대해 《신동아》 1979년 2월호에 실린 〈르뽀 100만 명 돌파의 '관광 한국'〉이라는 기사는 다음과 같이 말한다.

"수출 목표가 있듯이 관광 진흥에도 연초가 되면 목표액과 머릿수가 있다. 1978년은 105만 명에 4억 2000만 달러였고 금년은 120만 명에 5억 달러. 당국은 상부에 보고하고 장담해놓은 이 목표를 달성하기 위해 25개 국제 여행 알선 업체를 불러 규모 및 전년도 실적에 따라 달성해야 할 목표를 정해준다. 그러면 어떤 수단을 써서라도 이들 여행 알선 업체들은 목표를 달성해야지 그렇지 않으면 갖가지 혜택이 없어지는 것은 물론 허가 취소의 위협까지 받게 된다. 그래서 탈선 관광이 당국의 묵인 아래 극히 당연하게 이루어진다.”[57]

이 '현지처 문화'도 새로운 문화 양상에 자리를 내주게 된다. 그건 아예 일본에 진출해버리는 것이었다. 한동안 한국의 수많은 젊은 여성들이 일본 유흥업계로 진출하더니 이젠 호스트(남자 접대부)의 진출도 만만치 않은 수준에 이르렀다. 호스트의 경우, 1990년대 초반부터 일본으로 건너가기 시작해 최근엔 1만여 명에 육박한다는 보고도 있다. 이들의 주 고객은 90퍼센트가 일본에 진출한 한국인 호스티스라는 주장도 있으니,[58] 끈끈한 동포애의 미담으로 여겨야 하는지 판단을 내리기가 곤혹스럽다.

국방 정책으로서의 매매춘

매매춘의 국책 사업화는 비단 일본인 관광객들만을 대상으로 한 게 아니었다. 1970년대부터 주한 미군이 그러한 국책 사업의 주요 고객으로 등장했다. 1960년대만 하더라도 박 정권은 기지촌에 큰 신경을 쓰지 않았으나, 1970년대 초에 주한 미군 철수를 포함하고 있는 이른바 '닉슨 독트린'이 발표된 이후엔 주한 미군을 붙잡아 두기 위해 적극적인 정책으로 전환하였다.

그러한 적극적인 정책은 주로 미군의 기지촌 환경 개선 요구에 적극 응하는 것으로 나타났다. 주한 미군과 박 정권은 1971년부터 1976년까지 합동으로 '군 기지 정화 운동'을 실시하였는데, 이 운동은 사실상 박 정권이 전담하다시피 해서 추진되었다.

박 정권은 "안보와 교환된 '안락한 섹스'"[59]를 위해 기지촌마다 성병 진료소를 만들고 기지촌 여성을 대상으로 매주 정기적으로 성병 검사를 시행하였다. 또 기지촌 여성을 대상으로 '민들레회'와 같은 관제 자치 기구를 조직하였다.[60] 이에 대해 여성학자 정희진은 다음과

의정부 성병 진료소. 성병 진료소에서는 유흥업소 접대부와 특수 위안부들을 대상으로 성병 감염 여부를 검진했다. 특히 기지촌이 몰려있는 의정부와 같은 지역에서는 접객업소의 모든 여종업원을 대상으로 검진을 시행하기도 했다.

수출·국방 정책으로서의 매매춘

같이 말한다.

"정부가 매매춘을 불법으로 규정하고 있으면서도 한편으로는 미군의 건강을 위해 기지촌 여성들을 관리, 통제하는 것은 매매춘에 대한 이중 정책을 그대로 드러내는 것이다. 기지촌 여성들을 '가장 더러운 여자'로 낙인찍으면서도 동시에 '외화를 버는 애국자', 심지어 '민간 외교관'이라고 칭송(?)하기도 하였다."[61]

실제로 기지촌 여성들을 대상으로 매월 시행하는 교양 강좌에선 시장, 지역의 공보관, 경관 등이 인사말을 하면서 "미군을 만족시키는 여러분 모두가 애국자들이다. 여러분 모두는 우리 조국을 위해 외화를 벌려고 일하는 민족주의자들이다"라고 말하곤 했다.[62] 이런 칭찬(?)은 학교에서조차 이루어졌는데, 이승호는 1974년 자신의 청량중학교 2학년 시절의 경험에 대해 다음과 같이 말한다.

"어느 따뜻한 봄날, 얼굴이 아주 검었던 체육 선생 한 분이 애들을 운동장에 모아놓고 이런 훈시를 하셨습니다. '차렷, 열중쉬어! 미군에게 몸을 파는 우리 누나들은 애국자다. 그 누나들이 벌어들이는 달러는 가난한 우리나라 경제 발전에 큰 도움을 주고 있다. 너희는 그 누나들을 양공주, 유엔 마담이라고 손가락질하면 안 된다.' 체육 선생은 학교 도서관 등 여러 건물을 손으로 가리키며 이런 얘기도 했지요. '저 건물들을 짓는 데도 누나들이 도움을 준 것이다. 누나들의 은혜를 잊지 마라. 이놈들 움직이지 마. 야, 이승호!' 아, 이런 얘기도 하셨습니다. '일본도 전쟁에서 진 뒤 젊은 여자들이 미군에게 몸을 팔아 달러를 벌었다. 오늘날 일본이 경제 대국으로 성장한 데는 그런 누나들의 공이 컸

미군을 대상으로 성을 거래하는 기지촌 여성들. 박 정권은 매매춘을 불법으로 규정하고 있으면서 한편으로는 '안보와 교환된 안락한 섹스'를 위해 기지촌 여성을 관리하고 '애국자'라 부르며 칭송하는 등 이중적 태도를 보였다.

다. 차렷, 열중쉬어!'"[63]

우리는 신발이 아니라 인간이다

　　그러나 기지촌 여성들은 한국인 또는 인간으로 대접받지 못했다. 그들을 대상으로 한 미군 범죄도 '국가 안보'와 '우방국과의 우호 관계'라는 명분 아래 은폐되고 축소되었다.[64] 미군 범죄를 자유롭게 보도할 수 있을 정도로 민주화가 이루어진 후에도 그들은 미군에 살해되거나 하는 식으로 '민족주의적' 사건의 희생자가 될 때에 한해서만 한국인 또는 인간으로 승격되었을 뿐이다.[65]

기지촌 여성들에게 '애국자'와 '민족주의자'라는 감투를 씌우는 건 사실상 그들을 병영국가 체제 내로 흡수해 도구화했다는 걸 의미하는 것이었다. 박 정권의 기지촌 관리는 기지촌 여성들에겐 재앙으로 작용한 면이 있는 것도 바로 그런 이유 때문이었다. 미국 웨슬리대학교 정치학 교수 캐서린 H. S. 문은 다음과 같이 말한다.

"내가 만난 몇몇 전직 매춘 여성은 1960년대를 그들이 '가장 자유로웠던' 때로 회상했다. 그때만 해도 미군들과 공개적으로 술을 마시며 싸우고 멋대로 나돌아다녔다고 한다. 또 과격한 말다툼을 벌이기도 했고 서로를 맹렬히 저주하며 머리통에다 유리병을 내려치기도 했다. 그들은 뻔뻔스러웠고 권위에도 아랑곳하지 않았다. 어떤 이들은 경찰조차 자신들을 무서워하여 내버려둘 정도였다고 자랑했다. 1960년대 초에는 그 여성들이 두려워할 정부의 권위라는 게 거의 없었는데, 한국 정부가 여성들의 활동을 비롯해 기지촌에서 일어나는 사건들에 방임주의 정책을 적용했기 때문이었다." [66]

기지촌에서 호객하는 여성들. 밤이 되면 미군 부대에서 쏟아져나오는 미군 병사와 매춘부들이 성을 사고파는 모습이 일상이 되었다.

그러나 박 정권이 기지

촌에 적극 개입한 후 기지촌 여성들의 권익 옹호를 위한 활동은 국가 안보의 문제로 다뤄졌다. 이와 관련, 한국 최초의 '현장 출신' 기지촌 여성운동가인 김연자의 활동에 대해 정희진은 다음과 같이 말한다.

"1971년 송탄에서 미군들이 화대와 기지촌 물가가 비싸다며 신발과 쇼트 타임short time 화대를 5불로, 롱 타임long time 화대를 10불로 인하해 달라고 요구하는 유인물을 배포한 적이 있었다. 그녀는 미군들의 화대 떼먹기와 화대 인하 요구에 대항하였다. 천 명이 넘는 동료 매춘 여성들을 조직하여 '우리는 신발이 아니라 인간이다We are not shoes! We are human beings'를 외치며 미군 부대 앞에서 데모를 벌였다. 그러나 살벌했던 유신 시절, 기지촌 여성들의 이러한 작은 권익을 찾기 위한 노력조차 '북한과의 연계'로 몰려 그녀는 경찰서에 끌려갔다. 이때 당한 협박, 구타, 고문의 경험은 그녀에게 더욱 큰 좌절과 울분을 안겨주었다. 그녀는 오랜 기간 자치회 활동을 하면서 포주와 미군들의 잔인한 폭력, 살인 사건이 아무런 처벌 없이 지나가는 것을 직접 지켜보았다."[67]

외교 정책으로서의 매매춘

박 정권은 기지촌 여성들의 권익 옹호를 위한 활동을 강력하게 탄압하였을 뿐만 아니라 주한 미군 철수를 막기 위한 노력이라는 이유를 내세워 주한 미군 장교들에게 매춘·선물 공세를 퍼부었다. 이에 대해 전직 주한 미군 정보 장교는 다음과 같이 증언했다.

"미군에게 아부하여 이들로 하여금 부대 철수에 반대하고 일반적으로 친한국적인 발언을 하게 하려고 한국 정부 측은 계획적인 노력을 펼쳤다. 한국 정부 안에는 '우리가 그들을 잘 대하지 않았기 때문에 미군(7사단)이 떠났다'는 생각이 퍼져 있었다. 내가 이제까지 여기에서 근무하면서 1970년대 초만큼 기생 파티가 많았던 때를 보지 못했다. 실제로 매일 밤마다 미군 장군들을 모아놓고 기생 파티를 열었다. 사무국 사람들은 왜 한국인들이 우리를 여기저기 기생 파티에 데려가려 하는지 묻곤 했다. 한국 정부는 충분한 돈을 가지고 있지 않았는데도 그렇게 했다. 그것은 대접이었다. 미군은 그것을 무척 좋아했다. 사무국은 그것을 한국인들과 서로 비위를 맞춘다는 뜻에서 '한국인과의 동침'이라 불렀다. 한국인과 동침하는 장군들도 많았는데 그들조차 그것을 알지 못했다. 한국인들은 4성 장군을 만나려고 끊임없이 애를 썼다. …… 1970년대 후반까지 일부 미군 장군들은 박 대통령이 독재자였다는 사실을 전혀 알지 못했다. 장군들은 한국인들로부터 믿기 어려운 선물을 받았다."[68]

한국을 방문하는 미국 의원들도 기생 파티 대접을 받았다. 이는 '외교 정책으로서의 매매춘'이라고 해야 할까? 재미 언론인 문명자는 다음과 같이 말한다.

"박 정권은 미국 의원들이 이런저런 일로 한국을 방문하면 한국 매춘 여성들을 대주기 일쑤였다. 더구나 그들은 유엔 외교를 위해서라면서 미국 의원들뿐 아니라 전 세계의 각종 인종을 한국에 불러들여 이런 짓을 했다."[69]

주미 대사관 공보관으로 있다가 1973년 6월 미국에 망명한 이재현도 자신이 미국 학계와 언론계를 상대로 벌였던 로비에 대해 1977년 프레이저 청문회에서 다음과 같이 증언했다.

"미국 언론의 반유신 기사를 막고 친유신 기사가 실리게 하려고 미국 기자들에게 접근해 서울 방문을 권유했습니다. 그렇게 모집한 기자들이 서울에 도착하면 고급 양복점에 데리고 가서 양복을 맞춰주고 기생 관광도 시켜주었습니다." [70]

인권을 수단화하는 문화

일본인 관광객들과 주한 미군을 상대로 한 매매춘의 국책 사업화를 오늘의 잣대로 평가하는 건 부당한 일일까? 그럴 수도 있겠다. 그러나 한 가지 이해하기 어려운 것은 그때나 지금이나 여성의 권리 향상에 대해 반대의 목소리를 내는 유림 등 국내 보수 세력의 이중 잣대일 것이다.

1960년대부터 시작된 여성계의 가족법 개정 운동은 1973년에 활기를 띠게 되었다. 4월엔 YWCA(기독교여자청년회)와 이태영의 가정법률상담소가 '가족법은 개정되어야 한다'는 주제로 강연회를 열었고, 6월 28일엔 범여성적인 연대로 확대돼 61개 여성 단체가 연합하여 '범여성 가족법개정촉진회'를 결성하는 성과를 보기에 이르렀다. 10월유신 이후 모든 법률을 손질하는 때인 데다가 한국 정치사상 처음으로 여성 의

원 열 명이 국회에 진출해 있어 상황이 유리하다고 판단한 촉진회는 그해 7월 다음과 같은 10개 항목을 개정하자는 건의문을 의원들에게 보냈다.

첫째, 호주 제도의 폐지. 둘째, 친족 범위 결정에서의 남녀평등. 셋째, 동성동본 불혼 제도의 폐지. 넷째, 소유 불분명한 부부 재산에 대한 부부의 공유. 다섯째, 이혼 배우자의 재산 분배 청구권. 여섯째, 협의이혼 제도의 합리화. 일곱째, 부모의 친권 공동 행사. 여덟째, 적모서자관계와 계모자 관계의 시정. 아홉째, 상속 제도의 합리화. 열째, 유류분遺留分 제도. [71]

이렇게 단체의 이름으로 건의서를 보내는 정도나마 성과를 보기까지 최초의 여성 변호사인 이태영을 비롯한 여성 단체 대표들은 '노처녀

1973년 여성계의 가족법 개정 운동이 활기를 띠었다. 여성 단체인 YWCA는 '가족법 개정을 촉구하는 강연회'를 열고 여성의 인권 개선을 위한 법 개정을 촉구했다.

과부 집단'이니 '패륜녀'니 하는 비난에 시달려야 했다.[72] 어디 그뿐인가. 1972년부터 본격화된 보수 진영의 반대 운동은 마치 무슨 독립운동이라도 하는 것처럼 필사적으로 전개되었다. 1972년 8월 25일 전국유림대표자회의는 '500만 유림의 총의'로 가족법 개정을 반대하는 결의를 표명하였고, 1972년 10월 5일엔 유도회 주관으로 가족법 개정을 반대하는 34만 명의 서명날인을 받은 원본을 국회 사무처에 제출하였다. 그리고 뒤이어 가족법 개정안에 대한 반대 건의서를 제출하였다.[73]

그러나 그들은 매매춘의 국책 사업화에 대해선 그 어떤 반대의 목소리도 내지 않았다. 여성을 남성보다 열등한 존재로 간주한다면 그렇기 때문에 더욱 여성을 보호해야 하는 게 아닌가? 그러나 그것도 아니었다. 만약 그들이 진실로 매매춘 여성들을 '애국자'로 간주해 그에 합당한 대우를 하는 데 앞장서왔다면 또 모르겠다. 오직 남성 우월주의적 기득권만을 지키려는 이들의 이런 이중 잣대는 조선조를 지배한 이른바 '열녀烈女 이데올로기'의 변형은 아니었을까?

임진왜란과 병자호란은 여성의 정조 문제를 심각한 사회문제로 대두시켰다. 이른바 환향녀還鄕女는 왕조가 나라를 지키지 못해 발생한 시대의 희생자였음에도 왕조와 집권 사대부는 그들에게 사죄하기는커녕 모든 책임을 떠넘기고 자살을 강요했다. 물론 자신들의 안전을 도모하고 이익을 지키기 위해서였다.[74] 최문정은 다음과 같이 말한다.

"조선에 구원군을 보내준 명과 조선을 침략한 도요토미 정권이 모두 임진왜란의 여파로 망했음에도 피해 당사국인 조선 조정만은 명맥을 군건히 유지해갈 수 있었던 것은 조선 조정이 여성의 정조 의식과

어버이에 대한 효의 논리를 지배 이데올로기로 삼았기 때문이라고 판단된다. 어버이가 잘못했다고 한들 어버이를 바꿀 수 없으며 원망도 할 수 없다는 효의 논리를 강조함으로써 나라의 어버이인 왕의 잘못을 추궁하지 못하게 되는 것이며, 두 지아비를 섬기지 않는 열녀를 강조함으로써 두 임금을 섬기지 않는 충신의 길이 절로 강조되는 구조이다." [75]

이러한 '피해자 탓하기'는 일제강점기의 위안부에게도 적용되었고, 1950년대에는 한국전쟁의 결과로 생겨난, 이른바 '전쟁미망인' 55만여 명에게도 어느 정도 적용된 이데올로기였다. [76] 박 정권 치하에서 벌어진, 아니 지금도 계속되고 있는 매매춘의 국책 사업화에는 그런 '환향녀 이데올로기'의 망령이 살아 있는 건 아닐까?

실제로 박 정권은 한국의 경제 발전을 위해 희생당했다고 해도 좋을 정도로 음지에서 또는 낮은 곳에서 크게 이바지한 사람들에 대해 적절한 사회적 보상이 돌아가게끔 애쓰기보다는 오히려 그들을 탄압하는 데 앞장섰다. 물론 정권의 영광과 안보를 위해서였을 것이다.

오늘날까지도 매매춘 관광과 기지촌 매매춘은 여전하다. 한국 사회가 많이 민주화되어 이에 대한 문제의식이 높아진 건 사실이다. 그러나 매매춘의 '다국적화'와 그에 따른 한국의 '인신매매 경유국화' [77]는 그러한 문제의식에 변화를 초래해 무관심이나 호기심 쪽으로 흐르게 하고 있다. 매매춘의 다국적화와 관련해서 김연자는 다음과 같이 말한다.

"필리핀, 러시아, 방글라데시 등 외국 여성들이 기지촌 무대를 차지하면서 기존의 한국 여성들은 밀려나다시피 했어요. 현재 남아 있는

미군 기지촌인 동두천시 보산동 외국인관광특구의 주말 저녁 모습. 동두천, 평택 등 기지촌에는 1960년대 이후 오늘날까지 클럽이 영업 중이다. 현재 이곳에 남아 있는, 과거 '양색시'라 불리며 손가락질 받던 할머니들은 여전히 국가의 보호를 받지도 과거의 아픔을 드러내지도 못한 채 스스로 존재를 지워가고 있다.

여성들은 댄서나 늙은 여자들이에요. 그러다보니 동두천을 제외한 다른 기지촌 지역에서는 이들을 위해 활동하던 단체들이 거의 손을 털다시피 하고 또 있다 하더라도 전문적인 활동은 못하고 있어요."[78]

　　정유진이 잘 지적한 바와 같이, 기존의 문제의식마저도 '인권을 수단화하는 문화'에 갇혀 있다. 그래서 '개인이 당한 폭력'을 '민족의 유린'으로 환원하고, 범죄의 피해조차 '고통'보다는 '수치'의 문제로 접근하려는 경향이 강하다.[79] 또한 여성의 고통과 지위 문제를 계급 문제로 환원시켜 그 특수성을 외면하게 되는 일도 벌어지고 있다.

향락산업의 연간 매출액은
GNP의 5퍼센트 이상

강남 매매춘의 등장

1980년대는 강남 매매춘이 매매춘계의 최고봉으로 떠올랐다. 1981년 강남(영동) 지역에 환락가가 들어서면서 매매춘의 산업화는 '기생족' 의 활약이 두드러지는 등 정교한 분업화 시스템을 보이기 시작했다. [11] 1983년 강남 유흥녀들의 애환을 노래한 김수희의 히트작 〈멍에〉(추세호 작사 · 작곡)는 바로 그런 사회의 변화상을 시사하는 것이었다.

음악 평론가 임진모는 "〈멍에〉가 전 국민의 가요로 부상한 데는 유흥가 풍속과 관련이 있다"라며 "당시 유흥가의 중심이 서울 종로 · 명동 · 무교동 등 기존의 강북에서 강남으로 급속도로 이전됐다. 경기가 호황이었던 1980년대 초반 강남에는 룸살롱 · 스탠드바 등 유흥업소들이 만개하고 번성했다. 이른바 '영동 문화' 가 솟아난 것이다"라고 했다.

"유흥업소란 손님들의 질펀한 주색 파티 뒤에 접대부들의 애환이 그림자처럼 깔리는 곳이다. 당대의 유행에 민감한 대중가요가 영동 문

유흥가의 중심이 강남으로 이전되면서 이른바 '영동 문화'가 만개했다. 김수희의 〈멍에〉는 당시 유흥업소에 종사하는 접대부의 애환을 대변하는 듯한 가사로 인기를 끌었다.

화를 놓칠 리 없다. '멍에'의 애절한 색조와 김수희의 감칠맛 나는 보컬은 사람들을 그 유흥 문화의 짙은 뒤안길로 데려갔다. 유혹적이면서도 동정을 불러일으키는 외모의 김수희와 그녀가 부르는 도시의 블루스는 단숨에 유흥업소에 종사하는 '사연 많은 여자'의 이미지를 대변했다." [2]

그런 사회 분위기를 타고 등장한 '여성 파트너 임대'가 매춘이냐 아니냐를 놓고 논란이 벌어지기도 했다. 《조선일보》(1983년 9월 30일)는 "'마땅한 상대가 없어서 레저나 스포츠를 즐기지 못하던 분들에게 멋진 여성 파트너를 빌려 드립니다.' 최근 모 일간지에 이 같은, 이른바 파트너 대행업소 코리아레저스포츠의 광고가 게재되자, 각 여성 단체에선 '여성을 물체로 여기는 범죄행위' '공공연한 매춘'이라고 지적하며 발끈, 업소 폐쇄를 관계 당국에 진정하고 나섰다"라며 다음과 같이 말했다.

"이 회사엔 여성 단체의 항의 말고도 '여자가 상품이냐', '딸 가진 부모 마음이 어떻겠냐'로부터 '왜 남자 파트너를 쓰지 않느냐'는 갖가지 항의 전화가 하루 200통꼴로 쏟아져 들어오고 있다는 얘기인데, 주부클럽연합회(회장 정충량)에선 29일 이미 교통부 관광국, 사회정화위원회, 보사부 등에 시정 건의문을 냈고 YWCA(회장 김갑순)도 정부 각 부처, 국회, 각 여성 단체에 '사태'의 심각성과 협조를 당부하는 공문을 발송키로 결정, 이 싸움은 갈수록 치열해질 조짐이다. 그러나 정작 코리아레저 대표 도호기 씨(24세)는 '여성이 상품이 아니라 서비스가 상품이며 파트너는 그 서비스의 판매 요원일 뿐'이라고 주장하며 서울 영등포구 여의도동 44, 17평 임대 사무실에 직원 6명과 파트너 요원으로 대졸 여성 6명을 확보해놓았다고 태연한 표정. 금년 초 일본에서 선을 보이기 시작한 이 업종은 상당한 액수의 가입비와 연회비를 내는 회원에게만 파트너를 빌려주는 클럽식으로 운영되고 있는데 이 회사의 경우, 회원들로부터 가입비 25만 원에 연회비 10만 원을 받고 하루 파트너 이용에 1만 5천 원을 받을 계획이라는 설명이다."[3]

기생 관광의 부활

1980년대 후반 다시 기생 관광의 망령이 되살아났다. 올림픽 개최일이 다가오면서 전두환 정권이 적자재정 고민에 빠져들기 시작했기 때문이다. 올림픽조직위원회는 TV 방영권료 수입으로 총 6억 달러 이상을 예상했지만, 협상 결과는 참담했다. 국제올림픽위원회IOC의 몫을 제외한다면 단지 2억 달러 수준에 그쳤기 때문이다. 적자재정에 대한 위기감에 시달리던 전두환 정권이 꺼내 든 해결책은 박정희 시대의 기생 관광이었다. 정부는 물론이고 올림픽조직위원회까지 기생 관광을 위해 팔을 걷어붙이고 나섰다. 기생 관광을 위한 홍보도 다차원적으로 진행되었다.

1985년 올림픽조직위원회는 미국의 잡지《더 스포팅뉴스The Sporting News》에 별책 부록으로 서울올림픽을 홍보하는 광고를 무려 46면에 걸쳐 내보냈다. 그런데 그중 한국의 젊은 여성들이 기생 관광의 메카라 할 요정에서 외국 남성들에게 안주를 먹여주는 컬러 사진이 44면과 45면, 두 면에 걸쳐 천연덕스럽게 실렸다. [4]

단순한 음식 시중을 드는 것이 아니라 한 손님 옆에 한 사람씩 앉아 젓가락으로 외국인의 입에 음식을 넣어주는가 하면 자지러지게 웃는 모습을 보여주고 있어 이른바 '기생 파티'를 연상시킨다는 것이 이 사진을 본 사람들의 공통된 소감이었다. 서울올림픽조직위원회는 이 특집을 위해《더 스포팅뉴스》에 거액을 지급했을 뿐만 아니라 1984년 11월 취재팀이 한국을 방문했을 때 모든 취재 편의를 제공한 것으로 알려졌다. [5]

이에 분노한 한국교회여성연합회, 한국여성의전화 등 여성 단체들은 본격적인 기생 관광 반대 운동을 전개하기 시작했다. 이들은 공개 질의서를 통하여 여성을 이용해 관광 수입을 올리려는 정부를 비난하는 한편 정부 당국과 서울올림픽조직위원회의 해명, 사과와 함께 올림

향락 산업의 연간 매출액은 GNP의 5퍼센트 이상

픽 정책의 시정을 요구했다.

한국여성의전화는 1985년 3월에 인신매매 조직이 대거 검거되자 이 문제를 사회문제로 여론화하기 위한 작업으로 '인신매매를 고발한다' 는 공개 토론회를 처음으로 개최한 바 있다. 여성에 대한 모든 폭력을 '성폭력' 으로 개념화한 한국여성의전화는 인신매매 과정에서 여성이 성적인 도구로 전락한다는 점을 강조하며 인신매매를 성폭력의 한 형태로 보았다. 토론회는 인신매매의 유형 사례 발표에 이어 당시 한국교회여성연합회에서 성매매 반대 운동을 전개하고 있던 이우정이 성매매의 비인간성에 대해 발제했다. 그리고 지은희가 '매춘의 사회 구조적 원인' 에 대해 그리고 박인덕이 '매춘 여성 문제를 여성의 힘으로' 해결하자는 취지의 발제를 하였다. [6]

그러나 전두환 정권은 그런 항의에 아랑곳하지 않고 1986년 1월 기생 관광으로 이미 명성이 자자하던 11개 대형 요정 업체에 총 20억 원이나 되는 돈을 특별융자 형식으로 지원해주었고, 국제관광공사에서 발행하는 외래 관광객용 지도에도 기생 관광 장소인 요정의 위치를 각 국어로 친절하게, 또 상세하게 밝혀놓기도 했다. [7]

기생 관광 이벤트는 주도면밀했다. 올림픽 개최일이 다가오면서 외국 관광객들의 숫자가 늘어나기 시작하자 접대부 아가씨들에게 이른바 소양 교육이라는 것을 실시했는데, 물론 이 소양 교육의 핵심 메시지는 국가를 위해 외국 관광객들에게 최대한 편의와 서비스를 제공하라는 것이었다. 소양 교육을 담당한 강사들은 "아가씨들이 벌어들이는 외화가 우리 경제 발전의 밑거름이 되고 있다" 거나 "전후 일본의 경제

서울올림픽 개최일이 다가오면서 적자재정 위기에 빠지자 전두환 정권은 다시 기생 관광의 망령을 끄집어 냈다. 대형 요정 업체에 대한 적극적인 지원은 물론 외국 관광객을 위해 요정의 위치를 상세히 안내하고 소양 교육까지 실시하는 등 이벤트 준비에 만전을 기했다.

가 성장할 수 있었던 것은 일본 여자들이 자신들의 성을 팔아 벌어들인 달러의 덕"이라는 미담도 잊지 않았다. [8]

기생 관광과 매춘 관광을 통한 관광 수입은 매우 많아졌다. 모두 기생 관광을 통한 수입이라고 할 순 없겠지만, 아시안게임이 개최된 1986년 한 해의 관광객은 1985년에 비해 무려 16.5퍼센트가 증가했고, 이에 따른 수입은 97퍼센트 이상 늘어났다. [9] 1986년도 외국인 관광객 수는 총 165만 9,972명으로 1985년에 비해 23만 3,927명이 증가했고, 전년도 대비 증가율도 지난 10년간의 연평균 증가율인 7.4퍼센트의 두 배가 넘는 16.4퍼센트나 되었다. [10]

향락 산업의 연간 매출액은 GNP의 5퍼센트 이상

매매춘 산업 특수

올림픽은 매매춘 산업에도 특수를 몰고 왔다. 여성운동 단체들(한국여성의전화, 한국여성민우회, 한국여성노동자회)은 올림픽을 앞두고 기승을 부릴 기생 관광의 문제를 여론화하기 위하여 1988년 4월 17일 〈꽃다운 이 내 청춘〉을 무대에 올리는 등 애를 쓰긴 했지만,[11] 역부족이었다. 한 외국인의 증언이다.

"비행기에서 내려 발을 땅에 딛자마자 뚜쟁이가 달려들어요. 세계의 여러 공항께나 출입해봤습니다만, 뚜쟁이가 공항에서부터 일하는 곳은 내가 알기는 김포밖에 없습니다. 설마 이런 일들이 정부의 인정 없이 벌어지는 일이라고는 하지 않겠죠?"[12]

《샌프란시스코 이그재미너》서울 지국장 강건실은《샘이 깊은 물》 1988년 11월호에서 "한국의 매춘은 그것이 팔리는 방법 때문에 독특한 문제를 제기한다. 문제는 매춘이 존재하는 데에 있다기보다 그것이 어떻게 존재하고 전체 사회에 어떤 영향을 끼치고 있느냐에 있다. 이 나라 매춘의 고약한 점은 그것이 관광 산업의 한 부분이나 꾸러미로 공식적으로 인정되고 있다는 것이다"라며 다음과 같이 말했다.

"기생집 방문이 거의 모든 한국 관광의 여정에 끼어 있다. 실제로, 일본 남자 관광객의 육 할이 한국 여행을 오로지 한 목적, 곧 섹스 때문에 한다. 이제는 미국 사람들조차 기생집을 놓치지 말고 다녀오라는 당부를 받는 판이니, 기생집이라는 말은 이제 어떤 이들 사이에서는 실제로 갈보집을 가리키는 완곡한 표현이 되었다. 남자 손님들이 호텔에 들자마자 관광호텔 '담당' 여자들이 그토록 빨리 그 손님들의 이름을 알아내는 것은 어쩌다가 그렇게 되는 우연의 일치일 수 있다. '나의 진짜 걱정은 이 여자아이들이 단독으로 말고 호텔 종업원과 경찰력의 도움을 받아 그런 일을 한다는 것입니다.' 관광 관계 관리들에게 그런 상황을 고치라고 설득해오다가 낭패한 한 사회 사업가의 말이다."[13]

미국의 한 남성 잡지는 〈한국 섹스 안내〉라는 기사를 싣기도 했지만,[14] 정부는 별로 개의치 않았다. 국회도 마찬가지였다. 9대 국회 보사위원회에서 나온 국회의원들의 매춘 관광 관련 발언을 보자.

"요새 말하자면 관광 꺼리란 것이 있어요. 왜 그 가치가 세계적으로 제일 얕습니까? 내가 돌아다니면서 보니까 한국 여성이 세계에서 제일 미인이야. 그런데 가장 미인인 한국 여성의 값이 세계에서 제일 싸요. 여성의 지위 향상보다는 우선 그 여성의 몸값을 올려주는 것이 결국 지위 향상이 아니겠어요?" (안건수)

"일본이 명치유신 이래 해외로 진출한 창녀나 미군 상대 창녀를 애국자로 미화했던 것처럼 우리나라도 윤락 여성을 미화해 여성 전사처럼 부각시키는 것이 ……" (박형배)[15]

이처럼 정부와 국회가 사실상 매춘 관광을 묵인 또는 육성하면서 에이즈AIDS 감염자가 급격히 늘어나기 시작했다. 1986년 아시안게임과 1988년 서울올림픽이 결정적인 계기였다. 1985년 한 명에 불과했던 에이즈 감염자는 1986년 다섯 명으로 늘어났고, 1987년에는 14명으로, 올림픽이 열린 1988년에는 1987년에 비해 무려 24명이 늘어나 38명으로 증가했다. 그리고 1989년에는 감염자가 73명이었다.[16]

향락 산업의 연간 매출액은 GNP의 5퍼센트 이상

정부가 에이즈에 대한 예방책을 마련하지 않은 건 아니었다. 그런데 에이즈 예방책은 에이즈의 주요 전파자라 할 외국 관광객은 제쳐놓고 내국인, 그중에서도 특히 유흥업소 종사자들만을 대상으로 철저하게 '강제 검역'을 실시하는 내용뿐이었다.[17] 고광헌은 정부의 이런 어처구니없는 에이즈 예방책을 이렇게 풍자했다.

"외국 관광객들이여, 안심하라! 안심하고 코리아와 코리아의 여성들을 즐겨라! 20세기 페스트라 불리는 에이즈에 대한 감염을 걱정하지 마라! 당신들이 우리나라에 와 데리고 놀 모든 여성에게는 정기적, 강제적 검역을 철저하게 시행하고 있다. 양성 반응자나 환자는 가차 없이 강제 격리 수용을 하고 있다. 에이즈는커녕 가벼운 성병마저도 없다. 그러니 오라! 많이 와서 달러를 쓰라! 설혹 당신들 중 에이즈 환자가 있어서 우리나라 여성들에게 옮겨진다 해도 또 검역해서 격리시키면 그뿐이다. 당신들이 달러를 물쓰듯 쓰는 한 우리네 딸들이 몇십 명쯤 더 에이즈에 걸려도 괜찮다. 그들은 이미 버린 자식들이 아니더냐."[18]

티켓 다방의 급증

1980년대 후반 전통적인 다방이 커피숍으로 바뀌고 세련돼지면서 죽어나는 건 변두리 다방이었다. 변두리 다방은 마지막 카드를 빼들었다. 그건 칸막이가 있는 특실을 설치해 손님과 여자 종업원 간의 음란한 행위를 보장해주는 것이었다. 또 일부 다방에서는

근무 중에도 손님과의 외출을 허용하는 소위 티켓제를 실시했다.[19]

1970년 부산의 한 다방 마담이 커피 열 잔을 주문 받고 여관에 배달 갔다가 성추행을 당할 뻔했다는 보도를 보면 이 시기에는 티켓 다방이라는 용어 자체가 없었던 것으로 보인다. 그러다가 1976년 서울 영등포의 한 다방 주인이 여종업원에게 단골손님을 상대로 윤락행위를 강요하는 일이 생기는 등 티켓 다방이 일부 지역에서 성행하기 시작했다. 홍성철은 이를 근거로 티켓 다방의 등장을 1970년대 중반으로 보았다.[20]

전통적인 다방이 커피숍으로 바뀌면서 1980년대 중반 티켓 다방이 급증했다. 사진은 이 시기에 만들어진 임권택 감독의 영화 〈티켓〉의 포스터.

티켓 다방은 1980년대 중반에 급증했다. 임권택 감독의 영화 〈티켓〉이 개봉된 것도 1986년이다. 1985년 전국의 다방은 3만 822개였으며, 서울 8,003개, 부산 2,887개, 대구 1,662개, 인천 1,213개 등이었다.[21] 1980년대 소비주의의 물결은 농촌에까지 파급되어 면 소재지에 가면 다방이 세 개에서 다섯 개가 있었다. 작은 면의 다방이라도 한 달 수입이 백만 원이 넘었는데, 당시 시골 돈으로는 엄청난 액수였다.

누가 차를 많이 마셔 이렇게 수익을 올릴 수 있었을까? 주요 고객은 이른바 '유지'들이었다. 이들은 서로 밀접하게 관계를 맺고, 관청에도 자주 들락거려 기관장급하고도 가깝게 지냈다. 이들은 면내의 여론

향락 산업의 연간 매출액은 GNP의 5퍼센트 이상

을 형성하기도 하고, 기관장들과 통하여 특정인에게 특별 대출을 받게 해준다거나 어려운 일을 해결해주는 브로커 일도 했다. 또 선거철만 되면 선거 운동원으로 활약하기도 했다. 그러니 면에서 이들과 사귀지 않고는 행세하기가 어려웠다. 이들은 언제나 다방에 앉아 레지들과 시시덕거리며 시간을 보내곤 했다. 이런 사람들과 자주 어울리는 것이 각 기관의 직원들이고 또 각 마을의 이장이나 새마을 지도자 등 면 출입이 잦은 사람들이었다.

다음으로는 젖소를 키운다거나 하우스를 한다거나 각종 정책 자금을 쓰고 있는 사람들이 다방의 주요 고객이었다. 이들은 대개 관과 밀착되어야 할 필요성이 있기 때문에 관과의 관계를 부드럽게 하는 방법으로 면내 유지들을 앞장세웠다. 그러니 다방을 자주 드나들어야 했다. 시골 다방의 고객들은 밀담만으로 끝나는 건 아니었다. 농촌에서는 현금이 귀해서 거의 모든 다방이 외상 거래를 했다. 한 달 내내 외상을 주게 되면 상당한 액수였다. 그러면 레지들이 수금을 다니는데, 수금하지 못하면 레지들의 월급에서 공제하기 때문에 레지들은 기를 쓰고 외상값을 받으려고 했고, 그 이후의 이야기는 뻔했다.[22]

1987년 최초로 "여자 손님만 받습니다"라고 내세운 여성 전용 술집에서 남성 윤락 혐의로 업주 세 명이 구속되는 사건이 일어났다.[23] 오늘날 호스트바의 원조인 셈인데, 이는 매매춘의 남녀평등으로 반겨야 할 일인지 많은 이들이 헷갈려 했다. 1988년엔 공급이 모자란 것인지 등굣길 여학생을 납치해 인신매매하는 사건이 빈발했다. 3월에서 4월 한 달 사이에 중고생 열 명이 납치당하는 일이 벌어졌다.[24]

1988년 1월엔 연극 〈매춘〉이 사회적 파문을 일으켰다. [25] 1989년
부터 본격적으로 제작되기 시작한 16밀리미터 비디오 영화도 도색 일
변도로 제작됨으로써 사실상 새로운 섹스 영화 장르를 파생시켰다. [26]
섹스 비디오 영화의 평균 제작 기간은 15일이었으며, 제작비는 1500만
원에서 4000만 원 사이였다. 영화의 주 무대는 침실, 별장, 숲 속 등이었
으며, 등장인물도 남녀 약간 명이면 족했다. 1988년 5월부터 1989년 9
월까지 제작돼 공연윤리위원회의 심의를 통과한 작품 61편 가운데
93.4퍼센트인 57편이 불륜과 매춘 등을 다루고 있어 연소자 관람 불가
인 성인용이었다. 이들 비디오물에는 한 편당 정사 장면이 평균 9회인
것으로 나타났다. [27]

일반 영화에도 매매춘의 호황이 반영되었다. 단일 극장 관객 동원
으로 본 1980년대의 '베스트 영화 10'은 다음과 같다. 1위는 1985년 배
창호의 〈깊고 푸른 밤〉(49만 5,573명), 2위 1985년 이장호의 〈어우동〉(47
만 9,225명), 3위 1988년 유진선의 〈매춘〉(43만 2,609명), 4위 1984년 배창
호의 〈고래사냥〉(42만 6,221명), 5위 1980년 변장호의 〈미워도 다시 한번
'80〉(36만 4,538명), 6위 1982년 정인엽의 〈애마부인〉(31만 5,738명), 7위
1981년 박호태의 〈자유부인 '81〉(28만 7,929명), 8위 1981년 이장호의
〈이장호의 외인구단〉(28만 7,712명), 9위 1984년 이장호의 〈무릎과 무릎
사이〉(26만 3,334명), 10위 1989년 김호선의 〈서울 무지개〉(26만 1,220명)
였다.

향락 산업의 연간 매출액은 GNP의 5퍼센트 이상

公倫 수정요구에 劇團선 公演강행 움직임

르포演劇「매춘」臺本시비

"低俗내용 反美성향 있다" 公倫

공륜심의와 관계없이 당초대본대로 연습중인 연극 「매춘」.

"册으로 나온 내용 왜 演劇은 안되나" 劇團

〈洪贊植기자〉

국내 사창가와 창녀의 실체를 파헤친 르포 연극 〈매춘〉이 공연 여부를 놓고 공연윤리위원회와 대립하며 사회적으로 파문을 일으켰다. 공륜 측은 "옷을 벗어라", '콘돔' 등을 저속하고 외설적인 대사로 규정했다.

— 〈동아일보〉 1987년 12월 23일자

1980년대 매매춘의 호황은 영화에도 반영되었다. 조선의 유교 사상과 양반 계율에 반발하는 여성의 고뇌와 좌절을 그린 영화 〈어우동〉의 포스터.

향락 산업의 연간 매출액은
GNP의 5퍼센트 이상

1989년 초 한 여성 단체는 성을 상품처럼 판매하는 윤락녀와 향락 산업 종사자 수는 줄잡아 120만에서 150만 명, 향락 산업의 연간 매출액은 GNP의 5퍼센트 이상에 해당하는 4조 원 이상에 이른다고 추정 발표했다.[28] 1990년대 들어 이를 입증하는 듯한 사건이 잇따라 터지기 시작했다.

1990년 2월 초순 유명 영화배우 전 아무개 씨 등 인기 연예인과 부유층 자녀 등 모두 아홉 명이 검찰에 구속되었다. 애초에 검찰은 이 사건 수사의 초점을 히로뽕 복용 혐의에 두고 있었으나 수사 마무리 단계에 이르러 여배우·탤런트 등 인기 연예인들이 마담뚜를 통해 일부 부유층과 만나 윤락행위를 서슴지 않았다는 사실이 드러나게 되자 관련 연예인 전원을 구속키로 방침을 바꿨다. 《한국일보》는 "그동안 시중에 소문으로만 떠돌다 확인된 매춘 구조는 '부유층 또는 일본인과 마담뚜, 유명 연예인'의 먹이사슬 구조. '돈과 미모의 야합'이라고까지 말할 수 있는 이들의 관계는 부유층은 향락, 연예인들은 돈이 필요하기에 맺어진 것이다"라며 "마담뚜 이 씨의 수첩에는 웬만한 인기 배우, 탤런트, 모델 등의 이름이 거의 다 적혀 있었다. 이 중 히로뽕 복용 혐의는 없더라도 매춘 행위를 해온 연예인이 30여 명이나 되고 상대 남자는 대부분 일본인인 것으로 수사 결과 밝혀졌다"라고 말했다. [29]

1990년 3월 《경향신문》은 사설을 통해 "우리 사회에 걷잡을 수 없이 만연되고 있는 '성 타락' 현상을 어떻게 보아야 할 것인가. 서울을 비롯한 대도시에 독버섯처럼 불어나 성업 중인 이른바 '텍사스촌'의 존재는 이미 심각한 사회문제로 등장한 지 오래다. 이러한 현상은 이제 단순한 성 문란자들의 부도덕 행위이기보다 사회 전체의 퇴폐 환경이 낳은 구조적 병리 현상이라는 사실에 문제의 심각성이 있다"라며 다음과 같이 주장했다.

"이대로 가다가는 성서에 나오는 '소돔과 고모라', 아니 로마제국의 멸망이 남의 일 같지 않은 경국의 위기를 맞게 되지 않을까 두렵다. 우리가 윤락행위 자체를 새삼 문제 삼는 까닭은 그 때문에 파급되는 인

급작스러운 화산 폭발로 순식간에 땅속에 묻히고 만 고대 로마 시대의 향락 도시 폼페이에서 발견된 프레스코화. 발굴될 당시 벽화에는 노골적인 성애를 묘사한 그림들이 가득했다. 도시 규모에 비해 엄청나게 많은 술집과 매음굴이 번성하던 이 도시는 성서에 나오는 '소돔과 고모라'를 떠올리게 한다.

간성 매몰의 해악이 너무도 크기 때문이다. 인신매매와 에이즈 및 성병, 성도덕의 문란과 성범죄의 증가는 모두 윤락과 무관하지 않다. 더욱 큰 문제는 우리 사회의 도덕적 기반이 붕괴하고 당위적 가치규범이 상실되고 있다는 점이다. 성을 쾌락의 도구로 혹은 직업이나 영리의 방편으로 이용하는 행위가 어찌 여성들만의 문제인가. 우리는 여기에서 우리 사회가 왜 이렇듯 도색이 판치는 사회로 전락해버렸는지를 생각해보게 된다." [30]

향락 산업의 연간 매출액은 GNP의 5퍼센트 이상

영계촌·인터걸·
원조교제의 시대

'스무 살이면 환갑'인 영계촌의 성업

1991년엔 이른바 '영계촌'이 성업을 누리면서 그 바닥에선 "스무 살이면 환갑"이라는 말까지 나올 정도가 되었다. 1991년 11월 3일 밤 MBC TV 〈뉴스데스크〉는 속칭 텍사스촌이라 불리는 서울 미아리 윤락가에서 많은 10대 소녀들을 끌어다 윤락행위를 강요하는 충격적인 실태를 보도했다. 실종자 가족 등으로 구성된 한국청소년선도회가 이날 밤 현장을 기습, 미성년자인 10대 소녀 일곱 명을 구해내 가족의 품으로 돌려보냈다. 이 중에는 15세 어린 소녀도 끼어 있었다. 이와 관련, 《동아일보》는 사설을 통해 다음과 같이 말했다.

"얼마 전 국민학교 6학년 어린이를 포함, 12~14세의 가출 소녀 5명에게 나이를 속여 매춘은 물론 심한 매질에 나체쇼까지 강요해온 유흥업소 주인이 구속됐다. 아무리 돈벌이에 눈이 멀었다 해도 철모르는 어린 소녀를 그토록 잔인하게 유린하는 파렴치 행위가 있을 수 있단 말인가. 나름대로 문명사회라고 자처하는 나라에서 어떻게 이런 어처구니

대규모 집창촌이었던 미아리 텍사스촌의 입구. 1960년대 말 당시 서울의 대표적 집창촌이었던 양동과 종로 3가(속칭 '종삼')지역 집창촌이 '나비 작전'으로 폐쇄되자 성북구 하월곡동으로 성매매 여성들이 유입되면서 형성됐다. 1980년대에는 청량리 588, 천호동 텍사스촌과 함께 서울의 3대 사창가로 떠오르며 성업했다.

없는 행위가 공공연히 이루어질 수 있는가. 돈을 위해서는 무엇이든 서 슴지 않고 돈만 있으면 무슨 일이든 즐기겠다는 저열한 잔학 취미에서 비롯된 것이 아닌가. 이런 행위를 일삼아온 범죄 조직의 죄악은 말할 것도 없고 이들 조직에서 공급하는 윤락행위에 아무 저항 없이 응하는 사람 또한 문제다. 윤락 수요가 있기 때문에 공급이 계속되는 것이다. MBC TV 보도에서도 강조했지만 미성년자를 찾는 손님이 있는 한, 보 건증을 위조해주는 보건소나 병원이 있는 한, 미성년자 윤락을 눈감아 주는 경찰이 있는 한 우리 어린 딸들의 실종은 계속될 것이다. 비인도 적 인신매매와 어린 소녀 윤락 강요의 야만 행위를 내버려둔 채 우리 모두 어떠한 다른 업적도 성취해낼 수는 없다. 관계 당국은 물론 성인 모두가 이 패륜적 사회악에 대해 깊이 반성하고 이를 적극 시정해나가

는 데 최대한 노력을 다해야 한다." [1]

마광수의 《즐거운 사라》 사건

1992년 10월 29일 소설 《즐거운 사라》가 음란 시비에 휘말리면서 책을 쓴 연세대 교수 마광수가 음란물 제작과 배포 혐의로 검찰에 전격 구속되었다. 마광수의 구속에 대한 문단의 반발은 옹색했다. 문인 200여 명이 '문학작품 표현 자유 침해와 출판 탄압에 대한 문학·출판인 공동 성명서'를 발표하고 조그마한 시위를 벌이긴 했으나, 그들 대부분이 '마광수 소설의 문학성은 인정할 수 없지만'이라는 단서를 달고 있었다. 문학성을 인정할 수 없다면 그건 마광수 구속이 사법 당국의 고유 영역임을 인정하는 것이 아닌가. 문학성이란 '문학이냐 아니냐 하는 논란의 여지'까지도 포함하는 개념이어야 마땅할 터인데, 문인들은 획일적인 문학성 개념에 집착하고 있었으며, 바로 이것이 마광수가 개탄해 마지않았던 한국 문단, 아니 한국

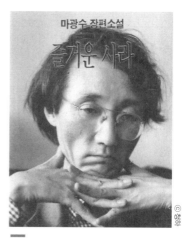

외설 논란에 휩싸이며 판매 금지당한 마광수 교수의 《즐거운 사라》 표지. 이 사건은 한국 사회의 이중적인 성 윤리를 적나라하게 드러내는 사건이기도 했다.

2010년 마광수 교수의 동명 원작 소설을 바탕으로 만들어진 연극 〈나는 야한 여자가 좋다〉의 공연 포스터.

사회의 현실임을 웅변해주었다.

《인터내셔널 헤럴드 트리뷴》(1993년 4월 2일) 기자는 〈한국의 외로운 에로티카 장인〉이라는 인터뷰 기사에서 "마광수 교수의 구속 사건은 한국이라는 나라를 1990년대 민주국가 중 유례없이 허구적 문학작품을 이유로 작가를 가두고 작가의 발을 묶는 유일한 국가가 되게 했다"라고 썼다. [2] 그러나 이 기사는 핵심을 놓쳤다. 마광수 사건은 실질적으로 한국의 문인들과 대학교수들이 만들어준 사건이며 그 점에서 한국은 세계의 '민주국가' 중 권력의 권위주의 이전에 지식인의 권위주의가 더 심각한 유일한 국가가 되게 했다.

마광수 사건은 한국 사회의 이중적인 성 윤리의 실상을 말해주는 사건이기도 했다. 연간 6조 원 규모와 200만 명의 여성 노동력을 자랑하는 향락 산업은 사실상 육성하고, 그 당연한 귀결로 학교 주변과 주택가에까지 파고든 유흥업소와 매매춘은 그대로 방관하면서 마광수는 용납할 수 없다는 것이었다. 음지에선 무슨 짓을 해도 용인되지만 양지에선 근엄한 척 위선을 떠는 극단적 이중성이 한국 매매춘 산업을 번성케 한 요인 중 하나는 아니었을까?

1993년 9월 서울지검 강력부는 유명 광고 모델 겸 탤런트인 정 아무개 씨 등을 접대부로 고용해 비밀 요정을 차린 뒤 상습적으로 매매춘을 알선해온 문 아무개 씨 등 일곱 명을 구속 기소했다. 비밀 요정을 이용해온 사람들은 재벌 기업인 ㄷ·ㅅ그룹 간부, 국회 사무처 직원, 의사 등 사회 지도급 인사들인 것으로 나타나 충격을 더했다.[3]

이러한 시류를 타고 1994년 '매춘 관광', '티켓 다방' 등 매매춘 문제는 TV 심층 프로그램의 단골 소재가 되었다. 이에 대해 선정주의라는 비판이 제기되기도 했지만,[4] 매매춘이 시민의 일상적 삶 깊숙이 침투해 들어와 삶 자체가 선정주의 일변도로 되었는데 어찌 방송 탓만 할 수 있으랴.

1996년 1월 6일부터는 개정된 윤락행위등방지법이 시행되어 매매

1974년 '매춘 관광', '티켓 다방' 등 매매춘 문제는 TV 심층 프로그램의 단골 소재가 되었다. 사진은 스무 개가 넘는 업소가 밀집돼 '티켓 영업'을 벌여온 용인시 수지구의 다방 골목.

춘에 대한 처벌이 강화되었다. 윤락행위가 있으면 쌍방이 모두 1년 이하 징역이나 300만 원 이하 벌금 또는 구류처분을 받게 되었다. 이에 대해 장명수는 "윤락행위등방지법은 개정 전에도 쌍벌규정이 있었지만, 벌금 3만 원 이하나 구류처분으로 처벌이 약했고, 윤락행위의 상대를 처벌하는 경우는 거의 없었다. 매춘부에게 드나드는 사람들은 도덕적으로 거북했을지는 몰라도 자신이 처벌받을 짓을 하고 있다는 위협을 느낄 필요가 없었다"라며 다음과 같이 말했다.

"성의 상품화가 미치는 악영향은 이루 헤아릴 수 없을 정도다. 성의 상품화가 만연하면 향락 산업이 독버섯처럼 솟아나 사회를 병들게 하고, 가정을 파괴하고, 많은 사람의 생을 망친다. 어린 소녀들이 아차하는 사이에 성의 노리개로 전락하여 헤어나오지 못하는 불행을 우리는 수없이 목격하고 있다. 윤락행위등방지법은 이제 윤락녀 단속법 정도로 머물러서는 안 된다. 이번에 처벌 규정이 강화된 것을 계기로 상품화한 성의 공급과 수요를 똑같이 차단할 수 있어야 한다. '남자가 매춘부와 외도하는 것까지 처벌한단 말이냐'고 불평하는 사람들은 40년 전 법정에서 '남자가 첩을 둔 것이 무슨 죄냐'고 큰소리쳐 자신의 유죄 사실을 인정했던 우화를 새겨봐야 한다." [5]

'인터걸' 들의 활약

그러나 윤락행위등방지법의 개정을 비웃듯, 매매

춘은 더욱 역동적인 면을 보이
면서 성장세를 멈출 줄 몰랐
다. 1996년 한국 매매춘계의
최대 화제는 모스크바와 하바
롭스크 등지에서 날아온 10대
에서 30대 젊은 러시아 여성,
즉 '인터걸'들의 활약이었다.
1995년 한 해 동안 한국에 왔
다 간 러시아 여성은 2만 3,000
명이었는데, 이들 중 상당수가
한국 내 행적이 의심스럽다는
게 경찰 등 관련 당국의 분석
이었다.[6]

러시아의 영화감독 표트르 토도르프스키가 1989
년에 만든 영화 〈인터걸〉은 공산주의가 몰락한 후
러시아인들이 겪고 있는 비극적인 삶을 그렸다.

《동아일보》(1996년 5월 7
일)는 "취재진은 지난 1일 '인터걸'을 소개해주는 곳으로 소문난 을지
로 C호텔 나이트클럽 종업원을 통해 어렵사리 이 호텔 객실에서 한 러
시아 여인을 만날 수 있었다. 전날 삐삐번호를 미리 건네주고 기다리다
가 당일 30만 원을 선금으로 건네주는 등 '007 작전'식 연락과 접촉 끝
에 나타난 여자는 '마샤'라는 이름의 29세 된 러시아 여성"이라며 다음
과 같이 말했다.

"마샤는 '지난 1993년 한국에 처음 온 뒤 매춘으로 돈을 벌고 있
다'고 털어놓았다. 그녀의 동생 레나(17세)도 함께 서울에 와 몸을 팔고

있었다. …… 마샤 같은 인터걸들은 주로 서울 시내 D, P, C호텔 등 2, 3류 호텔에 묵고 있다. 마샤가 묵고 있는 D호텔은 2일 현재 객실 55개 중 19개에 러시아 여성들이 장기 투숙하고 있다. 러시아 여성들은 밤이 이슥해지면 뚜쟁이의 연락을 받고 워커힐, 힐튼, 하얏트 등 1급 호텔 객실로 이동한다. 눈에 띄는 용모라 연락은 '점조직' 형태로 이뤄지며 신원이 확실한 고객만 상대한다. 마샤는 '하룻밤을 함께 보내는 데 60만 원, 한 시간에는 보통 25만 원을 받는데 그중 40퍼센트 정도는 소개비로 내야 한다'며 '돈 많아 보이는 나이 든 사람들이 주된 고객'이라고 털어놓았다."[7]

구 소련권에서 온 여성이면 모두 다 '인터걸'이라고 본 걸까? 1996년 8월 우즈베키스탄 여성들이 무용수 취업 계약을 맺고 부산에 온 뒤 고급 룸살롱과 나이트클럽에서 여권을 빼앗긴 반감금 상태에서 매춘을 강요당했다고 주장함에 따라 우즈베키스탄 정부가 수사 협조를 요청한 사건까지 일어났다.[8]

좀더 부지런한 이들은 해외 매매춘을 시도해 현지에서 사회적 물의를 빚었다. 이에 검찰은 해외여행 중 신용카드 사용 한도액인 월 5천 달러를 초과해서 사용한 1만 5천여 명 중 특히 관광 비자로 태국 등 특정 국가를 1년에 수차례씩 드나들면서 신용카드를 과다하게 사용한 3천여 명을 추려내 이들의 신용카드 사용처 등을 조사했다. 검찰은 이들 3천 명이 보신 관광이나 매춘 관광을 했을 가능성이 큰 것으로 보았다.[9]

이에 질세라 국내 중산층 주부들도 윤락 시장에 뛰어들었다. 《한겨레》(1996년 7월 20일)는 "경찰에 적발된 주부와 직장 여성 매춘 행위는 이들의 사회적 신분만으로도 눈길을 끌지만, 이들의 매매춘 동기가 단순한 돈벌이가 아니라 '무료해서'라는 등의 이유로 밝혀져 세태의 급속한 변화를 반영하는 충격적 사건으로 받아들여지고 있다"라며 다음과 같이 말했다.

"경찰 수사 결과 문제의 결혼상담소와 이벤트 업체는 주간 생활 정보지 등에 '애인·친구 당일 알선' 등의 광고를 내는가 하면 '의사, 대기업 부장급 간부 등 멋진 신사분을 다수 회원으로 모시고 있다. 멋진 데이트를 즐기지 않으시렵니까' 등의 광고 전단을 뿌려 여성 고객을 모집했다. 업체 쪽은 광고를 보고 찾아온 여성들에게 '연애란 성관계도 포함할 수 있다'고 설명하며 회원 가입을 권유했다. 이런 조건에 동의한 여성들은 일단 자신의 집 주소를 제외한 호출 번호와 은행 계좌, 몸무게와 키 등 체격, 학력 등을 신상명세서에 적어내고 회원으로 가입했다. 남자들은 자신의 직업과 희망하는 유형 등을 적어냈으며, 여성과 달리 5만 원의 입회비를 냈다. 이들은 업체 쪽의 주선에 따라 무선호출기로 서로 연락했다. 주부는 주로 낮에 호텔과 여관 등지에서 약속된 옷차림새 등으로 상대방을 식별한 뒤 '돈도 벌고 무료함도 달래는' 성관계를 했다. 남성은 여성을 알선받기 전에 1회당 10만 원씩을 업체 계좌로 입금했으며, 업체 쪽은 이 중 2만 원을 소개비로 떼고 나머지를 여성의 계좌로 자동이체했다. 문제의 업체가 작성한 회원 명부에는 직장인·주부 등으로 보이는 20~40대 여성 100여 명과 30~40대 남성 345명의 명단이 기록돼 있었다."[10]

이에《경향신문》은 사설을 통해 "성 개방 풍조에 따른 우리 사회의 성 문란 현상이 어제오늘에 비롯된 것이 아니라고는 하지만 최근 빚어지고 있는 일련의 사건들은 성도덕의 타락이 이젠 한계를 넘어 치유 불능 상태에 이르렀다는 절망감마저 느끼게 한다"라며 "심심풀이나 용돈 마련을 목적으로 한 윤락행위가 생존을 위한 윤락행위보다 훨씬 더 비도덕적임은 더 말할 것도 없다"라고 했다.[11]

OO대 OO학과에 다니는
대학생도 있어요

1996년 7월부터 터키탕 영업이 허가제에서 신고제로 바뀌면서 터키탕이 많이 늘어날 조짐이 보이자 한국교회여성연합회 등 시민 단체들은 터키탕 영업을 규제하라는 운동을 전개했다. 8월 7일 보건복지부는 터키탕에서의 매매춘 등 퇴폐 영업 행위에 대한 규제방침을 발표했다. 터키탕에 이성 입욕 보조자(마사지 걸)를 두는 것을 금하고, 음란 행위가 적발되면 영업장을 폐쇄하는 등 단속을 강화하겠다는 것이 주요 내용이었다.

보건복지부의 발표가 나온 날 주한 터키 대사관은 국내 각 언론사에 항의 서한을 보내 "터키와 전혀 관련이 없는 터키탕이란 이름은 바꾸어야 한다"라고 요구하고 나섰다. 데리아 딩길테페 주한 터키 대리대사는 서한에서 "'터키식 목욕탕Turkish Bath'으로 불리는 터키의 목욕탕은 한국의 공중목욕탕과 크게 다르지 않습니다"라며 "터키에 있는 매춘 업소를 '한국의 집'이라고 부르면 한국인들은 과연 기분이 어떻겠습니까. 매춘 업소나 다름없는 한국 퇴폐 목욕탕을 왜 하필이면 터키탕이라고 불러야 합니까?"라고 물었다. 딩길테페 대리대사는 '터키탕'은 원래 공식적으로는 매춘이 금지됐던 일본에서 유행하던 퇴폐 목욕탕이 한국에 들어오면서 이름까시 그대로 사용된 것이라고 설명했나. 그러나 일본은 1980년대 중반 터키 정부가 공식 항의함에 따라 퇴폐 목욕탕에 터키탕이란 명칭을 금지하고 현재는 '소프랜드Soap Land'라고 부른다는 것이다. 딩길테페 대리대사는 "터키식 목욕탕은 원래 스팀을 이용하는 로마식 목욕탕에서 영향을 받았는데 일본인들이 퇴폐 목욕탕을 운영하면서 터키식 목욕탕과 관련이 없는 로마 시대의 퇴폐적 이미지를 제멋대로 차용한 것 같습니다"면서 "터키는 남녀혼탕이 없을 뿐만 아니라 목욕탕에서도 다른 사람 앞에서 자신의 벗은 몸을 가급적 보이지 않을 정도로 프라이버시를 중요하게 여깁니다"라고 밝혔다.[12]

보건복지부는 "터키탕(터키식 목욕)이란 말은 사전에도 나오는 일

터키탕은 일본에서 유행하던 퇴폐 목욕탕이 한국에 들어 오면서 이름까지 그대로 사용된 것이다. 사진은 일본의 퇴폐 목욕탕인 소프랜드(Soap Land).

반명사이므로 문제가 안 된다고 생각하지만, 터키 대사관에서 정식으로 공문이 오면 명칭 변경을 검토하겠다"라고 했다. 이에 장명수는 "보건복지부는 일반명사니 뭐니 하는 토를 달지 말고, 명칭 변경을 서둘러야 한다"라며 다음과 같이 말했다.

"한국 남자 있는 곳에 으레 같이 있는 향락·퇴폐풍조는 날이 갈수록 심해지고 있다. 정력 보강을 위해 남의 나라에 가서 곰과 뱀을 잡아먹고, 매춘 관광을 일삼고, 이발소나 목욕탕에서까지 음란 행위에 빠지고 있다. 경제 발전의 목표가 향락이었나 의심할 정도다. 이웃 나라들로부터 섹스 애니멀이란 손가락질을 받아도 할 말이 없게 됐다. …… 퇴폐 업소 없는 나라가 어디 있느냐고 느긋하게 생각할 일이 아니다. 퇴폐풍조는 바로 우리의 아들딸들을 공격하고, 사회를 병들게 하므로 단속을 늦추지 말아야 한다." [13]

그러나 세상은 아무래도 단속만으론 도저히 감당할 수 없을 정도로 섹스에 탐닉하는 방향으로 치달았다. 《한국일보》(1996년 11월 16일)는 "대낮에 러브호텔이 붐빈다. 주부가 돈과 쾌락을 좇아 몸팔이에 나선다. 가정을 가진 생면부지의 남녀가 짝을 맞춰 여행을 떠난다. 사이버 공간에는 얼굴 없는 남녀의 농익은 애욕의 대화가 흐른다. TV와 영화는 바람을 포장해 팔기에 바쁘다. 건장한 남자의 사진과 특장점을 담은 〈젠틀맨 카탈로그〉가 서울 강남의 유한부인들 사이에 나돈다. '제비방'이 등장하고 폰섹스 전문 업소인 '텔레폰 클럽'도 상륙했다. 이 바람의 시작과 끝은 어딘가"라면서 다음과 같이 말했다.

"'애인, 이성 친구, 데이트 파트너, 마음이 따스한 여인. 오늘 만나

세요. 당일 주선. 여성 무료' 결혼중개업소 간판을 걸고 은밀히 매춘을 알선하는 탈법적인 이벤트 회사와 기획사들이 생활 정보지 등에 게재한 광고 내용이다. 서울 강남에 있는 S이벤트. 문을 열고 들어서자 전화벨이 요란하게 울리고 있었다. …… 소장이 전화에 바쁜 동안 사무실 내부를 힐끔힐끔 둘러보았다. 책상 위의 조그만 책꽂이에는 20대, 30대, 40대, 50대 등으로 구분된 파일이 나란히 꽂혀 있었고 책상 위에는 5~6개 시중은행의 계좌가 적힌 쪽지가 붙어 있었다. 이 계좌로 소개료가 입금된 것이 확인되면 바로 전화나 호출기로 남성 고객에게 상대 여성을 알려주는 것이다. 소장은 기자와 흥정을 계속했다. 웃음 띤 얼굴로 '물건'을 내놓고는 은근히 눈치를 살폈다. '젊은 애들이 낫죠. 직장에 나가는데 스물세 살짜리는 화끈하고, ○○대 ○○학과에 다니는 대학생도 있어요.' 그의 말은 돈만 주면 무엇이든 가능하다는 뜻으로 들렸다. 반응이 시큰둥했던지 재빨리 다른 카드를 내밀었다. '연상은 어때요? 이혼녀도 있고 주부까지 있어요.' 그러고는 말끝을 흐렸다. '괜찮은 주부를 만나려면 일찍(상오에) 오는 것이 더 좋은데…….' 남성 고객이 여성을 소개받는 대가는 5만 원부터 20만 원까지 있다고 설명했다."
[14]

여대생들도 이런 현실을 흔쾌히 인정하기로 한 걸까. 1996년 11월 서울여대 학보사가 재학생 2백 명을 대상으로 벌인 매춘 관련 설문 조사 결과를 보면 전체 응답자의 49퍼센트가 '매춘은 성범죄를 막기 위한 필요악'이라고 답변했다. '있을 수 없는 일로 뿌리 뽑아야 한다'는 의견을 보인 여대생은 20.5퍼센트에 그쳤다. [15]

IMF 사태와 성매매

1997년 11월에 일어난 IMF 외환위기는 다방에 치명타였다. 국내에서 커피를 주로 파는 다방은 1997년 IMF 외환위기 이전에 3만 개를 헤아렸지만, IMF 외환위기의 직격탄을 맞고는 9,000개 수준으로 쪼그라들었다.[16] 도심지에서 문을 닫게 된 다방은 농촌으로 파고들었는데, 이는 티켓 다방을 확산시키는 결과를 가져왔다. 예컨대, 경북 성주군은 전체 인구가 5만 3,000명에 군내 다방 수가 140곳으로 군민 380명당 하나꼴이어서 군 단위로도 인구수와 비례해 가장 많은 다방을 보유하게 되었다. 이 지역의 다방이 호황을 누린 것은 주민이 참외나 수박 농사로 목돈을 만질 수 있는 여유가 있는 데다 경제난으로

IMF 외환위기는 다방에 치명적이었다. 외환위기의 여파로 도시를 떠난 다방은 농촌으로 파고들었고, 이는 티켓 다방을 확산시키는 결과를 낳았다.

다방 여종업원을 구하기가 쉬워졌고 이들의 임금은 오히려 줄었기 때문이다. 이 지역 대다수 다방은 월평균 1,000만 원 이상 매출을 올렸으며 매출액의 상당 부분은 '커피값'이 아니라 이른바 불법 영업인 '티켓비'가 차지하였다.[17]

또한 여종업원이 차를 배달하며 시간제로 '출장 윤락'을 하는 일반 티켓 다방과는 달리 남자 종업원을 고용해 여성 고객을 상대로 영업하는 여성용 티켓 다방이 일부 중소 도시를 중심으로 확산하기도 하였다. 속칭 '남봉다방'이라 불리는 이 티켓 다방은 '오봉돌이'라는 은어로 통하는 10대 후반 20대 초반 청소년들을 고용해 가정주부나 술집 여종업원과 같은 여성 고객들을 상대로 술 시중이나 윤락을 하였다. 주요 고객은 호스트바의 경우처럼 대개 술집 마담·여종업원들로, 근무를 마치고 노래방·단란주점에 갈 때 파트너로 부르는 경우가 많았으며 가정주부들이 아파트에서 고스톱을 하다가 커피를 시키면서 '이왕이면 다홍치마'라며 남봉다방을 이용하였다.[18]

IMF 사태는 성매매 여성의 나이까지 낮추었다. 김정오는 "1990년대 초에는 이른바 '영계' 조달을 위해 가출 청소년 혹은 보통의 청소년

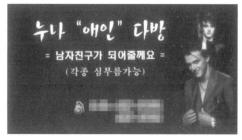

여성이 남성을 부르는 '남봉다방'의 홍보물. '저가의 친숙한 서비스' 전략으로 고가의 호스트바와 차별화를 꾀했다.

을 폭력배들이 납치하여 성을 착취하는 노예 매춘의 형태로 강제 고용되는 사례가 사회적 이슈였지만, IMF 이후에는 제 발로 퇴폐 주점에 찾아가 술 시중을 들고 접대부로 일하는 청소년이 증가하고 또 성인 여성의 성적 상대자로 남학생이 등장하는 새로운 풍조가 나타났다"라고 했다.[19]

1997년 10월 서울지검 동부지청은 초등학생을 접대부로 고용, 윤락행위를 시킨 혐의를 받고 있는 김 아무개 씨를 윤락행위등방지법 위반 혐의로 구속했다. 김 씨는 서울 성북구 하월곡동 속칭 미아리 텍사스 사창가에 매춘 업소를 차려놓고 지역 정보지에 난 광고를 보고 찾아온 송 아무개 양(12세, 서울 H초등학교 6학년)을 고용, 1997년 8월부터 한 달 동안 윤락행위를 시켰다.[20]

미성년 매매춘 강요가 어찌나 극성을 부렸던지, 1998년 4월 대검찰청 강력부는 '자녀 안심하고 학교 보내기 운동' 전담 부장검사 회의를 열어 미성년자 윤락행위 근절 방안을 마련해 일선 검찰에 내려보냈다. 그 주요 내용은 미성년자와 윤락행위를 하다 적발되면 예외 없이 정식재판에 회부해 징역형과 함께 200시간 이내 사회봉사를 구형하며, 미성년자를 고용해 윤락행위를 시킨 업주는 원칙적으로 구속 수사와 함께 업소 폐쇄 조처를 내린다는 것 등이었다. 검찰은 특히 13세 미만인 청소년을 상대로 한 윤락행위는 '미성년자의제강간죄'를 적용해 엄벌하기로 했다. 검찰의 이런 조처는 지금까지 미성년자와 윤락행위를 하다 들통 나더라도 대부분 약식기소 돼 벌금형만 받고 풀려나 미성년자 윤락행위가 뿌리 뽑히지 않고 있다는 지적에 따른 것이었다.[21]

그러나 검찰도 매매춘에서 자유로운 건 아니었으니, 그 실효성을 기대하긴 어려웠다. 《기자협회보》기자 이경숙은《기자통신》1999년 6월호에 쓴 글에서 기자들의 촌지와 향응 실태를 다루면서 "남자 기자들에겐 매춘 기회를 제공하기도 한다. 대검이 '국제마약회의'라는 행사를 주최했을 땐 남자 기자들의 방에 아가씨를 들여보낸 일도 있었다. 법집행기관이 불법행위까지 서슴지 않고 제공한 '향응'이 단순히 기자들의 여흥을 위한 것이라고 말할 수 있을까?"라고 물었다. [22]

사이버 포주와 번개 섹스

어떤 방식으로 하건 섹스는 범국민적 오락이 되었다. 비디오 영화 제목은 그걸 잘 보여주었다. 공연예술진흥협의회의 심의를 거쳐 출시된 16밀리미터 창작 극영화는 1997년 240여 편이었고, 1998년엔 매달 20편 안팎씩 출시되었는데, 대부분이 성을 소재로 한 에로물로서 노골적인 단어는 물론 섹스와 치부를 상징하는 은어, 비어, 속어 그리고 유치한 조어를 제목으로 내세웠다.

배장수는 이들 영화의 제목을 크게 '섹스와 매춘에 관한 묘사', '신체 부위 응용 · 동물화', '유명 영화 · TV 프로그램의 제목을 모방한 것' 등으로 분류했다. 섹스와 매춘을 묘사한 것으로는 〈1+1=쌍코피〉, 〈조금 더 깊게〉, 〈110볼트 남자와 220볼트 여자〉, 〈오색녀의 몸부림〉, 〈섹스 앤 콜걸〉, 〈껄떡이와 찝쩍이〉, 〈X양의 매춘일기〉, 〈남의 떡이 꿀

맛〉, 〈성감대〉, 〈즉석 불고기〉, 〈누드 청소기〉 등이었다. 신체 부위를 응용, 동물화한 제목은 〈암소 부인 열받았네〉, 〈고개 든 자라〉, 〈콩 까는 애마〉, 〈LA 백마 찾아 삼만리〉 등이었다. 유명 영화나 TV 프로그램의 제목을 모방한 것으로는 〈개 같은 날의 정사〉, 〈용의 국물〉, 〈매춘 현상수배〉, 〈원샷 정사〉, 〈너희들은 섹스를 믿느냐〉, 〈포르노 그것이 알고 싶다〉, 〈침대청문회〉, 〈타락정사〉, 〈팬티열전〉, 〈빨간 스카프〉, 〈일공일공〉, 〈접촉〉, 〈모텔 선인장에서 생긴 일〉 등이었다. 이같은 제목은 그나마 공연예술진흥협의회의 반려로 수정된 것이었다. 제작사에서 신청한 제목은 〈그래! 이 맛이야〉, 〈냄비 속 찐 고구마〉, 〈오색지랄〉, 〈알몸 써비스〉, 〈포르노학부 매춘과〉, 〈우 껄떡 좌 찝쩍〉, 〈섹스 저금통〉, 〈지퍼 좀 내려보렴〉, 〈먹고 또 먹고 다시 먹고〉, 〈줄께〉, 〈돌림빵〉, 〈매춘 사관학교〉, 〈금테 두른 여자〉, 〈18월의 크리스마스〉, 〈경찰청 옆 동네 사람들〉, 〈알몸청소기〉, 〈LA구멍 찾아 삼만리〉, 심지어 〈빠××〉라는 것조차 있었다.[23]

컴퓨터 통신망을 이용해 윤락을 알선하는 '사이버 포주'도 본격 등장했다. 1998년 12월 서울지검 정보범죄수사센터에 따르면, 이 아무개 씨(27세)는 대구 수성구 범물동 자신의 집에서 모 컴퓨터 통신망에 접속해 '고소득 아르바이트 보장'이란 비공개 대화방을 개설한 뒤 채팅에 참여한 20대 여성들에게 속칭 '번섹(번개 섹스)'으로 돈을 벌 수 있다고 유혹한 뒤 윤락을 희망한 이들을 또 다른 비밀 대화방을 통해 모집한 남자 고객들에게 소개해 윤락행위를 알선했다. 윤락 여성 중에는 여대생, 회사원, 학원생 등이 상당수 포함돼 있었으며 이들은 자신들의 사

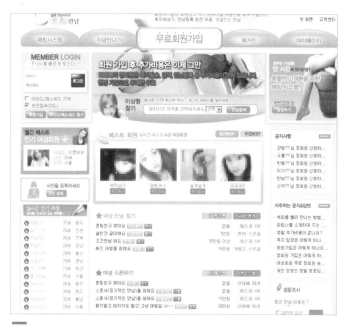

1990년대 말부터 컴퓨터 통신망을 이용해 윤락을 알선하는 '사이버 포주'도 본격 등장했다. 사진은 오늘날 우후죽순처럼 생겨난 만남 사이트.

진을 스캔해 전자우편으로 이 씨에게 보낸 것으로 밝혀졌다.[24]

　전통적인 전단도 한몫 거들었다. 1999년 3월 대학생 이덕원은 다음과 같이 이야기했다. "얼마 전 교문 앞에서 한 아주머니가 나눠주는 광고 전단지를 보고 깜짝 놀랐다. 안마사를 구한다는 구인 광고였지만 내용은 거의 매춘부 모집 광고와 흡사했다. '키 163센티미터 이상 미모의 여성', '월 2, 3회 출장, 하루 20만, 30만 원 수입 보장' 등의 문구가 적혀 있었다. 생활 정보지 등에 매춘 광고를 음성적으로 낸다는 이야기는 들었다. 하지만 대학교 앞에서 이런 광고 전단을 돌려도 되는지 모르겠다. 우리 사회의 도덕적 수준과 매춘 실태가 얼마나 심각한 상황에

와 있는지를 실감했다. 학비라도 벌어보려는 자식 같은 학생들을 유혹하는 행위는 철저히 단속해 엄벌해야 한다." [25]

원조교제 붐

일본에서 직수입된 원조교제도 기승을 부리기 시작했다. [26] 1999년 6월 서울지검 소년부는 10대 여중생들에게 화대 10만 원씩을 주고 원조교제를 해온 이 아무개 씨(65)를 윤락행위등방지법 위반 혐의로 구속했다. 같은 달 부산 북부경찰서는 동네 후배 초등학생과 친구들에게 원조교제를 알선한 뒤 화대까지 일부 가로챈 중학교 2학년 학생 ㄱ 양(14세)과 ㄴ 양(14세)에 대해 구속영장을 신청했다. 이들은 후배 등 여섯 명에게 50차례에 걸쳐 남자 수십 명과의 원조교제를 알선하고 화대 600만 원을 받아 이 중 400만 원은 자신들이 나눠 썼다. 《경향신문》(1999년 8월 4일)이 포착한 원조교제의 한 장면을 보자.

"서울 신촌의 한 카페. 일요일 낮이어서 그런지 10대로 보이는 사복 차림의 소녀들이 여기저기 자리를 잡고 있었다. 한구석에서는 40대 초반 남자와 10대 소녀라는, 전혀 어울리지 않는 한 쌍이 커피잔을 마주한 채 몇 마디 말을 나누다가 동시에 자리에서 일어섰다. 이 소녀는 건너편 자리에 있던 또래의 소녀들과 눈짓을 주고받은 뒤 카페 밖으로 나갔다. 최근 급속히 확산하고 있는 신종 매춘 '원조교제'인지를 확인하기 위해 밖으로 나간 소녀의 일행으로 짐작되는 두 소녀에게 다가갔다. 몇 마디 얘기 끝에 이들은 밖으로 나간 소녀가 친구이며 '원조교제'를 떠났음을 확인해주었다. 고3이라고 밝힌 ㄱ 양은 '오늘 ㅂ 양(40대 남자와 함께 나간 소녀를 지칭)이 데이트가 있다 해서 같이 나왔어요. 끝나고 나면 같이 쇼핑하기로 했어요' 라며 자신들도 몇 차례 원조교제 경험이 있다고 했다. 같은 학교 친구 사이인 이들은 원조교제를 맨 처음 시작한 ㅂ 양의 귀띔으로 이 일에 동참하게 됐다고 털어놓았다. 옆자리의 ㅊ 양은 '우리 학교에 우리 말고도 몇 명 더 있어요' 라고 담담하게 말했다." [27]

원조교제가 극성을 부리자, 여당인 국민회의는 1999년 8월, 만 19세 미만 청소년에게 금품 등의 제공을 조건으로 성행위를 한 성인의 이름과 연령, 직업 등 신상을 공개하는 것은 물론 최고 5년 이하 징역형에 처할 수 있는 '청소년 성매매처벌법안' 을 마련, 정기국회 때 처리키로 했다. 국민회의가 마련한 법안은 '청소년과 매매춘을 한 경우 5년 이하 징역 또는 2000만 원 이하 벌금' , '매매춘 알선은 5년 이상 징역 또는 3억 원 이하 벌금' , '매매춘 장소 제공은 최고 7년 이하 징역이나 3천만 원 이하 벌금에 처하도록 했다. [28]

《한국일보》가 8월 하순 《인터넷 한국일보》 독자를 대상으로 벌인 설문 조사 결과에서는 총 응답자 2,300명 중 71.78퍼센트가 미성년자와 매매춘을 하다가 적발돼 1심 재판에서 유죄를 선고받은 성인의 이름을 공개해야 한다는 데 찬성한 것으로 드러났다. 이에 비해 반대한 네티즌은 26.39퍼센트에 그쳤으며, 모르겠다고 답을 유보한 응답자는 1.83퍼센트였다. 성별로는 여성 88퍼센트가 찬성, 남성 68.4퍼센트에 비해 지지도가 높았다. 그러나 여성 중에도 10.7퍼센트는 이름 공개에 반대했다. 연령별로는 20대가 찬성률 73.7퍼센트로 가장 높았고 다음으로 50대 이상이 72.7퍼센트, 40대가 71.8퍼센트, 30대가 70.8퍼센트 순이었다. 10대는 찬성률이 68.1퍼센트로 가장 낮아 프라이버시를 중요시하고 성 개방 주장이 강한 이들 세대의 의식을 반영했다. [29]

원조교제의 거리 접속

그러나 위와 같은 조사 결과는 양지의 것임을 유념할 필요가 있다. 한국 남성들은 10대 청소년의 매매춘을 전면적으로 금지해야 한다면서도, 정작 향락업소에서 10대를 만나게 될 때는 개의치 않거나 소극적인 대응을 하는 것으로 나타났다. 1999년 11월 사단법인 한국성폭력상담소가 발표한 '남성의 성 문화에 대한 실태 조사'에 따르면 전체 설문 대상 남성 286명 가운데 85.7퍼센트가 10대 청소년의 매매춘을 금지해야 한다고 응답했지만, 85퍼센트인 243명이 향락업소를 이용한 경험이 있고, 이 가운데 10대 청소년 접대원을 '만난 적이 있다'(28.8퍼센트)거나 '잘 모르지만 있었을 가능성도 있다'(41.6퍼센트)는 응답은 모두 70.4퍼센트로 '없었다'는 응답(29.6퍼센트)을 크게 웃돌았다.

또 조사 대상자들이 여성 접대원에게 나이를 물었을 때 접대원들이 답한 나이는 16~19세인 미성년이 33.8퍼센트, 20~22세가 5퍼센트,

23세 이상이 16.2퍼센트로 나타났다. 하지만 실제 향락업소에서 10대를 보면 '(나이를) 개의치 않고 대한다' 와 '나이를 확인해본다' 가 각각 30.8퍼센트, 41.3퍼센트에 이른 데 반해 '업주에게 바꿔줄 것을 요청한다' 는 응답은 16.8퍼센트에 그쳤다. 상담소 관계자는 "향락업소 이용 남성의 70퍼센트 가량이 10대 청소년들을 만났을 것으로 추정된다" 면서 "남성들의

상담을 받고 있는 17세 원조교제 소녀. 애완견이 소녀를 애처롭게 바라보고 있다. 청소년의 성매매를 반대하면서 정작 향락업소에서 10대를 만나면 둔감해지는 남성들의 이중적이고 왜곡된 성 의식이 사라지지 않는 한 청소년 성매매 문제의 해결은 요원하다.

이중적 성 의식을 바꾸려는 사회적 노력과 함께, 매매춘 상대자에 대한 처벌을 더욱 강화해야 한다" 라고 지적했다. [30]

　　1999년 11월 30일 서울경찰청 기동수사대는 전화방에서 폰팅으로 만난 미성년자들과 성행위를 한 혐의(청소년보호법 위반 등)로 김 아무개 씨(52세, ㄷ침대 상무) 등 다섯 명의 구속영장을 신청하고, 이들을 투숙시킨 여관 주인 양 아무개 씨 등 일곱 명을 불구속 입건했다. 김 씨 등은 1999년 7월부터 9월까지 양 씨 등이 운영하는 인천과 부천의 여관에서 폰팅을 통해 만난 조 아무개 양(17세, 무직) 등 여러 명과 한차례에 10

만 원씩 주고 각각 3~6회에 걸쳐 변태 성행위를 한 혐의였다.[31]

이런 단속을 피하기 위해 이른바 '거리 접속'이 선을 보였다. 《한겨레》(1999년 12월 20일)는 "흔히 컴퓨터 통신이나 인터넷 혹은 전화방 등을 통해 이뤄지던 10대 소녀들과 성인 남자 사이의 원조교제가 길거리로까지 번지고 있다. 이런 현상은 10대들이 많이 모이는 홍대 앞과 대학로, 강남역, 신촌 등지에서 나타나고 있다"라며 다음과 같이 말했다.

"차 아무개 씨(38세, 경기 고양시 일산)도 지난 16일 자정이 넘은 시각에 대학로에서 '차비를 꿔달라'고 부탁하는 10대 소녀에게 천 원을 건네줬다. '꼭 갚겠다'며 휴대전화 번호를 알아간 그 10대는 이튿날 '돈을 갚겠다. 만나자'고 연락해왔다. 차 씨가 '그럴 필요 없다'고 거절하자 10대는 '술도 한잔하면서 사귀어볼 수 있는 것 아니냐'는 당돌한 말을 하더라고 차 씨는 전했다. 원조교제 문제를 다뤄온 박은경(36세, 프리랜서 작가) 씨는 '10대 소녀들이 길거리에서 원조교제 대상을 찾는 이른바 헌팅이 늘고 있다'며 '중·고교 여학생들의 씀씀이가 날로 커지고 있기 때문'이라고 말했다. 일부 10대들이 이렇듯 거리로까지 나서는 것에 대해 전문가들은 주요 접속 창구인 인터넷 채팅방이나 전화방 등에 대한 단속과 규제가 심해진 탓도 있다고 설명한다."[32]

성매매 유비쿼터스의 시대

미성년자 매매춘과의 전쟁

　　2000년 1월 6일 여성으로서는 처음으로 서울 지역 경찰서장으로 부임한 김강자 종암경찰서장은 취임 뒤 첫 순찰 지역으로 성북구 하월곡동 속칭 '미아리 텍사스촌'을 골라 '미성년자 매매춘과의 전쟁'을 시작했다. 이에 언론이 호응을 보낸 가운데 미성년자 매매춘 문제가 새 이슈로 등장했다. 미아리 텍사스촌의 경우, 업소 250여 곳에 윤락 여성은 1,000여 명으로 연간 매출이 1000여억 원이나 됐고, 이해관계가 있는 주변 상인 또한 1만여 명에 이르렀다. 이곳 윤락 여성 중 30퍼센트 이상이 미성년자였다. [1]

　　《동아일보》(2000년 1월 8일)는 "미성년자 매매춘에 대한 처벌이 강화되면서 매매춘이 더욱 음성화하고 은밀하게 진행되고 있다는 것이 전문가들의 지적이다. 이 때문에 윤락 타운 외에 유흥주점, 단란주점, 퇴폐 노래방과 '티켓 다방' 등을 이용한 미성년자 매매춘은 더욱 늘었다는 것. 또 경찰 등의 단속을 피하기 위해 업소들과 계약하고 휴대전화와 무선호출기만으로 연락하며 윤락녀들을 연결해주는 '보도방' 이 우후죽순처럼 생겨나고 있다"라며 다음과 같이 말했다. "업계 관계자들에 따르면 1997년 5,000여 개에 불과하던 서울 시내 보도방 수가 최근 3만~4만여 개로 늘어나 성업 중이다. 검찰은 이들 보도방에 속한 접대부의 30~40퍼센트가량은 소위 '영계' 들이며 심지어 미성년자들이 직접 미성년자 접대부만을 모집, 전문적으로 이들을 유흥가에 공급하는 보도방도 적지 않다는 것. 1, 2년 전부터는 유흥업소 등에서 구매 가능한 전화 티켓을 통한 일대일 매매춘인 '티켓 폰팅', 컴퓨터 통신의 성인 대화방 채팅, 흔히 '삐삐걸' 이라고 불리는 여중·고생들이 명함 등을 이용해 유흥업소 등에 자신을 마케팅해 '2차' 를 가는 '명함 영업' 등을 통한 신종 미성년자 매매춘이 폭발적으로 늘고 있다. 이들 10대 소녀 중에는 '단골' 과 지속적인 관계를 맺으며 '원조교제' 수준에 이르는 경우도 많다. 서울 시내 한 윤락가 인근의 A여고 3학년 정 모 양(18세)은 '한 반 40여 명 중 4, 5명은 통신 채팅과 명함 영업을 하거나 보도방을 통해 한 달에 수십만에서 수백만 원씩의 용돈과 생활비를 벌고 있다' 며 '이들 중 몇몇은 옷 가방을 따로 갖고 다니다가 수업이 끝난 뒤 바로 영업을 나가기도 한다' 라고 말했다." [2]

2000년 1월 8일 김강자 서장은 '미아리 텍사스촌' 업주 140여 명을 경찰서로 불러 '미성년자 매매춘과의 전쟁' 을 끝까지 해나갈 것임을 공식 선언했다. 1월 10일 경찰청은 본청 회의실에서 전국 윤락가 밀집 지역 관할 13개 경찰서장과 이 지역 여성 단체 대표, 지방경찰청 방범과장 연석회의를 열고 이날부터 2월 18일까지 50일 동안 전국의 윤락

미성년자 매매춘과의 전쟁을 선언한 신임 김강자 종암경찰서장(왼쪽)이 서울 월곡동 속칭 '미아리 텍사스촌'
을 순찰하고 있다(위). 2002년 9월 26일 창원여성의집과 한국여성의집 주최로 열린 청소년 성매매 관련
기자회견에서 가면을 쓴 청소년들이 자신의 경험담을 공개하고 있다(아래).

가를 상대로 대대적인 단속을 벌이기로 했다. 경찰은 이날 서울의 미아
리 텍사스촌과 청량리 588, 부산 완월동, 대구 자갈마당 등 전국의 대표
적인 53개 윤락가를 집중 단속 지역으로 정했다. [3]

　　2000년 1월 27일 청소년보호위원회는 7월부터 '청소년의성보호에

관한법률'이 시행됨에 따라 성폭력범 등에 대한 신상 공개 방법을 국민 제안을 통해 공모키로 했다고 밝혔다. 새로 바뀐 법은 19세 미만 청소년의 성을 산 사람과 청소년을 '강간, 강제 추행한 성폭력범', '고용한 매매춘 업주', '포르노 제작에 이용한 사람'들을 혐의에 따라 최고 15년까지 징역형에 처하는 동시에 신상을 낱낱이 공개토록 하고 있다. 보호위는 이에 따라 신상 공개 방법으로 동사무소에 방을 붙이거나, 반상회보나 생활 정보지 게재, TV 보도 의뢰, 은행·슈퍼 등에 전단을 비치해 배포하는 방안 등을 검토키로 했다. [4] (2001년 8월 30일 사상 처음으로 청소년 대상 성범죄자 169명에 대한 신상이 공개되었다.)

'노예 매춘'의 비극

2000년 9월 19일 전북 군산시 대명동 매춘 지역 무허가 건물 2층에서 불이 나 잠들어 있던 매매춘 여성 임 아무개 씨(20세) 등 다섯 명이 연기에 질식해 숨졌다. 창문에는 쇠창살을 달아 여성들이 도망가지 못하도록 했고, 유일한 출입 통로인 1층 문이 이중으로 돼 있고 밖에서 잠글 수 있도록 설치된 것으로 밝혀졌다. 이에 《한겨레》는 사설을 통해 "이들이 신문 머리기사 삼아야 할 천인공노할 범죄 행위로 숨졌는데도 희생자가 '윤락녀'라는 이유만으로 사회적 관심이나 공분을 끌어내지 못하고 있다"라며 다음과 같이 말했다.

"성 향락 산업이 국민총생산의 10퍼센트에 이를 것으로 추정되고,

윤락녀 다섯 명의 생명을 앗아간 군산시 대명동 화재 참사 1주년 추모 현장.

고급 술집 등 일부 유흥업소까지 침투하고 있는 것이 매매춘 현장이다. 이렇게 성 관련 산업이 번창한 사회에서 언제까지 성을 파는 여성의 인권유린을 모른 척할 것인가. 매매춘이 현실적인 필요가 있는 것이라면 차라리 합법화하거나 공창제도를 마련하는 것이 '정직한' 사회적 태도일 것이라는 일부 주장이 나오는 것도 이런 상황 때문일 것이다. 한 평짜리 쪽방에 팔려와 하룻밤에 열다섯 명을 상대하고 철창에 갇힌 채 불에 타 숨진 젊은 여성들의 죽음에 대해 사회적 책임이나 공분을 느끼지 않는 사회는 인간성을 포기한 야만 사회다." [5]

2000년 10월 16일 한국여성단체연합 등은 대명동 화재 현장에서 유일하게 살아난 매춘 여성 김 아무개 씨(28세)가 화재 관련 소송을 맡은 배금자 변호사에게 낸 진술서에서 "포주들이 명절 때마다 파출소 경찰들에게 상납하는 것을 목격했다"라고 주장했다고 밝혔다. 김 씨는 포주 박 씨에게 매년 추석, 설날 때마다 파출소에 정기적으로 상납했다는 말을 들었다고 덧붙였다. 상납액은 매춘 여성 한 명에 10만 원씩 모았다고 밝혔다. 이에 경찰 쪽은 상납을 받은 적이 결코 없다고 주장했다. [6]

2000년 11월 9일 경찰청은 매매춘 업소 화재 사건과 관련해 이날부터 한 달 동안 전국에 걸쳐 부녀자들을 감금한 채 윤락행위를 시키는 '노예 매춘' 실태 파악과 관련자 검거 등 특별 단속에 들어갔다고 밝혔다. 11월 27일 경찰청은 '노예 매춘'에 대해 특별 단속을 벌인 결과 윤락 업주와 인신매매 사범 157명을 검거, 83명을 구속했다고 밝혔다. 유형별로는 여성들에게 선급금 등으로 부당한 채무를 지게 한 뒤 감시, 감금 상태에서 윤락을 강요한 업주 111명, 구직에 나선 여성을 윤락업소에 매매한 직업 소개업자 35명, 탈출한 윤락녀를 잡아 감금한 폭력배 11명 등이었다. [7]

2001년 6월 11일 서울경찰청 방범과장으로 자리를 옮긴 김강자는 연세대 강연에서 "남성의 '성욕 배설 장소'로 공창을 설치하면 성범죄와 미성년 윤락 등 문제를 척결할 수 있다"라며 공창론을 제기했다.[8] 여성부가 여론조사 기관인 오픈 소사이어티에 의뢰해 전국의 20살 이상 남녀 1,208명과 언론인, 기업인, 변호사 등 전문가 집단 320명을 대상으로 전화 설문 방식으로 실시한 '성매매 관련 국민 의식 조사' 결과, 매춘 행위의 직업 인정 여부에 대해 일반인의 58퍼센트가 '인정해서는 안 된다'라고 한 반면, 전문가 집단에서는 51퍼센트가 '인정해야 한다'라고 응답했다. 윤락행위등방지법의 개정 방향과 관련해 일반인은 56퍼센트가 '매춘을 전면 금지해야 한다'고 응답한 데 비해 전문가 집단에서는 '전면 금지(48퍼센트)'와 함께 '부분 금지(41퍼센트)' 의견이 상대적으로 많았다.[9]

성매매특별법 논쟁

2004년 성매매특별법을 둘러싼 공방이 치열하게 벌어졌다. 성매매특별법은 기존의 윤락행위등방지법을 대체하여 2004년 9월 23일부터 시행된 '성매매알선등행위의처벌에관한법률'과 '성매매방지및피해자보호등에관한법률'을 가리킨다. 성매매특별법은 폭행이나 협박에 의한 성매매에 대한 처벌을 5년 이하 징역이나 1,500만 원 이하 벌금에서 10년 이하 징역이나 1억 원 이하 벌금으로 강화했다. 또한 성 구매자의 경우 지금까지는 대부분 훈방됐지만, 앞으로는 적발시 무조건 입건돼 사회봉사와 보호관찰 등 보호처분을 받게 된다. 성매

2004년은 경찰의 강력한 성매매 단속과 함께 성매매특별법 제정을 둘러싼 치열한 공방이 벌어진 한 해였다. 사진은 2004년 3월 30일 종암경찰서 소속 여경이 미아리 텍사스촌을 단속 점검하는 모습.

매 피해 여성들은 형사처벌을 면제받지만 자발적 성매매 여성은 예외다.

강력 단속을 천명한 경찰은 '성매매 범죄 신고 보상 제도'를 도입했다. 성매매를 강요하거나, 청소년 등에게 성매매를 유도하거나, 성매매를 목적으로 인신매매를 한 악덕 업주 등을 신고해 범인 검거에 이바지하면 보상금으로 최고 200만 원을 주겠다는 것이다. 카파라치, 쓰파라치에 이어 '성性파라치'가 등장하게 된 것이다.

2004년 9월 29일 미아리 텍사스촌의 한 업소 종업원은 유서를 남기고 자살을 기도하였다. 그는 유서에서 "내가 죽는 것은 악덕 업주 때문이 아니라 우리나라의 정책 때문"이라며 "우리 벌금으로 잘 먹고 월급도 받는 당신(국회의원)들이 왜 밑바닥까지 들어온 우리를 죽여야 하

성매매 유비쿼터스의 시대

느냐'라고 항변했다. 종업원은 정치인들을 겨냥해 "부모보다도 날 보살펴준 곳이 여기였단 걸 (당신들은) 모른다"라며 "당신들 딸들처럼 좋은 환경에서 태어났다면 여기 있지 않았을 것"이라고 썼다.[10]

2004년 10월 7일 서울 여의도 국회 앞에선 전국 12개 집창촌에서 모인 성매매 여성 3천여 명이 생존권 보장을 요구하며 성매매특별법에 따른 단속 중지를 촉구했다. 경찰은 참가 여성들이 알몸 시위를 벌일 가능성이 있다는 첩보를 입수하고 100명으로 구성된 여경 1개 중대와 담요 60장을 현장에 긴급 투입했지만 알몸 시위는 벌어지지 않았다. 여성들은 서로 '미아리 자매님들' '영등포 자매님들' 등과 같이 '자매'라는 호칭을 썼으며, 징, 북, 꽹과리를 동원해 집회 분위기를 고조시키면서 중간마다 〈아침이슬〉 등의 노래를 불렀다. 같은 날 한국여성단체연

2004년 10월 7일 성매매특별법에 따른 단속에 반대하는 전국 집창촌 여성 종사자들과 업주들이 여의도 국회 앞에서 생존권 보장 등을 요구하며 대규모 집회를 벌이고 있다.

합 등 80여 개 시민·사회단체는 기자회견을 하고 "'한 달만 지나면 다시 원상 복귀될 것', '더 음성적인 성매매가 확대될 것'이라는 식의 부정적 여론을 조장하면서 성매매방지법을 무력화하려는 흐름을 경계하며 이에 대한 사회적 성찰과 반성을 촉구해야 한다"라고 주장했다.[11]

2004년 10월 9일 《중앙일보》 논설위원 이세정은 〈성매매 논란〉이란 칼럼에서 3년 전 일선 경찰서장으로 미아리 텍사스촌과의 전쟁을 벌였던 김강자가 공창公娼 문제를 제기했음을 상기시키면서 "성매매 근절이라는 이상理想만 활개를 칠 뿐, 성매매의 현실을 인정하고 부작용을 최소화하기 위한 목소리는 수면 아래로 가라앉아 버렸다. 현실을 무시한 이상적인 제도의 후유증이 걱정된다. 김 전 총경의 고민을 다시 들어보자"라고 주장했다.

반면 변호사 박원순은 《문화일보》(2004년 10월 11일)에 기고한 〈'성매매 악순환' 고리 끊을 때〉라는 칼럼에서 성매매 여성들의 시위는 조직적으로 동원된 것이라고 주장하면서 언론의 보도 태도를 비판하였다. 그는 "언론들은 신이 났다. '성매매방지법, 여여 갈등', '성매매 여성-시민단체 충돌' 등으로 기사의 제목을 뽑았다. 마치 흥밋거리라도 생긴 모양이다"라고 비난했다.

법으로 가둘 수 있는 것과 없는 것

호남대 영문과 교수 최병현은 《한국일보》(2004년

10월 12일)에 기고한 〈법으로 가둘 수 있는 것과 없는 것〉이라는 칼럼에서 "선악이 구분하기 어려울 정도로 뒤엉켜 있는 우리 사회는 생각보다 복잡하다. 내가 염려하는 바는 우리 사회에서 성매매를 추방했을 때 그 자리를 무엇이 대신하는가 하는 것이다. 빈자리에 과연 원했던 대로 인권과 도덕이 자리 잡을 수 있을는지? 일찍이 사회가 법과 규제를 통해 건전하게 되었다는 소리를 들어본 적이 없는 것 같은데……"라고 주장했다.

극작가 홍사종은 《중앙일보》(2004년 10월 13일)에 기고한 〈도덕주의와 만난 법의 함정〉이라는 칼럼에서 성매매특별법에 반대하는 여러 주장에 억지 논리적 요소가 다소 내포돼 있다는 걸 인정하면서도 '강요된 성'과 악덕 업주에 대한 처벌은 법에서 단호한 조치를 하더라도 '개인의 윤리와 도덕의 문제까지 법이 시퍼런 칼날을 들이대고 개입해야 하느냐'에는 의문을 떨칠 수 없다며 다음과 같이 주장했다.

"우리 사회에 만연한 성매매 풍조는 성을 사고파는 개인들의 문제를 뛰어넘어 사회적으로 복잡한 요인을 지니고 있다. 왜곡된 경제구조와 급격한 사회 윤리관의 해체, 남녀의 생물학적 본능의 차이 등도 아름다워야 할 성을 사고파는 시장 물건처럼 전락시키는 데 기여했다. 따라서 법 시행 이전에 성매매 종사자나 구매자에 대한 일자리 마련, 혹은 성 윤리에 대한 건전한 사회교육이 선행됐어야 마땅하다는 것이 나의 생각이다. 도덕의 문제를 법의 칼날만 믿고 강제하다보면 오히려 중세 사회처럼 법에 따른 통제가 불가능한 순간을 앞당길 수 있다. '법을 강행하다보면 물풍선 효과처럼 음성적 거래만 촉발할 것'이라고 말한

경찰청 김강자 전 총경의 말은 그런 뜻에서 '도덕주의'와 만난 법의 종말을 예고하고 있음이 아닐까."

2004년 10월 15일 《한국일보》 논설위원 황영식은 〈근본주의의 범람〉이라는 칼럼에서 성매매특별법은 사회 현실을 윤리 문제로 환원한 대표적인 예라며 이렇게 주장했다.

"매매춘의 만연은 사회의 건전성을 해친다. 또 업주의 착취나 '인신매매' 관행도 막아야 한다. 그러나 매매춘을 단숨에 뿌리 뽑겠다거나 사회윤리를 명분으로 아무런 대책을 마련하지 않은 채 수많은 종사자의 밥줄을 끊어도 된다는 발상은 현실성을 결여하고 있다. 당장 종사자들의 생존권 요구 시위가 잇따르는 한편 오피스텔 등에 은밀하게 파고드는 신형 매매춘이 보고되고 있다. 매매춘을 사회악으로 규정, 세균을 박멸하듯 사회적 병원균도 무조건 척결해야 한다는 근본주의적 발상 자체가 위험하고 폭력적이다."

같은 날 《동아일보》는 "요즘 정치권에는 '금기禁忌'가 하나 있다. '성매매특별법'을 두고 하는 말이다. 사석에서는 단골로 화제에 오르고 있고 그럴 때마다 법안에 대한 성토가 쏟아진다. 하지만 공식적인 언급은 절대 금물이다. …… 한 의원은 '제발 그 문제를 묻지 말라'라고 손사래를 쳤다. '어차피 말해봐야 소용도 없는데 괜히 벌집을 건드릴 수 있다'며 황급히 자리를 피했다"라고 보도했다. |12|

2004년 10월 16일 《문화일보》 논설위원 이신우는 〈특별법 만능주의〉라는 칼럼에서 "성매매 그 자체의 비도덕성은 논란의 여지가 없다. 그렇다고 생활의 북적거림을 단 하나의 도덕으로 환원시키는 '인간 구원'의 수단은 존재하지 않는다. 있다면 그것은 위선일 뿐이다. 이제 돈 있는 자들은 돈을 싸들고 해외로 나가 똑같은 목적을 달성하려 들 것이요, 돈 없고 힘없는 자들은 또 다른 왜곡된 방법을 찾으려 할 것이다. 식욕과 성욕을 국가가 통제할 수 있다는 생각은 위험하다. 미국의 금주법, 일본의 매춘금지법이 왜 실패할 수밖에 없었는가를 도덕으로 설명할 수 있겠는가. 현실과 이상의 딜레마를 그저 특별법으로 해결하려는 배짱이 부러울 뿐이다"라고 주장했다.

성매매, 정말 없앨 수 있다고 보나?

《중앙일보》(2004년 10월 16일)는 한국형사정책연구원이 2002년 말 한국의 성매매 종사 여성 수를 33만 명으로 추산했는데도 여성부가 성매매 특별 단속을 앞두고 마련한 전국 38개 재활 기관의 수용 인원은 750명에 지나지 않는다고 비판했다. [13]

성매매 단속으로 성매매가 인터넷과 모바일로 옮겨감에 따라 성병性病이 창궐할 위험이 크다는 우려가 제기되었다. 《동아일보》(2004년 10월 18일)는 "특별 단속 이후 보건소의 집창촌 종사 여성들에 대한 성병 검사 시스템은 사실상 붕괴한 상태"라고 보도했다. [14]

《중앙일보》경제 전문 대기자 이장규는 2004년 10월 19일 쓴 〈무책보다 못한 정책〉이라는 칼럼에서 심각한 퇴폐 행위가 학교 주위나 주택가 한복판까지 파고들어와 있는 것부터 바로잡아야 하는데, "지금

무책보다 못한 정책

이장규 칼럼

경제전문 대기자

> "주택가 '향락' 침투 막는 것이 급한데 무차별 단속 벌여 음성화 부추기니―

최근 정부의 성매매 단속을 보면서 두 가지 생각 나는 게 있다. 첫째는 미국 경찰관의 애환을 다룬 '센추리언'이란 옛날 영화의 한 토막. 은퇴를 앞둔 노경찰관 조지 스콧은 밤이면 성매매 단속 순찰을 돈다. 거리의 여인들을 걸리는 족족 윽박에다 태운다. 여인들은 "에이 재수없는 영감탱구야, 또 걸렸네…"하면서도 순순히 단속에 응한다. 밤새 이들을 태운 채 순찰업무를 하다 새벽이 되면 다 단속했던 지점에 되돌아와 모두 풀어준다. '잘 가라'는 인사까지 하면서, 여인들은 욕지거리와 손가락질을 해대지만 늙은 경찰은 그저 피식 웃기만 한다. 조수로 함께 순찰을 돌던 신출내기 후배 경찰은 도저히 이해할 수 없다고 흥분한다. "이렇게 금세 풀어줄 바에야 뭐하러 잡느냐, 법대로 처벌해야 할 것 아니냐"며 따지고 든다. 처음에는 대꾸도 않던 조지 스콧은 마지못한 듯 한마디 한다. "나는 나의 법대로 하고 있는 거야, 이게 제일 효과적이더라고." 순찰 때마다 똑같은 일과를 반복했다.

부작용 낳는 아마추어 발상

노경찰의 지론은 법대로 아무리 붙잡아다 구류를 살려도 당사자들은 죄의식도 안 느끼고, 성매매는 여전하고, 오히려 애꿎은 벌 주느라 국민 세금만 더 들어가니까 그런 법을 집행하느니 경험에 따른 자기 식의 대책을 실천하는 편이 낫다는 것이다. 어차피 근절할 순 실효가 없으니 '영업시간' 동안만

이라도 차에 태우고 순찰을 돌면서 영업을 방해하는 게 차라리 현실적이라는 이야기였다.

둘째로 생각나는 것은 1980년대 초반 향락산업이 사회문제로 제기됐을 때 남덕우(南悳祐) 전 총리를 찾아갔던 일이다. 당시 경제상황은 전두환 정권이 들어서고 몇년째 심각한 불황에서 헤어나지 못하고 있었다. 정부는 갖가지 경기부양책을 썼으나 바닥은 기업 투자 쪽에는 기별도 없고, 야릇한 향락산업 쪽으로만 뭉칫돈이 풀리고 있었다. 언론의 폭로성 보도에 여론이 들끓었고, 정부는 향락산업대책위원회까지 만들어 일제단속을 벌이는 등 야단법석을 피웠다. 이런 즈음에 향락산업이 번창하는 세태를 개탄하며 강력한 정부 조치를 촉구하는 원로의 한 말씀을 기대하고 특별 인터뷰를 청했었다. 하지만 나의 지레짐작은 전혀 빗나갔다. 국가경영을 윤리적 잣대로만 할 수 없다. 처벌 위주의 향락산업 일제단속은 바람직하지도 않다. 특히 불황 속에 실업이 심각할 땐 더욱 그럴 것이다. 대충 이런 요지의 말로 인터뷰를 사양했다.

영화 속의 노경찰이나 남덕우 전 총리나 둘 다 프로다. 그들의 눈에는 성매매를 단속의 대상으로만 삼는다는 게 지극히 아마추어 발상으로 비쳤을 것이다. 한 사람은 성매매 단속의 현실적인 한계를 체험을 통해 확신하고 있었고, 또 한 사람은 그것의 무리한 단속이 오히려 더 큰 부작용을 초래할 수도 있음을 우려했던 것이다.

정책의 우선순위부터가 잘못됐다. 가장 시급한

것은 무차별적으로 번지고 있는 퇴폐 현상을 차단하는 것이다. 몸을 강제로 팔았든 사느냐 따위의 시비가 중요한 게 아니다. 사창가를 집창촌으로, 매춘을 성매매로 용어를 바꾼다고 해서 문제의 본질에 다가서는 것도 아니다. 그런 것와 상관없이 심각한 퇴폐행위가 학교 주위나 주택가 한복판까지 파고들어 있는 것부터 바로잡아야 하는데, 정작 시급한 문제는 계속 방치돼 왔다. 이거야말로 정부가 마음만 먹으면 얼마든지 근절할 수 있고 꼭 근절해야 할 과제다. 여성부나 시민단체들도 지방자치단체·주민들과 협조하면 눈에 띄게 고칠 수 있을 텐데 이런 쪽에는 별 진전이 없다. 정책도 전략적이어야 실속을 차린다.

자생적 '핑크 존' 묵인해야

그러려면 거창한 명분론부터 벗어던져야 한다. 주택가나 학교 주위에 침투하지 못하도록 철저히 보호하기 위해서는 다른 길을 터야야 한다. 정부 제면상 공식적인 양성화가 뭣하면 자생적으로 형성되는 '핑크 존' 정도는 묵인하자. 사회적 격리 및 감시 차원에서라도 필요하다. 묵인도 때로는 훌륭한 정책일 수 있다. 그러나 지금의 정책은 오히려 거꾸로 가고 있는 셈이다. 무차별적인 단속을 벌여 주택가로, 음성화로 더 부채질하고 있는 꼴이다. 더구나 성매매의 뿌리는 경제적 동인인데도 불구하고, 여성권익 중심의 명분론으로 흐르고 있는 게 문제다.

〈중앙일보〉 이장규는 정부의 성매매 단속이 거꾸로 가고 있다고 비판하며 학교 주위나 주택가 한복판까지 파고들어 있는 심각한 퇴폐 행위부터 바로잡아야 한다고 주장했다.

- 〈중앙일보〉 2004년 10월 19일자

의 정책은 오히려 거꾸로 가고 있는 셈이다. 무차별적인 단속을 벌여 주택가로, 음성화로 더 부채질하고 있는 꼴이다"라고 비판했다.

2004년 10월 19일 전국 17개 지역 집창촌 성매매 여성 2,800여 명은 서울 동대문구 전농동 청량리역 광장에서 제2차 생존권 보장 촉구 집회를 열고 성매매특별법 철폐를 주장했다. 이들은 대회 선언문에서 "아무런 대책 없이 시행된 성매매특별법은 우리를 벼랑 끝으로 내몰고 있다"면서 "인권을 보호하겠다고 만든 법이 오히려 인권을 짓밟는 악법이 됐다"라고 주장했다. 또 이들은 "정부에 성매매 업소 밀집 지역의 여성들을 직업인으로 인정해줄 것을 요구한다"라며 "성매매특별법은

곳곳에 퍼져 있는 음성화된 사업을 강력히 단속해 뿌리 뽑도록 시행돼야 하며, 성매매 업소 밀집 지역은 차등 적용돼야 한다"라고 주장했다.

2004년 10월 20일《중앙일보》논설고문 최철주는 〈성매매와 편견 그리고 허상〉이라는 칼럼에서 "복합 불황 시대에 집창촌에서 일하던 여성들이 자활할 수 있는 직종에도 한계가 있다. 수많은 남성조차 실업자로 떠돌아다니면서 3D 업종은 아예 거들떠보지 않는 현상을 가볍게 볼 수 없다. 직업으로서의 '성매매'를 해온 여성들에 대한 본질과 내면을 들여다보지 않고 편견과 오해, 그리고 정치적 · 행정적 과시에만 매달린다면 그 여성들은 다시 '돈 벌기 쉬운 직업'으로 되돌아갈 것이다"라고 주장했다.

또한 경희대 국문과 교수 최혜실은《주간조선》(2004년 10월 21일)에 기고한 〈성매매, 정말 없앨 수 있다고 보나?〉라는 칼럼에서 "전국적으로 성적 서비스를 제공하고 있는 업소는 20만여 개라고 한다. 방법도 인터넷 채팅, 전화 등 다양해지는 추세인데 이것은 어찌 막을 것인가? 대한민국 경찰 정도가 아니라 군부대가 투입되어 전면적인 전쟁을 치러도 부족할 이 방대하고도 뿌리 깊은 '사업'을 거우 단속 수준으로 막을 수 있다고 보는 것인가?'라고 의문을 제기했다. 최혜실은 성매매를 "발설하기에 점잖지 못하나 어쩔 수 없이 존재하는 측면도 있는 것. 공식적으로는 타도될 대상처럼 도덕성의 너울을 쓰면서도 이면적으로는 억압의 배출구로 그럭저럭 명맥을 유지하게 하여야 하는 사회적 필요악必要惡"이라고 주장했다.

탈출구를 만들어주고, 밀어붙여야 한다

《한겨레 21》(2004년 10월 21일)은 전국 집창촌 업주 대표(강현준)와 집창촌 종사자(김문희)까지 참석시킨 대담회를 게재하였다. 강현준은 성매매특별법에 대해 "종사원들의 인권을 강조하고 있는데, 그러면 왜 강제 보호처분을 두는가. 보호시설은 사실상 감옥이다. 이것은 인권침해가 아닌가. 또 보호시설에 수용되면 일단 강요된 성매매를 한 것으로 낙인찍혀 나쁜 이미지로 매도당할 수밖에 없다. 적발된 업주들의 재산을 전액 환수한다고 했는데, 이는 위헌적 발상이다"라고 주장했다.

김문희는 "여성 단체나 여성부, 정치인들은 집창촌의 실체를 잘 모르는 것 같다"라면서 "우리가 강제적으로 몸을 판다고 하는데, 모든 종사자가 그런 것은 아니다. 상당수는 자율적인 상황에서 일한다"라고 말했다. 김문희는 이런 주장을 폈다.

"자발적으로 몸 파는 아가씨들은 궁지에 몰렸다. 생계가 막막해진 것이다. 포주 중에는 엄마처럼 자상한 사람도 있다. …… 정부에서 직업훈련 과정을 이수하는 동안 한 달에 10만 원을 지원한다고 했는데, 이게 바로 성급하게 법을 추진했다는 증거다. 10만 원 갖고 한 달을 생활해봤나. 못한다. 많은 빚을 져서 구원의 손길이 필요한 여성들은 이런 시스템이 필요할지 모르겠다. 그러나 자발적으로 성매매 시장에 진출한 여성들은 전혀 그렇지 않다. 한 달에 300만 원 이상 버는 아가씨들도 많다. 그들이 새로운 직업을 찾기로 맘을 먹었는데, 갑자기 수입이

줄어들었다. 그럼 어떻게 하나? 자신의 목표를 세워놓고 그동안 열심히 일했는데 인제 와서 그 꿈이 깨질 판이다. 정부는 아가씨뿐만 아니라 그에게 딸린 식구들도 책임져야 한다. …… 우리의 직업은 사적인 영역이다. 왜 하지 말라고만 하나. 우리에게도 준비할 시간을 달라. 보호시설은 절대 못 간다. 평소 담배 피우고 술 마시며 자유롭게 살던 여성들이 교도소 같은 곳에서 어떻게 지내나. 보호 기간이 끝나면 사회에 나와서 무엇을 할 수 있겠나. 나는 자신 없다. 원하는 여성들만 그런 시스템으로 보호하라. 다른 아가씨들은 제발 가만히 놔둬라." [15]

가톨릭대 교수 이명호는 《시사저널》(2004년 10월 28일)에 기고한 〈성매매 현실 뒤에 숨은 것들〉이라는 칼럼에서 "성매매의 현실에는 이중적 성 규범, 기업의 남성 중심적 접대 문화, 환락 문화, '빈곤의 여성화'와 인권유린, 폭력의 악순환, 국민국가의 틀을 넘어서는 성 산업의 세계적 확산 등등의 문제가 얽혀 있다. 성매매를 문제화하는 것은 우리 사회 전체를 문제화하는 것이다. 이 지난하고 아득한 싸움은 이제 겨우 시작이다"라고 주장했다.

소설가 복거일은 《월간조선》 2004년 11월호에 기고한 글에서 성매매를 비난하는 사람들은 성性이 거래의 대상이 되는 것을 혐오하며 성교는 성욕이 타오른 당사자들 사이에서 그것 자체를 위해서 이루어지는 것이 바람직하다고 여기지만 그것은 별 근거가 없는 생각이라고 주장했다. 그는 현금이 오갔다는 사실이 그렇게 문제가 된다면 돈 많은 사내가 신분이 높은 젊은 여인에게 보석과 모피를 사주면서 구애하는 것은 어떻게 되느냐고 물었다. 그는 성매매특별법 시행을 "지금 우리 사회를 휩쓰는 전체주의 사조思潮의 징후들 가운데 하나"라고 주장했다.

전 종암경찰서장 김강자는 《월간조선》 2004년 11월호에 기고한 글에서 성매매 여성들을 만나기 전에는 "매춘을 당장 근절해야 한다"라고 생각했었지만, 그들을 만나면서부터 "매춘은 근절해야 하지만, 탈출구를 만들어주고 밀어붙여야 한다"로 생각이 바뀌었다고 말했다. 사창가에서 인권유린이 없도록 철저하게 관리하면서, 성매매 여성들에게 탈脫매춘 여건을 끊임없이 조성해줘야 한다는 것이다. 그녀는 현재 정부가 벌이고 있는 식의 단속은 절대로 성공하지 못한다면서 "매춘을 당장 근절하겠다"라고 외치는 사람들에게 꼭 해주고 싶은 말이 한 가지 있다고 했다. "제발 그곳에 가서 몸을 팔아 생계를 연명하는 여성들을 만나보십시오. 우리 사회에서 가장 가난하고 불쌍한 이들을 그곳에서 내몰 때 그들이 어디로 갈지 한 번쯤은 생각해보십시오."

"너는 성매매를 용인하는 것이냐"는 딱지 붙이기

인하대 교수 김진석은 《교수신문》(2004년 11월 1일)에 기고한 〈성폭력 안에서 희생양 만들기〉라는 칼럼에서 성매매 방지법 옹호자들이 성매매 자체가 이미 여성 인권을 침해한다고 보면서 어떤 종류의 '자발적' 성매매도 인정하지 않는 관점을 고수하는 것은 "도덕적으로는 명분을 갖지만, 자칫하면 도덕적 근본주의로 흐를 수 있다.

이 경우 그 기준으로 입법하고 단속하는 것은 무리일 듯하다"라고 주장했다. 그는 "집창촌 여성들도 구조적으로는 남성 권력의 희생자인 것이 분명하지만, 따지고 보면 이들은 여성 중에서도 가장 바닥에 있는 약자일 것이다. 그렇다면 가장 약한 피해자에 초점을 맞춰 그들까지 처벌하는 일(강력하게 성매매를 처벌하는 스웨덴에서조차 여성을 처벌하지는 않는다)은 약자를 희생양으로 삼는 일이다. 결국 그들은 희생양 의식의 희생자인 셈이다"라고 말했다.

독일인으로 경제주간지 《이코노미 21》 기자로 일하는 한네스 모슬러(한국 이름 강미노)는 《월간 말》 2004년 12월호 인터뷰에서 왜 여성부가 딱히 성공했다고 보기 어려운 스웨덴 방식을 모델로 삼았는지 모르겠다며 성매매특별법의 성공 가능성에 대해 회의를 표시했다. 그는 법적 제재와 처벌로 성매매를 근절할 수 있다고 보는 금지주의가 문제라며 이렇게 말했다.

"양성평등이 정착되고 복지 제도가 발달한 스웨덴과는 다릅니다. 성매매 이외에는 생계 수단이 없는 여성들이 분명히 있고 당장 성매매 집결지가 문을 닫으면 더 깊은 지하로 숨어들 수밖에 없습니다. 아무리 강력하게 금지를 해도 금지가 되지 않는다는 말이죠." [16]

대학교수이자 성매매 현장을 직접 뛰어다니는 인권 운동가인 원미혜는 《월간 말》 2004년 12월호 인터뷰에서 성매매 합법화와 공창제에 반대하면서도 그런 주장들을 근본적으로 잘못된 것이라고 규정하고 배제하는 것도 바람직하지 않다고 주장했다. 이 방안들을 여러 가지 대안 중 하나라고 보는 열린 자세가 필요하며, 성매매 근절주의를 넘어선 대안을 제시했을 때 "너는 성매매를 용인하는 것이냐"라고 딱지를 붙이는 태도를 버려야 한다는 것이다. 그는 특히 여성 단체들이 성매매 근절이라는 명분과 성매매처벌법이라는 제도에 매달려 성매매 문제를 풀어나가려는 것에 대해 깊은 우려를 표시했다.

"여성주의에는 두 가지 책무가 있다. 하나는 가부장적인 문화·구조에 대한 근본적인 물음을 갖고 이를 전복할 수 있는 구조 전반을 바꾸는 일. 또 하나는 한 여성에게서 출발해 그가 처한 현실을 돌봐야 하는 일이다. 그 여성들이 먼저 성매매 구조를 벗어나야지만 돕겠다는 태도는 잘못된 것이다. 정책은 그 수혜자들이 가장 접근하기 쉬운, 그들이 원하는 방식으로 움직여야 실효성이 있다. 그런데 그걸 차단하고 자신의 아이디어로 일방적으로 돕겠다고 하는 건 오만이다. 성매매 구조에서 떠날 사람은 이미 떠났다. 떠날 조건이 되었기 때문에 떠났다. 그리고 그 조건이 안돼서 남아 있는 사람들도 있다. 이들은 어떻게 할 것인가."

한국빈곤문제연구소 소장 류정순은 《월간 말》 2005년 1월호 인터뷰에서 성매매특별법이 여성들에 대한 어떤 사회적 배려나 준비도 없이 졸속으로 이뤄졌다고 비판했다. 류정순은 "한국의 여성 단체들, 너무 과잉 세력화되어 있다고 본다"라며 다음과 같이 주장했다.

"시민 단체들이 이번 성매매처벌법에 100퍼센트 힘을 실어줬다. 왜? 안 그러면 '악의 축'이 되기 때문이다. 특히 상식이 있는 남성들은 성매매 문제에 관해 '원초적 약점'이 있어서 '끽' 소리도 못한다. 그러나 정책을 조금만 들여다보면 이게 '깜짝쇼'에 불과하다는 게 드러난다. 한계 계층 여성들이 추운 겨울날 길거리로 내몰렸다. 빈곤영향평가라든지, 법 시행 이전에 최소한 수행되어야 할 조치들은 전혀 없었다. 중산층 이상 여성들의 복지를 위해 한계 계층 여성들의 복지를 희생한 것이다. …… 성매매와 같은 사안은 외국에서도 항상 논란의 대상이고 정답이 있을 수 없다. 그렇다면 사회적 합의와 준비 과정이 무엇보다 중요하다. 상류층한테 세금 걷는 걸 성매매처벌법 밀어붙이듯 화끈하게 추진했으면 국민한테 박수받을 것이다."

성매매 유비쿼터스 현상

《월간 말》 2005년 3월호 기사 〈'성매매 근절주의' 에 표류하는 집결지 프로젝트〉는 "현장에서는 '성매매는 절대악' 이므로 무조건 하루빨리 피해 여성들을 구출해내야 한다는 성매매특별법 초기의 '성매매 근절주의' 목소리가 점점 잦아들면서 성매매 여성의 인권을 보호하는 '전략적인 접근' 이 필요하다는 주장이 힘을 얻어가고 있다"라며 "성매매 근절이 아닌, '성매매 여성의 인권 보호'를 위한 궤도 수정이 필요한 시점이다"라고 말했다.

2005년 1월 11일 성매매 여성들의 모임인 '한터여성종사자연합' 회원 10여 명은 청와대를 방문, 성매매특별법 시행을 집창촌에 한해 향후 3년간 유예해달라고 요청하는 청원서를 제출했다. 이 단체는 전국 8개 지역 집창촌 여성 515명을 대상으로 벌인 실태 조사에서 가족 부양의 책임을 진 여성이 82퍼센트인 426명이라는 내용을 담은 백서도 함께 냈다. 이 단체는 "성매매 여성의 상당수가 부양가족의 생계를 책임지고 있는 게 현실인데 정부의 갑작스러운 특별법 시행으로 가족들까지 곤란에 처해 있다"라며 "자립 기반을 마련할 수 있도록 3년간 한시적으로 법 시행을 유보해달라"라고 주장했다.

2005년 2월 원미혜는 《당대비평》 신년 특별호에 기고한 글에서 "성매매를 가능하게 했던 조건들이 여전히 존재하는 현실에서 '좋은 의도도 해를 끼칠 수 있다'는 충고를 성찰적으로 받아들여야 한다고 생각합니다. 그리고 다른 방식의 삶에 대해 쉽게 규정하는 우리 사회의 풍토에서, 상대를 이해하고 돕는 방법이 부정의에 대한 분노와 공명심만으로 부족하다는 것을 더 깊이 깨달을 때라 생각합니다"라고 말했다.

성매매특별법 시행 6개월이 된 2005년 3월 《국민일보》는 "성매매특별법은 성을 사고파는 행위를 근절하기는커녕 오히려 '성매매 유비쿼터스' 현상을 불러왔다는 지적을 받고 있다. 성매매 종사자들이 대거 음지로 숨어들면서 예전보다 더 은밀하게 언제 어디서든 성매매를 할 수 있게 됐다는 것이다"라고 보도했다.[17] 《동아일보》는 가입비 3만 원이면 인터넷에서 쉽게 만날 수 있고, 남성휴게실·피부숍 등 유사업소가 급속히 확산하였고, '집창촌+룸살롱'과 신종 '섹스방'까지 나타나는 등 '변태 영업'을 키웠다고 평가했다.[18] 《중앙일보》 탐사기획팀장 이규연은 성매매특별법 시행 이후 집창촌의 영업 행위가 도심 곳곳에 위장 침투했으며 소도시나 농촌에선 쇠퇴해가던 티켓 다방이 되살아나고 있는 현실을 지적하면서 이렇게 말했다.

"10년 전 호주 · 뉴질랜드를 여행할 때 행인들이 거리에 담배꽁초를 스스럼없이 버리는 걸 보고 의아해한 적이 있다. 당시 안내인의 얘기는 이랬다. '보이는 곳에 버리는 것은 OK. 청소부가 처리할 수 있으니까. 하지만 보이지 않는 곳에 버리면 범칙금. 처리하기 어려우니까.' 성매매특별법 시행이 '보이는 퇴폐'는 없앴지만 '보이지 않는 퇴폐'는 키웠다면 성공한 정책이라고 할 수 있을까." [19]

키스방, 허그방, 안마방, 테마방 등 유사 성행위 업소는 종류도 다양해지고 더욱 은밀해졌다. 사진은 유사 성행위 업소의 홍보물.

한국형사정책연구원 김은경 연구위원팀이 법무부 용역을 받아 2005년 8월에서 12월 사이에 서울과 수도권을 대상으로 조사한 바로는, 성매매특별법 발효 이후 우리나라 남성 다섯 명 중 한 명꼴로 성 구매를 경험했고 주요 경로는 안마 시술소인 것으로 나타났다. [20]

2006년에는 한국 여성의 미국 원정 매춘이 최다를 기록하면서 2년째 인신매매 피해자 배출 1위라는 오명을 뒤집어썼다. 미국 국무부 관계자는 3월 한국인 여성의 미국 '원정 매춘' 실태를 조사하기 위해 방미한 국회 여성가족위원회 의원단에 "2004년 발효된 한국의 성매매특별법 때문에 한국인 여성들이 미국으로 건너오는 '풍선효과'가 있었다"라고 밝힌 것으로 전해졌다. [21]

거리에 난립한 유사 성행위 업소들. 성매매특별법 시행 이후 성매매는 더욱 음성화되었으며 예전보다 더 은밀하게 언제 어디서든 즐길 수 있게 되었다.

"성매매 전쟁, 지금 방식으론 필패"

　　　　　　　성매매특별법 시행 3년을 맞은 2007년 9월 김강자 한남대 경찰학과 객원교수(전 종암경찰서장)는 〈경찰에만 떠맡긴 성매매 전쟁 3년〉(《한겨레》, 2007년 9월 20일)이라는 칼럼에서 "성매매특별법은 성매매 방지와 피해자 보호를 담고 있는데 가장 큰 특징은 성매매

업소에서 여성들을 묶어두는 수단으로 써왔던 선급금이 법적으로 효력이 없음을 명문화한 것이다. 폭행이나 감금, 인신매매를 통해 성매매를 강요당해온 피해 여성들이 빚의 악순환을 끊을 근거를 마련했다는 데 의의가 있다. 하지만 경찰 단속의 긍정적 측면과는 상관없이 성매매 여성은 단속을 피하느라 이곳저곳을 헤매다 오히려 빚이 늘고 가족들 생계가 어려워지는 부작용(?)도 만만찮게 발생했다. 사회적으로 보면 음성적으로 주택가로 흘러들거나 국외까지 퍼져 나가는 양상을 보인 것이다. 결국, 경찰의 성매매 단속은 한쪽을 누르면 다른 쪽이 부풀어 오르는 풍선효과만 키운 격이다"라며 다음과 같이 말했다.

"강제되었든 자발적이든 성매매 업종에 종사하는 여성은 100만 명이 넘는 것으로 추산되나 이를 다룰 경찰력은 턱없이 부족해 경찰력의 안배에 심각한 불균형을 초래했다. 종암경찰서장 재직 당시 1,300여 업소 중 이발소 한 곳만 단속하는 데 경찰이 15명이나 동원됐다. 그나마 업소의 뛰어난 방어술로 허탕치기 일쑤였다. 결국 무리한 경찰 동원으로 일반 치안이 어려워지게 돼 미성년 성매매와 성인 성매매 여성의 인권유린 근절에만 치중해야 했다. 현재 전국에 업소가 20만 곳이 넘고 성매매 여성은 최소 35만 명이나 된다고 한다. 이에 반해 성매매 단속 전담 부서인 여성청소년계 직원은 1,000명도 안 된다. 이 숫자로는 100년이 넘어도 35만 명도 단속할 수 없다. 한 사람이 수십, 수백 명의 남성을 상대하는 것을 생각할 때 성 매수자·업주까지 포함하면 성매매가 근절될 날을 환산할 수도 없다."

이어 김 교수는 "더 심각한 것은 참으로 어렵게 단속해서 빚으로

성매매특별법 시행 이후 집창촌. 사진은 서울특별시 동대문구 전농동(속칭 청량리 588)의 한 골목이다.

부터 해방해준 성매매 여성들이 다시 성매매의 굴레로 빠져든다는 것이다. '청소년 보호 업무까지 제쳐놓으면서 밤잠 못 자고 단속했던 성매매 여성들이 다시 되돌아가는 걸 보면 억장이 무너져요.' 성매매 전쟁 이후 여성청소년계 여자 경찰들의 넋두리다. 왜 이들은 지옥 같은 생활로 다시 돌아갈 수밖에 없을까?"라며 다음과 같이 말했다.

"그것은 성매매특별법 시행 후 현실성 떨어진 대책을 내놨기 때문이다. 한 사례로 생계비 지원을 보자. 탈성매매 여성에게 6~12개월 동안 매달 44만 원을 지원하는데, 이것마저도 예산이 여의치 않아 극히 일부만 받고 있다. 요식적인 의료·법률·생계 지원뿐 아니라 나아가 일자리를 주고, 단지 쉼터가 아닌 임시 거처라도 마련해줘야 한다. 스웨덴에서는 1977년부터 5년 동안 말뫼 지역의 성매매 여성 218명을 상대로 단속을 하지 않은 상태에서 경제적 지원, 주거 지원, 직업 알선, 전문 상담원의 지도, 보건의료 서비스 등 국가에서 전폭적인 지원을 해 72.5퍼센트가 탈성매매에 성공했다. 정부와 국회에서는 이제라도 제대로 된 대책을 내놓아야 한다." [22]

그러나 김강자의 제안은 여전히 받아들여지지 않았다. 성매매특별법 시행 4년을 맞은 2008년 9월 김강자는 다시 〈성매매전쟁, 지금 방식으론 필패〉라는 칼럼에서 "그동안 성매매와의 전쟁을 통해 성매매가 범죄라는 인식이 우리 사회에 각인됐음에도 여전히 법은 지켜지지 않고 있다. 오히려 성매매는 더욱 광범위하고 다양한 모습으로 우리 사회 곳곳에 침투했다. 공권력의 지속적인 투입으로도 효과를 보지 못하는 까닭은 무엇일까. 필자가 보건대 법 집행의 실효성을 확보하기 위해서는 다음과 같은 조건들이 충족돼야 한다"라며 다음과 같이 말했다.

"첫째, 말뿐만이 아닌 실질적이면서도 집중적인 단속을 보장할 인력 지원이 절실하다. 지금껏 성매매 단속은 한쪽에서 단속이 이루어지면 자연스레 다른 쪽으로 성매매 여성들이 옮겨가는 이른바 '풍선효과'와 같은 현상을 반복해왔다. 사실 전국적으로 성매매가 이루어지는 지역들을 동시다발적으로 단속하지 않는 한 그 효과는 희박할 수밖에 없다. 문제는 인력에 있다. …… 둘째, 생계형 성매매 여성에 대한 실질

성매매전쟁, 지금 방식으론 必敗

광역별 단속전담반 설치
생계형·비생계형 구분을

김 강 자
한남대 경찰행정학과 객원교수·前 종암경찰서장

23일로 성매매특별법이 시행된 지 꼭 4년을 맞는다. 그동안 성매매와의 전쟁을 통해 성매매가 범죄라는 인식이 우리 사회에 각인됐음에도 불구하고 여전히 법은 지켜지지 않고 있다. 오히려 성매매는 더욱 광범위하고 다양한 모습으로 우리 사회 곳곳에 침투했다. 공권력의 지속적인 투입으로도 효과를 보지 못하는 까닭은 무엇일까. 필자가 보건대 법 집행의 실효성을 확보하기 위해서는 다음과 같은 조건들이 만족돼야 한다.

첫째, 말뿐만이 아닌 실질적이면서도 집중적인 단속을 보장할 인력 지원이 절실하다. 지금껏 성매매 단속은 한쪽에서 단속이 이루어지면 자연스레 다른 쪽으로 성매매 여성들이 옮겨가는 이른바 '풍선효과'와 같은 현상을 반복해 왔다. 사실 전국적으로 성매매가 이루어지는 지역들을 동시다발적으로 단속하지 않는 한 그 효과는 희박할 수밖에 없다. 문제는 인력에 있다. 현재 1개 경찰서(전국 239개 경찰서)당 평균 단속업소는 무려 700여개에 육박한다. 보통 1개 업소를 단속하는 데 소요되는 경찰인력은 10여명이다. 만약 1개 경찰서에서 10개 업소를 단속한 후 조사 뒤처리를 감당하기 위해서는 최소 100여명의 경찰인력이 꼼짝없이 날밤 새우며 동원돼야 한다. 그러나 현실은 어떤가. 현재 경찰서 수는 1개 경찰서당 평균 350여명에 불과하다. 이들은 수사, 형사, 방범, 경비, 교통, 외사, 보안 등 국민의 생명과

신체, 재산보호 관련 부서에 고루 배분되어 있고 이 일만 담당하기에도 빠듯하다. 일반 치안에도 부족한 경찰인력을 성매매 단속에 동원할 경우 민생치안은 뒤로 밀릴 수밖에 없다. 결국 성매매 단속을 통해 효과를 거두고 법집행의 엄정함을 세우기 위해서라도 경찰인력의 보강이 시급하다. 이를테면 성매매 단속전담 경찰관제도를 광역별로 마련해 배치하는 것이다.

둘째, 생계형 성매매 여성에 대한 실질적인 대책 마련이 필요하다. 생계를 목적으로 하는 성매매 여성은 경찰인력이 보강되어 집중적인 단속이 이뤄진다 하더라도 죽기살기식으로 성매매에 나선다. 생존을 위해 성매매에 나서는 여성들의 각오는 늘 법의 울타리를 뛰어넘는다. 도덕과 법보다 앞서는 것이 바로 살고 죽는 생존의 문제임을 잊지 말아야 한다.

셋째, 인력보강과 생계형 성매매 여성에

대한 대책 마련이라는 핵심조건이 만족됐다 하더라도 업소 단속 시 '음성형'과 '개방형'(집창촌)을 구분하는 시각을 가져야 한다. 술집 등 이른바 음성형에서 성의 공급을 맡는 여성들은 상당수가 비생계형 성매매 여성이다. 수요자 역시 여유가 있는 사회적 계층이다. 이 같은 특수성으로 인해 단속 시 상대적으로 느끼는 수치심이 커 그 효과도 높다. 또한 음성형 위주로 단속하다 보면 생계를 위해 어쩔 수 없는 여성들은 결국 개방형인 집창촌으로 몰리게 된다. 물론 비생계형 여성들은 신분노출 때문에 개방형에 오기를 꺼린다. 이렇게 모인 집창촌 여성들에게는 생계지원 등 실질적인 자활프로그램을 운영하면서 탈(脫)성매매를 유도해야 한다. 덧붙여 집창촌을 외곽으로 이전하는 동시에 탈성매매를 위해 활동하는 전국 시설, 상담소들이 집창촌에서 제 역할을 수행할 수 있도록 도와주어야 한다.

추석 이후 경찰은 다시 대대적인 성매매 업소 단속에 나서기로 했다. 그러나 허울뿐인 대대적 단속의 효과는 이미 여러 차례 검증된 것처럼 반짝 효과에 그치고 말 것이다. 따라서 경찰단속은 법집행이 실효를 가질 수 있는 정부대책이 선행된 뒤 들어가야 한다. 경험과 현실에서 이미 학습한 것들을 잊어서는 안 될 것이다.

성매매특별법 시행 4년을 맞은 2008년 김강자(전 종암경찰서장)는 기고 글에서 성매매 단속의 현실적인 한계를 지적하면서, 생계형과 비생계형으로 구분한 실효성 있는 대책이 나오지 않는 한 단속은 허울뿐인 반짝 효과에 그치고 말 것이라고 주장했다.

– 《조선일보》 2008년 9월 19일자

적인 대책 마련이 필요하다. 생계를 목적으로 하는 성매매 여성은 경찰인력이 보강되어 집중적인 단속이 이뤄진다 하더라도 죽기 살기식으로 성매매에 나선다. 생존을 위해 성매매에 나서는 여성들의 각오는 늘 법의 울타리를 뛰어넘는다. 도덕과 법보다 앞서는 것이 바로 살고 죽는 생존의 문제임을 잊지 말아야 한다."

이어 김강자는 "셋째, 인력 보강과 생계형 성매매 여성에 대한 대

책 마련이라는 핵심 조건이 충족됐다 하더라도 업소 단속 시 '음성형'과 '개방형'(집창촌)을 구분하는 시각을 가져야 한다. 술집 등 이른바 음성형에서 성의 공급을 맡는 여성들은 상당수가 비생계형 성매매 여성이다. 수요자 역시 여유가 있는 사회적 계층이다"라며 다음과 같이 말했다.

"이 같은 특수성 때문에 단속 시 상대적으로 느끼는 수치심이 커 그 효과도 높다. 또한 음성형 위주로 단속하다보면 생계를 위해 어쩔 수 없는 여성들은 결국 개방형인 집창촌으로 몰리게 된다. 물론 비생계형 여성들은 신분 노출 때문에 개방형에 오기를 꺼린다. 이렇게 모인 집창촌 여성들에게는 생계 지원 등 실질적인 자활 프로그램을 운영하면서 탈脫성매매를 유도해야 한다. 덧붙여 집창촌을 외곽으로 이전하는 동시에 탈성매매를 위해 활동하는 전국 시설, 상담소들이 집창촌에서 제 구실을 할 수 있도록 도와야 한다." [23]

2009년 4월 《동아일보》는 〈성매매, 걸려도 남는 장사? 단속해도 줄지 않는 까닭? '손익계산서'에 답 있었다〉라는 기사에서 "7개월 만에 4억 8500만 원. 아무리 단속해도 성매매가 줄지 않는 건 이 같은 고수익이 보장되기 때문이었다. 서울 강북구 미아8동 G휴게텔. 2억 원을 들여 남성용 '휴게텔'을 개장해 7개월 만에 25억 원을 벌었고 경찰에 적발되더라도 부당 이득 몰수 추징액 5억 원과 벌금 200만 원을 내면 끝이다. 여기에 종업원 월급 주고 세금 꼬박꼬박 다 내도 4억 8500만 원은 고스란히 손에 남는다. 2007년 6월 성매매로 부당 이득을 챙긴 혐의로 구속된 업주 김 모 씨(50세)는 징역 6개월에 집행유예 2년, 벌금 200만 원을 선고받고 3개월 만에 풀려났다. 김 씨는 간판도 바꾸지 않은 채 바지 사장을 고용해 영업을 재개했다" 라고 말했다. [24]

'손익계산서' 에 답이 있는데도 우리는 왜 그 답을 외면한 채 거창한 도덕 담론에만 매달리는 걸까? 우리는 정녕 성매매가 없어지길 바라긴 하는 걸까? 성매매특별법을 만든 주체들 역시 그 어떤 무책임한 위선을 범했던 건 아닐까?

성매매 유비쿼터스의 시대

양지 · 음지의 이중성을 넘어서

2010년 3월 12일 양선희《중앙일보》위크앤 팀장은 "미국 국무부는 한국을 '성性 수출국'으로 분류했다. 한국의 성매매 여성들은 '자발적 인신매매'에 해당한다고도 했다. 이들은 일할 곳을 찾아 밀입국도 불사한다는 것이다. '코리안 비즈니스'라는 말도 있다. 세계로 뻗어나간 한국의 성매매 산업을 이르는 말이다. 오지인 몽골조차 '코리안 비즈니스' 때문에 골머리를 앓고 있었다"라며 다음과 같이 말했다.

"돌 맞을 생각이지만, '홍등가가 여염집 규수의 정조를 지킨다'는 옛말이 떠오른다. 또 이런 의문도 생긴다. 성욕 왕성한 남자들이 사는 나라에서 '성을 사는 것은 나쁜 짓이니 억제하라'고 아무리 훈육을 한들 통할까. 성매매 여성들의 인권은 진정 보호되고 있는가. 오히려 이 땅을 떠나 밀입국까지 감행해야 하는 상황으로 내몰고 있는 건 아닐까. 그리고…… 성매매 금지법은 좋은 법일까?" [1]

여성이니까 이런 말도 할 수 있지 남성이면 정말 돌 맞기 십상인 발언이다. 문제는 무엇일까? '경제' 보다는 '도덕' 으로 대처하는 데에 있는 것 같다. 도덕으로 대처하더라도 경제에 신경 쓰면 좋겠건만, 무조건 '도덕 일변도' 다. 근본 문제는 모든 분야에 걸쳐 '양지·음지의 이중성' 을 너무도 당연시하는 우리의 의식 구조에 있는 건 아닐까?

이제 이야기를 정리해보자. 나라마다 성매매에 대한 대응이 다른 건 섹스를 보는 시각이 다르기 때문이다. 섹스에 대해 가장 개방적이고 적극적인 네덜란드는 섹스를 인간이 누려야 할 소중한 권리로 간주하기 때문에 이것을 박탈당할 위험에 처한 사람들에게는 복지 정책 차원에서 돕기도 한다. 네덜란드 법원은 한 중증 장애인에게 '섹스 도우미 여성 노동자' 를 방문할 수 있는 비용을 지방 당국이 지급하라는 판결을 내렸다. 네덜란드엔 중증 장애인들의 성생활을 돕는 자원봉사자들도 있다. 즉, 멀쩡한 가정주부인데도 인권 운동 차원에서 장애인과 섹스를 하는 봉사 활동에 자원한다는 것이다. [2]

한국은 '양지에선 근엄, 음지에선 게걸' 이라는 이중성이 도드라지는 나라다. 성매매특별법을 시행한 지 8년째인 지금 성매매의 현실은 어떠한가? 한마디로 이야기해서 성매매특별법은 실패작으로 보는 게 옳을 것 같다. 인류 역사상 법률과 단속으로 매춘이 단절된 예는 없다는 건 명백히 확인된 사실이 아닌가.[3] 그럼에도 도덕적 분노로 밀어붙였으면 이를 관철하기 위한 충분한 뒷받침이 있어야 했는데, 달랑 분노뿐이었다.

게다가 정략까지 가세했다. 나중엔 쏙 들어갔지만 한동안 성매매특별법을 참여정부 개혁의 상징이자 이정표로 삼겠다는 의욕이 발설되곤 했다. 무언가 보여주기 위한 전시효과라는 의욕이 앞섰다는 뜻이다. '준비' 타령만 하다간 영영 할 수 없다는 반론도 가능하겠지만, 성의마저 부족했다. 성매매특별법을 제정한 주체와 적극적인 지지자들에게 고압적인 계도 의욕은 충만했지만 '고통 분담' 에 대한 고민은 부족했다. 이런 문제 제기는 '계급' 으로 '여성' 을 억누르는 기존의 낡은 진보적 관점인가? 그건 아닌 것 같다. 이건 '여성' 내부의 '계급' 문제이기 때문이다.

성매매 여성의 생계 문제를 우선시하는 건 마르크스주의 페미니스트들의 주장이기도 하다. 정희진은 대만의 마르크스주의 페미니스트 조세핀 호Josephine Ho를 소개하며 성매매 근절은 중산층 여성의 이해일 뿐이며 프롤레타리아계급에 속하는 여성이 중산층 여성의 정치적 이상을 위해 생존권을 포기할 수 없다고 주장한다. [4]

여성학자 디 그레이엄Dee Graham은《살아남기 위해 사랑하기Loving to Survive》에서 '사회적 스톡홀름 신드롬' 을 지적한 바 있다. [5] 성매매특별법 시행을 주도한 여성부 장관 지은희도《신동아》2004년 11월호 인

스톡홀름 신드롬이란 인질이 인질범에게 동화되어 오히려 호감과 지지를 나타내는 심리 현상이다. 지은희 여성부 장관은 성매매특별법 반대 시위에 나선 여성들이 '스톡홀름 신드롬' 에 빠져 있다고 주장함으로써 생존권을 지키기 위해 나선 성매매 여성들의 목소리를 한낱 인질의 이상심리 정도로 치부하는 오류를 범했다. 사진은 영화〈이완 맥그리거의 인질〉중 한 장면.

터뷰에서 '스톡홀름 신드롬'을 언급함으로써 성매매 여성을 '포주의 인질'로 보는 시각을 드러냈다. 이는 성매매 여성들에게 강한 항의를 받았는데, 문제는 바로 여기에 있는 것 같다.

프랑스의 철학자 엘리자베트 바댕테르Élisabeth Badinter는 "매춘부들을 '절대적 희생자'로 보는 시각은 그들을 침묵하게 한다. 일반 여성의 단 한마디가 금과 같은 가치를 갖는 데 반해, 매춘부의 말은 한마디 가치도 없다. 매춘부의 말은 대번에 거짓이나 조작된 것으로 간주한다. 그들의 반론을 거침없이 제거하고 그들을 무시하는 방법이다. 그녀들이 아무리 큰소리를 내며 자신을 방어해도 매춘 금지론자(새로운 페미니즘 옹호자)들은 매춘부들과 전쟁을 하는 중이다"라고 말했다.[6]

성매매특별법에 절대적 지지를 보냈던 사람들이 성매매 여성의 생계 문제를 포함한 사후 조치에 만전을 기하도록 계속 분투했느냐 아니냐가 이 문제를 평가하는 중요 잣대일 수 있겠다. 이걸 다룬 기사가 하나도 나오지 않았다는 게 신기하다.

한국은 왜 '매매춘 공화국'이 되었는가? 한국에서 섹스란 파란만장한 근현대사와 그 와중에서 형성된 처절한 생존경쟁 문화가 낳은 업

보는 아닐까? 그 어떤 강박의 포로가 됨으로써 불안과 공포를 치유하려는 적나라한 의식은 아닐까? 그렇게 이해하지 않으면 한국 남성을 '섹스 애니멀'로 불러도 할 말이 없을 것 같은데, 우리는 과연 어느 쪽을 택해야 할 것인가? 성매매특별법과 같은 근본주의 처방보다는 '양지에선 근엄, 음지에선 게걸'이라는 이중성부터 완화해나가는 게 훨씬 더 현실적인 해법은 아닐까?

양지 · 음지의 이중성을 넘어서

간통의 역사

한국은 어떻게
'간통의 천국' 이 되었는가?

간통에 대해 세상에서 가장 가혹했던 나라

　　그리스·로마 신화에서부터 기독교의 신구약성
서에 이르기까지 수많은 간통 사례와 간통을 경계하라는 메시지가 흘
러넘친다. 인류 역사 이래로 간통이 인간의 본능이라는 걸 말해준다.
일부일처제는 인간이 '냄새를 맡던 동물'에서 '시선을 교환하는 동
물'로 바뀌면서 생겨난 것인데, 약 400만 년 전부터다. 하지만 현대
853개 문화권 중 일부일처제가 명문화된 곳은 16퍼센트에 불과할 정
도로 '정절은 문화의 산물'이다.[1] 그럼에도 간통에 대한 응징은 가
혹했다. 학창 시절 책깨나 읽은 독자라면 19세기 미국 작가 너대니얼
호손Nathaniel Hawthorne의 대표작 《주홍글씨》에서 간통을 뜻하는 낙인 'A'
(Adultery)를 가슴에 달고 사는 여주인공 헤스터 프린과 그녀의 연인인 아
서 딤스데일 목사의 처절한 사랑을 떠올릴 수도 있겠다.[2]

　　한국은 어떠했던가? 부여 시대엔 간통하면 남녀 가릴 것 없이 죽이
는 것으로 그치질 않고 그 시체를 산 위에 널어놓기까지 했다. 비교적

가슴에 간통을 뜻하는 문자 'A'를 달고 살아야 하는 《주홍글씨》의 여주인공 헤스터 프린.

성적 자유가 있었다는 고려 시대에도 간통한 여인은 천민이나 노비로 하천下賤시키고, 그 소생 역시 벼슬에서 소외시켰다. 조선에서는 간통죄를 공법화하여 사족士族으로서 간통한 자는 남녀 없이 때를 기다리지 않고 참살斬殺했는데, 간통은 가문의 명예와 직결되는 것이므로 사형私刑으로 다스려도 무방했다. 집안 장정들이 간통한 여인을 동구 밖 정자나무에 묶어놓고 할비(割鼻: 코를 자름)를 하거나, 팔다리를 잘라 죽이거나 물에 빠트려 죽이는 등 잔인하게 응징했다는 기록이 전하고 있다. 이규태는 "우리나라는 간통에 대해 세상에서 가장 가혹했던 나라가 아닌가 싶다"라고 말한다. |3|

2005년 법원 도서관은 우리 사법권이 일제에 넘어간 1909년부터 1912년 사이 조선총독부 고등법원(지금의 대법원)에서 선고된 민형사 사건 170여 건의 판례를 담은 《조선고등법원판결록》을 번역, 발간했는데 여기에도 간통죄에 관한 기록이 있다. 부모 간 합의에 따라 11세 송 모 군과 18세 때 결혼한 김 모 양은 일본 남성과 잠자리를 함께했다가 간통죄로 기소됐다. 변호인은 남녀 각각 17세, 15세를 결혼 가능 연령으로 규정한 일본 민법을 들어 이들의 결혼이 무효이므로 간통죄도 성립하지 않는다고 주장했다. 하지만 법원은 "조선인 사이에는 연령과 상관없이 혼인이 유효한 것이 관습"이라며 상고를 기각했다. [4]

일제강점기엔 남성을 제외한 유부녀의 간통 행위만 처벌하는 일본 형법을 따랐다. 이른바 단벌죄였다. 이혼의 자유가 법적으로 인정된 것은 1918년부터였지만, 아내가 남편을 상대로 이혼소송을 제기한 사건으로 재판상 이혼이 성립된 사례는 1921년이 처음이었다. 1924년 경성지방법원엔 이혼소송이 하루 평균 5~6건 접수되었으며, 1932년엔 이혼 총수가 6,712건으로 하루 평균 18건에 이르렀다. 당시 이혼 사유는 배우자의 중혼·간통, 부부간 성격 차, 경제적 이유, 폭행 등이었다. [5]

간통을 저지른 남녀를 모두 처벌하는 쌍벌죄가 본격적으로 주장된 건 해방 이후였다. 1945년 8월 25일 임영신과 이은혜를 중심으로 결성된 대한여자국민당은 간통죄에 관한 쌍벌제를 위시하여 부인의 독립된 재산 소유권을 인정하는 부부별산제, 그리고 축첩과 중혼 금지 등 일부일처제 결혼법을 요구하였다. 정부 조각 시엔 여권옹호연맹을 조직하여 '축첩자 입각入閣 반대 성명서'를 내기도 했다. [6]

일본은 1947년에 간통죄를 폐지했지만(영국과 노르웨이는 1927년에 폐지) 한국에선 이후로도 계속 여자만 처벌하는 단벌죄가 적용되었다. '유부有夫의 부婦가 간통한 때에는 2년 이하 징역에 처한다'는 조항이 그것이다. 남성은 유부녀가 아닌 여성과 간통 관계를 갖거나 처녀나 독신녀를 축첩해도 형법상 범죄로 취급되지 않았다. [7]

"오입배에 통봉!"

1949년 11월 법전편찬위원회에서 간통죄 찬반 논란이 있었지만 논란으로만 그치고 말았다.[8] 이후 법전편찬위원회는 형법 제정을 위한 기초 작업을 하면서 간통죄 폐지를 골자로 하는 초안을 만들었지만 정부는 오히려 남녀 모두의 간통 행위를 처벌하자고 맞섰다.[9]

격론 끝에 1953년 7월 3일 쌍벌죄안이 단 한 표 차이로 국회를 통과했다. 이를 알리는 신문은 "오입배에 통봉痛棒!"이라고 했다.[10] 통봉이란 불교에서 좌선할 때 스승이 마음의 안정을 잡지 못하는 제자를 징벌하는 데 쓰는 방망이를 말한다. 1953년 10월 3일 공포된 형법 제241조는 간통죄와 관련하여 다음과 같이 남녀 쌍벌 제도를 채택했다.

첫째, 배우자가 있는 자가 간통하였을 때에는 2년 이하 징역에 처한다. 그와 상간相姦한 자도 같다. 둘째, 전항의 죄는 배우자의 고소가 있어야 논한다. 단 배우자가 간통을 종용慫慂 또는 유서宥恕하였을 때에는 고소할 수 없다.[11]

이 법의 공포 직후 의대에 재학 중이던 엘리트 여성 현 모 씨가 제기한 이혼소송은 쌍벌주의 채택 이후 최초의 간통 사건이자 광복 후 최대 규모의 위자료 소송이란 점에서 뉴스의 초점이 됐다. 결혼 10년 차 주부인 현 씨는 남편 한 씨의 줄기찬 이혼 요구에 불응하며 시부모를 모시고 살아왔으나, 1953년 10월 남편이 여직원과 혼례까지 올리자 이혼소송을 냈다. 위자료 요구액 500만 환은 요즘 돈으로 환산하면 2억

동서고금을 막론하고 간통에 대한 응징은 가혹했다. 그림은 쥘 아르센 가르니에(Jules Arsène Garnier)의 〈간통의 형벌(Le Supplice des Adultères)〉(1876년).

8000여만 원에 해당한다. 《동아일보》(1954년 2월 28일)는 다음과 같이 보도했다.

"신형법 제정 후 속출하는 이혼소송 중에서도 이채를 띠운 현○○ (30세, 의대 재학) 씨의 500만 환 위자료 청구 및 쌍벌죄에 의거한 최초의 간통 소송 사건의 제1회 공판은 어제 상오 10시 반부터 지법 1호 법정에서 김준원 재판장 주심으로 개정되었다. 증거조사에서 원고 측 소송 대리인 백정현 씨는 피고 한○○(37세, ×××주식회사 한국대리인)이 자기 처에게 취한 학대, 모욕, 악의, 유기 등의 증거를 제시하면서 원고 측 주장의 타당성을 주장하는 한편 재판장의 사화私和 권고를 거부하고 끝내 500만 환의 위자료를 요청하여 검찰에 제소한 간통죄 소송도 취소하지 않겠다고 강경하게 주장하였는데, 한편 피고 대리인 윤태림 씨는 피고의 월수 2만 환의 재력으로서는 원고 측 요구에 도저히 응할 수 없다고 호소하였다."

이 사건은 1954년 5월 2심 공판에서 부인 현 씨가 승소해 200만 환을 위자료로 지급하라는 판결을 받는 걸로 종결되었다.[12] 그러나 엘리트가 아닌 대다수 사람에게 법은 아직 접근하기 어려운 해결책이었다. 간통 문제를 사적으로 해결하다 불상사를 빚는 경우가 많았다. 1955년 2월 강원도 홍천군에선 아내의 부정에 격분한 나머지 간부姦夫와 아내는 물론 자기 자식까지 모두 다 도끼로 찍어 죽이고 자기 자신도 목매어 죽은 끔찍한 사건이 발생했다.[13]

전 부흥부 차관 부인의 간통 사건

법은 바뀌었지만 현실까지 바뀌기엔 아직 먼 것 같았다. 대다수 여성에게 쌍벌죄는 있으나 마나 한 것이었다. 1950년대 중반 여성문제상담소의 상담 건수 중 4할은 여전히 축첩 문제였다. 1956년 11월에는 경찰 총경 열두 명이 파면되었는데, 이 중 여덟 명은 첩을 둔 것으로 보도되었다. 또한 1957년 민법안을 심의할 때 일부 의원들은 서자를 입적시키는 데 부인의 동의를 받는 조항을 풍습과 어긋난다며 반대하기도 했다.[14]

신문도 아내의 간통죄 고소를 신기한 듯 보도했다. 예컨대 《조선일보》(1957년 5월 15일)는 "남편의 상습적인 간통 행위를 지적하고 검찰에 소를 제기한 가정부인이 있어 방금 검사에 의하여 수사가 진행되고 있다"[15]라며 이채로운 반응을 보였다.

1959년 7월에는 전 부흥부 차관 부인의 간통 사건 공판이 큰 화제가 되었다. 《조선일보》(1959년 7월 4일) 기사를 보자. "전 부흥부 차관 오영재 씨의 부인 안순애(53세) 피고와 '땐스' 교사였던 전병호(37세) 피고 등에 대한 간통 피의 사건 2회 공판이 4일 상오 서울중앙지방법원에서 개정되었다. 이날 상오 10시부터 대법정에서 김두현 판사 단독담당 김덕훈 부장검사 관여로 개정된 동 공판정에는 변호사 중의 홍일점인 이태영 변호인 그리고 방청석에는 박순천 여사를 비롯한 약 300명의 여자 방청객이 쇄도하여 이채를 띠웠다. 그런데 이날 공판에서 안 피고는 간통 사실을 강력히 부인하면서 '간통했다는 범죄 사실은 방탕한 남편이 다른 여자와 결혼하기 위해서 꾸민 짓이다'라고 목멘 소리로 진술

'축첩자에 투표 말라. 새 공화국 더럽힌다', '아내 밟는 자, 나라 밟는다.' 제2공화국이 출범하기 직전인 1960년 7월 19일 축첩 반대 플래카드를 펼쳐 들고 서울 종로로 나선 전국 여성단체연합회 회원들이 시위를 벌이고 있다.

한국은 어떻게 '간통의 천국'이 되었는가?

하였다. 한편 동 고소 사건은 남편인 오영재 씨가 전기 안 피고를 상대로 이혼소송을 제기한 바 있으나 패소敗訴되자 형사사건으로 고소를 제기했던 사건이다." [16]

한편 7월 8일 공판에선 며느리 변명희(25세)가 증인으로 출두하였는데, 이런 일이 벌어졌다.

"법정 밖에서 공판 광경을 엿보고 있던 수백 명의 여자 방청객들은 변 씨가 증언을 끝내고 공판정 밖으로 나오자 욕설을 퍼붓는 등 고함이 사방에서 터져 나왔다. 변 씨가 시아버지 편에 서서 피고에게 불리한 증언을 하자 방청객들은 변 씨가 고소인인 시아버지 오 씨와 공모결탁해서 시어머니인 안 피고를 배척했다며 이구동성으로 외쳤던 것이다." [17]

7월 18일 검찰은 두 피고에 징역 10개월을 각각 구형했지만, 7월 28일 재판부는 증거가 없다며 무죄판결을 내렸다. 그러나 재판장은 피고들에겐 윤리적 죄는 있다고 훈계했다. [18]

2심 싸움이 계속되었다. 12월 9일 공판에선 피고인 안 씨가 간통 사실을 부인하다 졸도 실신하는 일까지 벌어졌다. 해를 넘긴 1960년 3월 11일 제7회 공판에서 남편은 이혼보다 처벌이 목적이라고 진술했다. [19] 피고는 결국 고등법원에서도 무죄판결을 받았지만, 판결 후 재판장은 "안 피고는 자식뻘 되는 사람을 집으로 끌고 들어와 춤을 추었다는 사실이 있는 만큼 징역 이상의 형벌을 받은 것으로 자책自責해야 한다"라고 훈시했다. [20]

김지미-최무룡 간통 사건

1961년 한국 영화계는 '춘향전 대결'이 대화제였다. 홍성기 감독은 아내인 톱스타 김지미를 춘향으로 내세운 컬러 영화 《춘향전》을 만들고, 신상옥 감독 역시 아내인 톱스타 최은희를 춘향으로 내세운 컬러 영화 《성춘향》을 만들어 흥행의 최고 길일이라는 설날을 전후하여 맞대결을 벌인 것이다. 배급업자인 지방 흥행사들도 《춘향전》과 《성춘향》으로 나뉘어 천하를 양분하다시피 했고, 여기에 언론까지 가세해 이 두 '춘향전'의 경쟁을 부채질했다. [21]

비록 이 대결은 《성춘향》의 승리로 끝났지만, 당시 김지미의 인기는 대단했다. 1957년 17세의 나이에 데뷔한 김지미는 서구적 미모로 한국 남성들의 메마른 가슴에 정염의 불꽃을 피웠다. [22] 그런 김지미가 간통죄에 휘말려 들었으니, 세상의 여론이 얼마나 들끓었겠는가.

1962년 10월 22일 인기 배우 최무룡(34세)이 처 강효실(31세)에게 김지미(24세)와 함께 간통죄로 고소당했다. 강효실은 "일부 영화인들의

간통죄로 고소당한 세기의 커플
김지미와 최무룡.

방종한 성생활이 일반 사회에 미치는 악영향에 경종을 울리고 피폐한 도덕감을 확립하기 위하여 고소하는 바이오니 일벌백계의 견지에서 엄중조치하여 주심을 앙망하나이다"라고 밝혔다.[23] 10월 31일 두 사람은 구속돼 서울교도소에 수감되었다.

"수갑을 차기 전에 두 사람은 '파고다' 담배 한 대씩을 마지막으로 피워물고 '미안해', '미안해요' 하고 서로 위로한 다음 검찰 '찦' 차에 몸을 싣고 서울교도소로 향했는데 남녀 감방별로 나누어질 때까지 '잘해', '잘 가요' 하는 말만 되뇌고 있었다."[24]

그러나 적어도 신문 지상엔 간통을 여전히 사형私刑으로 해결하려 드는 사람들이 많았다. 남자의 경우 법에 호소하기보다는 아내를 죽이고 자살하는 일이 자주 벌어졌다.[25] 1967년 9월엔 형수가 형을 간통 혐의로 고소했다고 시동생이 형수를 칼로 열한 군데를 찔러 중상을 입히는 사건이 발생했다.[26]

1970년대 내내 그런 이색적인 사건들이 신문 지면을 장식했다. 아내와 간통한 간부姦夫를 남편이 몽둥이로 때려 중태에 빠트린 사건,[27] 간통이 발각 나자 남편을 강제로 정신병원에 입원시킨 사건,[28] 남자 둘과 간통을 저지른 유부녀의 삼각 간통에 대해 검찰이 관계 사례집을 뒤졌으나 여자 하나에 남자 둘인 사건은 이번이 처음이라며 놀랐다는 사건,[29] 모녀와 사돈이 합세해 간통 현장을 덮치게 해 돈을 뜯어내는 간통 사기극 사건,[30] 간통 피해를 본 배우자끼리 간통하다 걸려든 사건[31] 등 다양한 간통의 파노라마가 연출되었다.

애마부인 신드롬

1945년 9월 7일 미 군정 치하에서 미군 사령관 하지의 군정포고 1호로 시작된 통행금지가 그로부터 36년 만인 1982년 1월 5일 자정을 기해 전방 접경 지역과 후방 해안 지역을 제외한 전국에서 해제되었다. 야간 통행금지 해제는 '한국 간통의 역사'에서 획기적인 사건이었다.

가정주부들이 통금 해제를 반기지 않은 건 당연한 일이었다. 다른 이들에겐 해방감이 밀려들었을지 몰라도 주부들은 그렇지 않아도 매일 술 때문에 귀가가 늦는 남편들이 통금이 해제되면 아예 귀가조차 하지 않을까봐 속만 태워야 했다.[32] 가정주부들의 판단은 빗나가지 않았다. 통금이 해제된 후, 호황을 누리기 시작한 건 본격적인 밤 문화와 성적 욕망의 배설구들이었다. 특히 서울 강남에는 새로운 숙박업소들이 문을 열기 시작했다. 《주간중앙》(1982년 1월 17일) 기사를 보면 "영동의 신흥 숙박업소들이 활황이다. 이들은 컬러 TV에 침대는 물론 도색 필름을 구경할 수 있는 VTR 시설까지 완비, 시간제를 구가하고 있다"라고 보도하고 있다.[33]

통금 해제 후, 해방감을 만끽하고자 했던 보통 사람들이 즐겨 찾은 곳은 심야 극장이었다. 컬러 TV 방송으로 불황에 시달리던 영화계가 통금 해제 후 영화계 불황을 타개하기 위해 '나이트쇼'라는 이름으로 시사회를 여는 등 심야 극장 판촉에 공을 들인 결과이기도 했다.

통금이 해제된 지 꼭 한 달 뒤인 2월 6일, 첫 심야 상영 영화인 《애

■━━
통금 해제 후 심야 극장이 생기기 시작했다. 자정이 넘은 뒤에 상영하는 성인영화를 보기 위해 사람들은 밤마다 영화관 앞에 길게 줄을 섰다.

마부인》이 개봉했다. 《애마부인》은 프랑스 영화 《엠마뉴엘》이 세계적인 흥행 돌풍을 일으키자 일부러 이를 연상시키는 제목을 썼다는 말을 듣기도 했는데, 처음에는 '말을 사랑하는 부인'이라는 뜻에서 '애마愛馬'로 신청했으나 어감이 나쁘다고 바꾸라는 명령을 받고 엉뚱하게도 '애마愛麻부인'으로 이름을 바꿨다. 결국 무슨 의미인지 모르는 영화 제목이 되고 만 것이다.[34] 그렇지만 관객은 그런 것에 개의치 않았다. 이 영화는 한국 땅에 《엠마뉴엘》 못지않은 흥행 돌풍을 몰고 왔다. 서울극장 기획실장 이황림은 개봉 당시를 이렇게 술회한다.

"개봉 첫날 밀려드는 인파 때문에 극장 유리창이 깨졌다. 인천, 수원 등지에서 올라온 관객도 많았는데 표가 없어 돌아가야 하는 상황이 되자 어떻게 해서든 들여보내 달라고 난리가 났다. 소문을 들은 일본 NHK에서 정인엽 감독과 안소영 배우를 인터뷰했을 정도였다."[35]

첫 심야 상영 영화였던 〈애마부인〉
은 관객 31만 명을 동원, 그해 한
국 영화 흥행 순위 1위에 올랐다.

《애마부인》은 서울극장에서 6월 11일까지 넉 달 넘게 장기 상영되
어 당시로써는 기록적이라 할 수 있는 관객 31만 명을 동원했다. 물론
이해 개봉된 한국영화 가운데 흥행 수위였으며 외화까지 포함하더라도
흥행 순위 6위였다.[36]

《애마부인》은 이전까지의 이른바 '호스티스 영화'와는 질적으로
다른 영화였다. 1970년대의 호스티스 영화라는 것들이 주로 명분이나
희생 같은 것을 내세워 어쩔 수 없이 몸을 팔게 되는 '수동적'인 여성들
을 다루었던 데 반해, 《애마부인》은 당시로써는 도발적일 만큼 솔직하
게 성적 욕망에 충실한 '능동적'인 여성을 그려냈는데, 이것이 관객들
에게 크게 어필한 것이다.[37]

'자동차 혁명'과 러브호텔

"내가 굴욕감을 무릅쓰고 잠자리를 요구할 때마다 당신은 냉정하게 거절했어요. 저도 사람이에요. 당신과 똑같이 하겠어요."

'애마부인'의 선언이다. 남동철은 "가부장적 도덕률로부터 관능을 해방한 선언은 그렇게 시작된다. 젖은 입술, 게슴츠레 풀린 눈동자, 살포시 드러난 속살에 남자들은 넋을 잃었다"라며 다음과 같이 말한다.

"그녀의 복수는 부드럽고 짜릿하고 황홀했다. 아랫도리가 뜨거워지는 바람에 불그레 얼굴이 달아오른 사내들은 고개를 숙인 채 극장 문을 나섰다. 부끄러워 극장 간판을 똑바로 바라보지 못하던 여자들도 애마가 유혹하는 시선을 느꼈다. 그녀들도 극장의 어둠 속에서 안소영의 몸을 빌려 성애의 숲을 가로질렀다. 정체를 알 수 없는 해방감이 온몸을 휘감았다."[38]

《애마부인》을 감독한 정인엽은 "1980년대는 산업화에서 벌어지는 부부의 문제, 성의 문제가 사회 현상으로 드러나던 시대라고 생각했어요. 미국에서 연수를 마치고 돌아왔을 때 가장 인상에 남은 것은 서울 강남의 영동이라는 지역의 모습이었습니다"라면서 다음과 같이 말한다.

"밤이면 여관의 붉은 네온사인과 또 교회의 붉은 십자가가 번쩍거리는 그 도시의 모습이 1970년대와는 다른 사람들의 욕망을 보여주는 것으로 생각한 거지요. 남자들은 돈 번다는 핑계로 밖에서 바람피우고, 부인들은 그 이전부터 그랬던 것처럼 참고 살지만 마음속으로는 그때

1982년 1월 5일 통금이 해제되자 오랜 족쇄에서 풀려난 사람들이 거리로 쏟아져 나왔고 술집은 호황을 맞았다. 또한 룸살롱과 스탠드바 등 신종 향락업소가 폭발적으로 늘어나기 시작했다.

부터 '네가 그러면 나도 그런다'는 생각을 하기 시작한 것 같아요. 실제 그런 일들이 신문 사회면에 나오기도 했고, 산업사회의 체제가 완전해지면서 바뀌는 그런 성 의식을 한번 영화로 하자고 한 게《애마부인》이에요." |39|

여기에 '자동차 혁명'이 가세했다. 1980년대 중반부터 소위 '떡텔'로 불리는 교외의 러브호텔이 전국에 우후죽순처럼 생기기 시작했다. 그러자 도시와 농촌을 가릴 것 없이 전국적으로 간통의 대향연이 벌어지기 시작했다. 예컨대, 1984년 1월부터 11월까지 경북 문경경찰서와 상주경찰서 관내에서 구속된 형사 피의자 중 30퍼센트가 간통 사건 피의자였다. 문경경찰서의 경우 140명 중 43명, 상주경찰서는 162명 중 48명이었다.《조선일보》(1984년 11월 30일)는 당시를 다음과 같이 보도했다. "구속된 이들은 대부분 1~3명의 자녀를 둔 유부남과 유부녀들

로 농촌 지방의 성도덕이 점차 문란해지고 있음을 방증했다." [40]

여성 풍속범죄도 급증하기 시작했다. 물론 여성 풍속범죄란 말은 올바르지 않다. 그간 풍속범죄는 남자만의 전유물이었고 '범죄'로 인식되지도 않은 것이었다. 그러다가 여자들이 "저도 사람이에요. 당신과 똑같이 하겠어요"라고 외치면서 행동에 나서기 시작하자 붙은 딱지가 바로 그것이었다.

어찌 됐건 여성 풍속범죄의 급증으로 다시 간통죄 존폐 논란이 벌어졌다. 1985년 법무부는 간통죄 폐지를 결정했지만 국회의 최종 확정 단계에서 벌금형을 도입하는 절충안으로 둔갑했다(그나마 법무부 개정안은 10년 동안 빛을 보지 못하다 1995년에야 형벌을 1년 이하 징역으로 낮추고 500만 원 이하 벌금형을 도입하는 개정안이 제시됐지만, 이 또한 국회에서 통과되지 못했다). [41] 국민의 압도적 다수가 간통죄 폐지에 반대하고 나섰기 때문이다. 1986년 3월 한국갤럽 조사에선 성인 77.2퍼센트가 반대하는 것으로 나타났다. 폐지 찬성률은 남성 28.3퍼센트, 여성 17.1퍼센트였다. [42]

그러나 어찌 여론에 굴복하기만 할쏘냐. 1989년 4월 29일, 간통죄로 1·2심에서 유죄판결을 받고 대법원에 상고한 김 모 씨가 "간통죄는 헌법 10조(인간의 존엄과 가치, 행복추구권), 11조(평등권), 12조(신체의 자유), 36조 1항(혼인과 가족생활)에 위배된다"라며 법원에 위헌법률심판 제청 신청을 냈으나 기각되자 헌법소원을 냈다.

헌법재판소로 간 간통죄

1990년 4월 16일 헌법재판소 대심판정에서 열린 간통죄 변론에서는 박정근 중앙대 교수, 박윤흔 경희대 교수가 합헌론을 개진하고, 박은진 이화여대 교수, 전광석 한림대 교수가 위헌론을 펴 간통죄 폐지를 주장했다. 간통죄의 폐지를 주장하는 위헌론자들은 "헌법이 보장하고 있는 인간의 존엄, 행복추구권은 개인이 성적인 문제에 대해 스스로 결정할 수 있는 권리를 존중해야 한다"라며 "사적 윤리에 해당하는 간통 행위를 형벌로써 강제처분 하는 것은 부당하다"라고 주장했다. 이에 반해 합헌론자들은 "간통죄의 폐지는 전통적 윤리관에 어긋나며 남성보다 상대적으로 열악한 위치에 있는 여성의 사회적 현실을 고려할 때 여성의 법적 지위를 더욱 약화시킬 우려가 있다"라며 "간통죄는 일부일처주의의 혼인 제도를 보호하고 선량한 성생활 보호를 위해 존속해야 한다"는 논지를 폈다.[43]

1990년 9월 10일 헌법재판소는 간통죄에 관해 합헌 결정을 내렸다. 조규광 헌법재판소장 등 합헌 의견을 낸 여섯 명은 "간통죄가 개인의 성적 자기결정권을 제한하는 것은 틀림없으나 국가적·사회적 공동생활의 테두리 안에서 다른 사람의 권리, 공중도덕, 사회윤리, 공공복리를 위해 내재적 한계가 있으므로 법률로써 제한할 수 있다"라고 밝혔다. 다수 의견은 이어 "간통 행위는 국가·사회의 기초인 가정의 화합을 파괴하고 배우자와 가족의 유기, 혼외 자녀 문제, 이혼 등 여러 가지 해악을 초래하는 것이 엄연한 현실"이라며 "선량한 성도덕, 일부일처주의의 혼인 제도 유지, 가족생활의 보장, 부부간의 성적 성실의무의 수호와 간통으로 야기되는 사회적 해악의 예방을 위해 형벌로써 간통 행위를 규제하는 것이 불가피하다"라고 합헌 의견을 밝혔다.

다수 의견은 또 위헌론자들의 기본권 제한 주장을 의식한 듯 "만약 간통죄가 인간으로서의 존엄과 가치 및 행복추구권, 신체의 자유 등을 부당하게 침해하는 것이라면 민법상 일부일처제의 혼인 제도(중혼 금지)나 부부간의 동거 및 상호 부양 의무 등 규정도 위헌이라는 말이 될 것"이라고 반박했다. 이 밖에 간통죄가 성별이나 재력에 따라 불평등을 초래한다는 주장에 대해 다수 의견은 "간통죄가 기본적으로 남녀 평등 처벌주의를 취하고 있으므로 법 앞에서는 평등하다"라며 "다만 경제적 능력에 따라 법 적용의 결과가 달라지고 경제적 약자인 여자에게 불리하게 작용하는 측면도 있으나 이는 친고죄로 돼 있는 모든 범죄에서 나타나는 문제이지 특별히 간통죄에만 해당하는 것은 아니다"라고 밝혔다.

이에 대해 이시윤, 한병채, 김양균 재판관 등 소수 의견을 낸 세 명은 "개인의 성적 자기결정권에 법률적 제한을 할 것인가, 아니면 도덕적 자제를 요구하는 윤리적 제한으로 그칠 것인가는 입법권자의 자유에 속하는 입법정책의 문제이지만 현행 간통죄는 필요한 정도를 넘어선 과도한 처벌로서 기본권 최소 침해의 원칙에 어긋나고 공공의 이익과도 적절한 균형이 이루어졌다고 볼 수 없다"라고 위헌 의견을 냈다. 소수 의견은 또 "간통죄는 연혁적으로 봉건적 남성 우위의 지배 사회에서 처를 부의 전유물로 묶어두기 위한 제도로 생긴 것"이라며 "비록 간통죄가 남녀 쌍벌주의를 채택하고 있지만 여성에게 더 가혹하게 적용되는 파행성을 띠고 있어 여성의 행동과 자유를 크게 제약하고 있다"라고 밝혔다.[44]

법정 밖에서는 여전히 간통을 둘러싼 엽기적인 사건들이 일어나고 있었다. 46세 남성이 자기 아내(39세)가 38세 남성과 정을 통하고 있는 것을 보고 두 사람을 과도로 등과 배, 얼굴 등 온몸을 각각 10여 군데 찔러 숨지게 했다.[45] 38세 남성이 간통을 저지른 아내에게 강제로 농약을 마시게 해 숨지게 했다.[46] 자신이 간통했다는 이유로 이혼소송을 제기당하자 남편에게 위자료를 받아내기 위해 폭력을 청부한 여인도 있었다.[47] 간통이 탄로 나자 "강간당했다"라고 정부情夫를 고소한 사건,[48] 남편이 간통을 눈치채자 기도원에 강제수용시킨 사건,[49] 아내의 간통 현장을 기습해 정부情夫에 공기총을 난사해 중상을 입힌 사건도 있었다.[50]

남성 20퍼센트 간통 경험

1991년 4월 9일 한국형사정책연구원 주최로 열린 '한국 사회의 간통 연구 발표회'에서 이 연구소 연구실장 심영희 교수(한양대 사회학)가 서울 지역 남녀 1,200명을 상대로 한 설문 조사 결과를 발표했다. 이 조사 결과에서 응답자의 61.9퍼센트가 간통죄를 존속시켜야 한다고 답변했으며, 원칙적으로는 폐지해야 하나 아직은

빠르다는 답변이 22.5퍼센트인 것으로 나타나 간통죄를 그대로 둬야
한다는 입장이 84.4퍼센트에 이르는 것으로 나타났다. 간통죄를 존속
시켜야 하는 이유에 대해서는 성 문란 예방이라고 답한 사람이 45.8퍼
센트로 가장 많았으며 가정 파탄 방지(37.3퍼센트), 여성의 경제적 보상
을 위한 법적 근거(16.9퍼센트) 등 순으로 나타났다.

간통 경험을 묻는 물음에 남성 다섯 명 중
한 명꼴로 간통 경험이 있다고 답했다.
– 〈경향신문〉 1991년 4월 10일자

반면 매매음을 제외한 간통 경험을 묻는 물음에 남성 대상자 545명 중 110명(20.2퍼센트)이 한 번 이상 간통한 경험이 있다고 답했으며 여성은 654명 가운데 2.9퍼센트인 19명이 간통 경험이 있다고 응답했다. 간통의 이유와 관련, 간통 경험이 있다고 답한 남성 기혼자 77명 중 89.6퍼센트인 69명이 부부 관계에는 문제가 없는데도 간통을 했다고 답변, 간통이 부부간의 애정 문제와 관계없이 이뤄지고 있음을 나타냈다. 또 배우자가 반복해서 간통하면 어떻게 하겠느냐는 질문에 고소하겠다는 의견은 12.3퍼센트에 불과했으며 대다수가 고소하지 않고 이혼을 요구하겠다(59.8퍼센트), 살면서 마음을 돌리도록 애쓰겠다(25.8퍼센트) 등의 태도를 보여 친고죄로 돼 있는 간통죄의 실효성에 문제가 있는 것으로 나타났다.[51]

1992년 1월 10일 서울가정법원 가사합의5부는 간통 사건으로 징역 8개월을 선고받고 복역 중인 정 모 씨(34세, 여)가 남편 황 모 씨(35세, 회사원)를 상대로 낸 이혼 및 재산 분할 청구소송에서 "황 씨는 부인 재산 기여도 30퍼센트를 인정해 5천만 원을 지급하라"라고 판결했다. 재판부는 판결문에서 "원고 정 씨의 가출과 간통이 이혼 사유가 된 점은 인정되나 원고가 결혼 후 가사 노동을 통해 재산 형성에 기여한 점도 인정되므로 공동재산을 분할해야 한다"라고 밝혔다.[52]

이에 대해 장명수는 "이번 판결은 1989년 12월 국회를 통과하고 1991년 1월 1일부터 시행된 개정 가족법 중 '이혼 시 재산 분할 제도'에 의한 것인데, '재산 분할'의 의미를 잘 살렸다는 점에서 환영할 만하다. 개정 가족법 이전에는 이혼할 때 아내나 남편이 상대방에게 위자료

한국은 어떻게 '간통의 천국'이 되었는가?

만을 청구할 수 있었고, 이혼 사유가 되는 잘못을 저지른 측에서는 위자료 청구가 불가능하여 특히 아내가 잘못을 저질렀을 때는 맨몸으로 헤어지는 것이 관례였다"라며 다음과 같이 말했다.

"일반적인 예는 아니지만 어떤 나쁜 남편들은 싫증 난 아내를 위자료 한 푼 안 주고 쫓아내기 위해 교묘하게 간통죄를 악용하는 경우가 종종 있었다. 간통한 남편이 재산을 포기하는 경우는 없지만, 간통한 아내는 감히 재산을 요구할 수 없었고, 요구할 길도 없었다. 이번 판례는 흔히 부부 관계에선 모호하던 죄와 벌에 대한 분명한 원칙을 제시하고 있다. 간통한 아내는 죽을죄를 지었으니 모든 요구를 포기하고 쫓겨나야 한다는 것은 법일 수가 없다. 간통 부분에 대해서는 남편에게 위자료를 주되, 재산 형성에 기여한 자신의 몫은 마땅히 찾도록 해야 한다는 것이 법이다. 가족법 개정을 위해 30년 이상 싸웠던 여성계의 노력, 특히 대선배들의 노력을 새삼 생각하게 된다."[53]

남자 69퍼센트, 여자 73퍼센트
간통죄 폐지 반대

1992년 4월 8일 정부가 형법 개정안 중 '간통죄', '혼인빙자 등에 의한 간음죄' 폐지, '낙태의 죄', '정조에 관한 죄' 신설 등 4개 법규를 입법 예고하자, 여성계는 '혼인빙자 등에 의한 간음죄' 폐지와 '낙태의 죄', '정조에 관한 죄' 신설에 대해선 "법과 현실의 틈새를 없앤 한 발짝 나아간 법규"라고 환영했지만 '간통죄' 폐지에 대해선 "아직 이르다"라며 크게 반발했다. 간통죄 폐지만큼은 "남성들에게 간통을 허가하는 것이나 다름없다"라는 것이다.

여성계가 든 폐지 반대 이유로는 첫째, 간통죄 폐지 이후 성 윤리가 문란해질 우려가 있다. 둘째, 현재 우리 사회에 남성과 여성의 성 윤리가 따로따로 적용되고 있다. 셋째, 여성들이 이혼한 뒤 경제적으로 독립할 만큼 사회적 지위가 확보되지 않았다. 넷째, 이혼할 때 재산을 나눠 받은 몫에 대해 부과하는 무거운 증여세 부담 등이 있었다. 가정 법률상담소 곽배희 상담위원은 "1950~1960년대에 이미 간통죄가 폐지된 서구 선진국은 남녀 차별 없는 성 윤리가 적용되고 있지만 우리나라는 여성에게는 성 윤리를 엄격하게 적용하고 남성의 빗나감은 얼버무리고 있다"라고 지적하며 "남녀 동등한 성 윤리 적용을 전제로 한 간통죄 폐지는 사회 분위기가 아직 성숙하지 못해 이르다"라고 못 박았다. 명지대 김숙자 교수(법학), 이화여대 박은정 교수(법학) 등은 "개인 생활을 법으로 구속하는 것은 옳지 않으며, 법학적 입장에선 폐지돼야 한다"라고 밝히면서도 "그러나 상당수의 사회 구성원이 반대하면 그 뜻을 존중해야 할 것"이라고 말했다. [54]

1992년 4월 24일 밤 《동아일보》가 동서조사연구소와 공동으로 전국 성인 남녀 1,200명을 대상으로 벌인 전화 여론조사를 보면, 간통죄 폐지에 대해 남자(69.3퍼센트)보다는 여자(73.2퍼센트), 여자 중에도 기혼(72.6퍼센트)보다는 미혼(77.2퍼센트) 쪽의 반대가 훨씬 많았다. 연령별로는 40대(76.4퍼센트)와 50대(73.4퍼센트)는 높고 20대(68.8퍼센트)는 낮게 나타났다. 직업별로는 자영업(76.3퍼센트), 주부(74.3퍼센트), 사무직(73.4퍼센트) 층에서, 교육 수준별로는 고졸(75.7퍼센트), 생활 수준별로는 중하류(75.9퍼센트)와 중류(72.0퍼센트)층에서 간통죄를 계속 존치시켜야 한다는 견해가 많았다. [55]

1992년 4월 27일 한국여성단체협의회 등 3개 여성 단체가 주최한 '간통죄 폐지론에 대한 토론회'에는 법무부 검찰국 최성창 검사, 박은정 교수 등 전문가 여섯 명이 토론자로 참석, 열띤 공방을 벌였다. 최 검사는 발제문에서 "이혼 심판 청구를 전제한 간통 고소는 혐의가 인정되

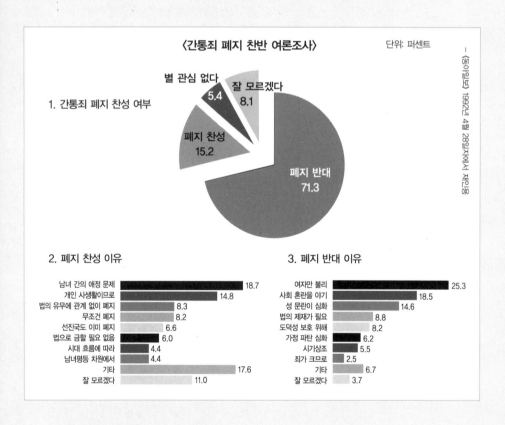

〈간통죄 폐지 찬반 여론조사〉　　　　단위: 퍼센트

— 《동아일보》 1992년 4월 28일자에서 재인용

1. 간통죄 폐지 찬성 여부

별 관심 없다 5.4
잘 모르겠다 8.1
폐지 찬성 15.2
폐지 반대 71.3

2. 폐지 찬성 이유

남녀 간의 애정 문제	18.7
개인 사생활이므로	14.8
법의 유무에 관계 없이 폐지	8.3
무조건 폐지	8.2
선진국도 이미 폐지	6.6
법으로 금할 필요 없음	6.0
시대 흐름에 따라	4.4
남녀평등 차원에서	4.4
기타	17.6
잘 모르겠다	11.0

3. 폐지 반대 이유

여자만 불리	25.3
사회 혼란을 야기	18.5
성 문란이 심화	14.6
법의 제재가 필요	8.8
도덕성 보호 위해	8.2
가정 파탄 심화	6.2
시기상조	5.5
죄가 크므로	2.5
기타	6.7
잘 모르겠다	3.7

면 징역 등 형사적 처벌이 뒤따르게 돼 있어 당사자는 물론, 자녀에게 심각한 영향을 끼쳐 오히려 가정 파탄적 요소가 농후하다"라며 "민사상 손해배상이나 이혼소송으로 처리하는 것이 더 바람직하다"라고 주장했다. 고영소 변호사도 "대부분 여성은 남자들과 달리 이혼을 각오하고 고소하기를 주저하는 경우가 많다"라며 "여자들이 오히려 간통죄의 피해자가 되곤 한다"라고 간통죄 폐지에 동조했다.

이에 대해 백형구 변호사는 "가뜩이나 성 윤리 문란으로 성범죄가 판을 치는 마당에 간통죄가 폐지되면 혼란이 커질 것"이라고 경고하면서 "간통죄의 당사자에게는 가정파괴범 차원에서 형법상 중형을 내리는 것이 마땅하다"라며 폐지에 반대했다. 또 한국가정법률상담소 양정자 부소장은 전국의 20·30대 남녀 2,800명을 대상으로 4월 13일 시행한 설문 조사를 공개하면서 "국민의 70퍼센트 이상이 간통죄 폐지를 반대하는 상황에서 세계적 추세 등을 내세워 폐지를 서두르는 것은 국민 의식을 무시한 처사"라고 폐지 시안의 철회를 촉구했다. 토론회에 참석한 50개 여성 단체 관계자는 '우리의 입장'이라는 성명을 발표, "간통죄 폐지에 앞서 여성의 사회적 권익 향상과 건강한 성 문화 정착 등 간통죄 폐지의 전제 조건이 충족돼야 한다"라고 정부의 노력을 촉구했다.[56]

〈애인〉 신드롬

1996년 최고의 TV 드라마 히트작은 MBC 미니시

'아름다운 불륜'이란 유행어를 낳은 MBC 미니시리즈 〈애인〉. 유부남과 유부녀의 사랑을 불륜이 아닌 사랑이라는 관점에서 새롭게 조명해 화제를 모았다.

리즈 〈애인〉이었다. 이 작품은 유부남과 유부녀의 사랑을 '불륜'이 아닌 '사랑'의 눈으로 새롭게 해석해 멜로 드라마의 역사를 새로 썼다는 평가를 받았다. 이혼과 가족 형태의 변화가 본격적으로 시작된 시점에서 나온 드라마였다.[57] 1996년 9월과 10월 하이텔에선 이 드라마를 놓고 '저질 불륜 드라마', '있을 수 있는 아름다운 사랑 이야기'라는 찬반양론이 맞섰다. 양쪽의 대표적인 의견은 다음과 같다.

반대 의견: "이런 저질 불륜 내용을 마치 30대의 아름다운 사랑인 양 표현하는 데 문제 있는 것 아닙니까? 결혼과 우리의 가정이 무슨 장난입니까? 언론은 이런 내용을 시청률 높은 화제작처럼 보도하는 데 문제가 있다고 생각합니다. MBC는 즉각 방송을 중지해야 합니다."

찬성 의견: "뭣보담도 민주 사회라 하면 진정 다양한 소재, 주제, 영상, 연기, 각색 등등 다양한 작품을 보고 안목도 좀 넓히자고요. 조금만 격에서 벗어나면 너 나 할 것 없이 모두 비판만 하자시니 진짜 튀는 작품 나오기 되게 어려운 환경이야, 우린. 지금이 어디 계몽주의 시댄감?" [58]

《중앙일보》(1996년 10월 6일)는 "이 드라마는 그 불륜과 외도를 너무나 현실에 가깝게 묘사(리얼리티의 확보)함으로써 많은 시청자의 관심권 내에 들어 있는 것이다. …… 주부들 사이에 '너 애인 있니?'란 말이 농담으로 오가며 남편 단속이 한창이라 한다. 또한 대다수의 건전한 남편들에겐 한 번쯤 환상적인 로맨스를 꿈꾸게 하는 촉매 역할을 한다는 뒷이야기도 들린다"라고 했다. [59]

신문들은 대체로 비난의 편에 섰는데, 가장 극렬한 비판 중의 하나는 《세계일보》(1996년 10월 18일) 사설 〈TV 드라마와 가정 파괴〉였다.

"지금 시중에는 차마 눈 뜨고는 볼 수 없는 부끄럽고 민망한 TV 드라마 한 편이 온통 국민을 분노시키고 있다. 문화방송이 방영하고 있는 유부남과 유부녀의 사랑 놀음을 가증스럽게도 미학으로 포장한 〈애인〉이라는 미니시리즈다. …… 이 사회를 지탱하는 마지막 기둥인 가정을 지키기 위해서라도 드라마 〈애인〉은 당장이라도 중단하기 바란다. 그리고 국민에게 사죄해야 한다." [60]

《조선일보》(1996년 10월 23일)의 사설 〈드라마 망국론〉도 만만치 않았다.

"〈애인〉의 경우, 마지막에 각자 가정으로 돌아가는 설정이지만, 그 과정에서 이미 윤리는 파괴될 수 있다는 독소를 드라마 중독증 환자들에게 퍼뜨렸음을 부인해서는 안 된다. 이런 역기능이 누적되면 암보다도 더한 폐해를 줄 수 있다고 본다"라고 했다.[61]

극우 잡지인《한국논단》1996년 12월호에서 한국정신병리학회 회장 백상창은 "MBC에서 하는 〈애인〉이라든가 이런 텔레비전 프로그램을 온종일 관찰해본 사람이라면 알 수 있겠습니다만, 그것을 보는 남한 사람이 미치거나 타락하거나 살맛을 잃지 않는다면 그 사람은 이상한 사람이다, 이렇게 볼 정도로 대한민국의 방송 매체가 남한 사람들을 급격하게 죽음의 본능으로 이끌고 있다고 봅니다"라고 주장했다.

순결 증명서 사건

'애인 신드롬' 이후에도 간통을 둘러싼 엽기적인 사건들이 계속 신문 지상을 장식하곤 했다. 20년간 2억 원을 뜯어낸 사건이다.

"서울 중랑경찰서는 19일 자신의 처와 정을 통한 60대 유부남을 협박해 무려 20년 동안 2억 원 이상을 뜯어낸 혐의(폭력 등)로 이종돈 씨(55세, 경기 안산시)에 대해 구속영장을 신청했다. 경찰 발표로는 이 씨는 박 아무개 씨(60세, 석유 소매상, 서울 종로구)가 자신의 처 차 아무개 씨(50세)와 정을 통한 사실을 알고 지난 1993년 1월 4일 서울 종로구 낙원동 ㄱ다방에서 박 씨를 협박해 20만 원을 가로채는 등 1978년부터 77

회에 걸쳐 2억 600여만 원을 빼앗은 혐의를 받고 있다." [62]

다음은 알몸 도주 사건이다.

"충북도의회는 4일 간통 사건으로 물의를 빚었던 이 모 의원(41세)에 대해 회기 내 30일 출석정지의 징계를 내렸다. 도의회는 '윤리특위 위원들이 이 문제를 놓고 다각적인 검토를 했으나 의원을 제명한 전례가 없는 점 등을 감안, 출석정지 징계를 결정했다'라고 밝혔다. 이 의원은 9월 3일 새벽 제천시 모 식당 내실에서 식당 여주인(38세)과 정을 통하던 중 여주인의 남편(44세)이 들이닥치자 알몸으로 달아나다 붙잡혀 같은 달 21일 구속된 뒤 소 취하로 풀려났다." [63]

순결 증명서 사건도 있었다.

"간통 혐의로 피소된 20대 여성이 간통하지 않았다는 결백 자료로 순결을 증명하는 의사 진단서를 떼 경찰에 제출했다. 14일 서울 서초경찰서에 따르면 지난 1월 중순 ㄱ 씨(26세, 여, 무직)는 유부남 ㅎ 씨(39세, 남, 회사원)와 지난해 세 차례에 걸쳐 성관계를 맺은 혐의로 ㅎ 씨의 부인(39세)에 의해 간통 혐의로 피소됐다. 그러나 ㄱ 씨는 산부인과를 찾아가 '처녀막이 온전한 상태로 있다'는 내용의 진단서를 발급받아 증거로 제출했으며 경찰은 지난 7일 이를 근거로 검찰에 '혐의 사실이 인정되지 않는다'며 불기소 의견을 냈다." [64]

1999년에 일어난 순결 증명서 사건은 온라인에서 격렬한 논쟁을 불러일으켰다. 40대 유부남의 아내가 간통 혐의로 고소한 이들은 직장 상사와 부하 직원으로 만나 사귀어온 사이로 "한방에서 함께 잠을 잔 것과 서로 껴안은 것은 사실이나 '마지막 선'은 넘지 않았다"라고 주장했는데, 과연 간통의 경계가 어디냐는 걸 따지는 논쟁이었다.

4월 21일 천리안이 PC 통신 가입자들을 대상으로 벌인 찬반 투표에서는 '육체적 관계가 없다면 간통이 아니다'는 의견이 53.7퍼센트(716명)로 반대 46.3퍼센트(618명)를 다소 앞섰다. 경찰의 불기소 의견에 대해 찬성론자들은 "육체적 관계가 없는데 왜 간통죄가 성립되느냐"라며 당연히 무죄를 주장했지만, 반대론자들은 "정신적 사랑만으로도 간통은 성립된다", "아내의 입장에서 남편의 그런 행위를 어떻게 받아들일 수 있겠느냐"라며 찬성론을 강력하게 비난했다. [65]

이 문제와 관련, 소설가 이기호는 훗날(2007년) "내가 도무지 이해가 안 되는 것은 간통죄의 성립 조건이다. 간통죄로 처벌받게 하기 위해선 반드시 '성기 삽입'이 입증되어야 한단다. 그 외엔, 그러니까 함께 여관에 들어가는 사진이나, 함께 여행을 떠난 물증 등은 증거로서 별다른 가치를 얻지 못한다"라며 다음과 같이 말한다.

"'우린 그냥 손만 꽉 붙잡고 잠만 잤어요'라고 주장하면 죄는 사라지고 가정은 더 튼튼하게 지켜지는 것이다. '삽입'의 증거를 도대체 어떻게 밝혀내는지도 의문이지만, 우리의 성 가치관이 항상 '삽입(이 단어는 지극히 남성 중심적인 단어이다)'에만 집중되고 있는 듯해 마음 한편이 씁쓸하다. 실제론, 그냥 손만 꽉 붙잡고 잠만 잔 연인들이 '삽입'한 연인들보다 훨씬 더 위험하고 훨씬 더 가정에 위협적인 법. 간통죄의 존폐보다 더 급한 것은 우리 사회의 천박한 '삽입' 문화라는 생각." [66]

엄마 불륜 사이버 폭로

새 천 년 간통계의 최대 화제는 대학생인 22세 딸이 엄마의 불륜을 '사이버 폭로' 한 사건이었다. 딸이 엄마의 실명까지 밝히며 가정에 대한 무책임과 외도 사실, 공직자(파출소장)로서의 도덕적 문제점 등을 적나라하게 고발해 많은 사람에게 충격을 안겨주었다.[67] 그러자 엄마는 '친딸에게 공개 고발당한 여자의 진술서'란 글을 인터넷에 올려 결혼 동기와 불행한 결혼 생활, 사건의 전말 등을 자세히 소개했다. 그는 "남편과는 고3 때 스승으로 만나 이삿짐 싸는 것을 도우러 갔다가 강제로 성관계를 맺게 됐다"라며 "뒤에 다시 만나 딸을 임신하게 돼 이혼남인 줄 알면서도 혼인신고를 했다"라고 밝혔다. 또 "결혼 후 남편의 잦은 폭행에 시달려오면서도 가사를 도맡아왔으나 남편이 계속 동료 교사, 제자 등과 관계를 맺는 등 말썽을 일으켜 오래전부터 이혼을 결심하게 됐다"라고 토로했다. 그는 또 "시아버지가 위자료 1억 원을 건네주는 조건으로 이혼을 허락했기 때문에 잠시 집을 나왔으며 함께 고소된 초등학교 친구와는 결코 불륜 관계를 맺지 않았다"라고 강조했다.[68]

《한국일보》〈당신의 생각은〉 코너는 "지난주 주제는 '경찰 어머니 간통 공개 고발'이었습니다. 딸의 처지를 이해한다는 사람들은 딸의 배신감과 법적 처벌이 어려웠던 당시 상황을 감안해야 한다고 주장했습니다. 그러나 부모의 일에 자식이 끼어들어 어머니를 사회적으로 매장시킨 행위는 어떤 이유에서도 용납할 수 없다는 비난도 거셌습니다"라면서 몇몇 독자 의견을 소개했다.

"부부간의 일은 당사자 외에는 알기 어려운 부분이 있다. 하물며 아직 완전한 어른이라고 할 수 없는 학생이 부모의 문제를 완벽하게 이해할 수 있을까. 만약 어머니가 진짜로 간통을 저질렀다면 법에 호소해서 문제를 해결하면 되지 사회적으로 공개해 매장할 필요가 있을까. 그것은 부모님의 미래를 위해서나 자신의 미래를 위해서도 불행한 일이다."(hajie99 · 유니텔)

"이 글을 올린 딸도 조용히 법적으로 처리하고 싶었을 것이다. 하지만 어머니가 파출소장이라 법적 처리가 흐지부지됐고, 경찰 사이트에 올려도 삭제됐다고 한다. 이런 상황에서 경찰을 더는 믿을 수가 없어 정당한 심판을 호소하는 글을 올렸을 것이다. 그리고 이런 상황에 몰린 딸로서는 보호하고 싶은 1차적인 대상이 어머니가 아니라 아버지를 포함한 가족들이라는 생각이 들었을 것이다."(jinbim · 한국i닷컴)

"딸이 법의 심판을 호소했다고는 하지만 개인의 명예와 사생활에 관계된 일은 인터넷에 띄우는 순간 모든 심판이 끝나버린다. 그리고 인터넷의 특성상 내부적으로 복잡한 갈등 관계가 있음에도 '모범적인 교사 남편을 둔 성공한 직장 여성이 가정을 버렸다'는 사실로 단순화해버린다. 부모나 글을 올린 자신이나 희화화의 대상만 될 뿐이다. 신중하지 못한 행동이다. 그리고 또 딸이 나설 문제가 아니라 아버지에게 맡겼어야 하는 일이다."(장지영 · 서울 관악구 봉천동)

"딸의 심정이 충분히 이해가 간다. 어머니가 가정을 버리고 간통을 한 사실을 알았을 때 얼마나 충격이 컸겠는가. 더구나 가족들이 나서서 어머니를 설득하고 가정으로 돌아오기를 부탁해도 어머니라는 사람이 반성은커녕 더욱 뻔뻔하게 나왔을 때 그 배신감이 얼마나 컸겠는가. 더구나 법적 처벌까지 흐지부지되고 있다고 판단한 마당에야…….
딸의 행동이 지나치다 아니다를 떠나 그 어머니가 어머니로서 자격이 있나를 먼저 따져야 할 것이다."(유미·천리안)

"남녀 관계를 간통이라는 법률적 잣대로 금지하는 것부터 잘못됐다. 딸은 또 어머니가 할머니에게 모든 가정일을 맡겼다고 했는데 밖에서 일하는 여성이 집안일까지 책임져야 할 필요가 있는가. 할머니가 집안일을 힘들게 했다면 그때 다 큰 딸인 자신은 무엇을 했는가. 같은 여자로서 딸이 먼저 어머니를 이해하려고 노력했어야 하지 않을까."(이진영·전남 여수시 소호동)

"누구의 잘잘못을 따지기 전에 이런 일이 벌어졌다는 사실 자체가 개탄스러울 따름이다. 가정을 지키는 어머니로서의 성 윤리, 자식 된 도리로서의 도덕성, 이 모든 것의 실종을 보는 것 같아 안타깝다. 그리고 가정사의 속사정을 모르는 사람들이 이 사건을 두고 왈가왈부하는 것 자체가 무의미해 보인다. 그런 의미에서 딸이 이것을 공개하고 나온 것은 경솔한 행동이다."(congfu·유니텔)[69]

강남 유부녀치고 애인 없는 사람 없다

2001년 10월 25일 헌법재판소 전원재판부는 간

통 혐의로 기소돼 유죄 판결을 받은 신 아무개 씨 등이 "국가에 의한 국민의 자유와 권리 제한을 최소화하도록 한 헌법에 위반된다"라며 형법 241조(간통)에 대해 낸 헌법소원 사건에서 합헌 결정을 내렸다. 1990년과 1993년에 이른 세 번째 간통죄 합헌 결정이었다.

재판부는 결정문에서 "부부 사이의 성적 성실의무를 수호하고, 가족의 유기, 혼외 자녀 문제, 이혼 등을 예방하기 위해서는 간통 행위 규제가 불가피하다"라며 "성에 관한 우리 국민의 법의식에도 많은 변화가 있지만, 고유의 정절 관념이 여전히 뿌리 깊게 자리 잡고 있는 점 등을 보더라도 간통죄를 존치시킬 필요가 있다"라고 밝혔다. 재판부는 또 형법이 2년 이하 징역형만을 규정해 가혹하다는 부분을 두고서는 "민사책임 외에 형사제재를 할 것인지, 징역형이나 벌금형을 부과할 것인지는 입법정책의 문제"라고 일축했다. 그러나 재판부는 "세계적으로 간통죄가 폐지 추세에 있다는 등의 폐지론과 관련해, 입법자는 우리 사회의 법의식 흐름 등을 검토해 간통죄 폐지 여부에 진지하게 접근할 필요가 있다"라고 폐지론에 대한 입법적 검토의 필요성을 언급했다.

재판관 아홉 명 가운데 유일하게 반대 의견을 낸 권성 재판관은 "이미 애정이 깨진 배우자만을 사랑하도록 국가가 강제하는 것은 성적 예속을 강제함으로써 인간의 존엄성을 침해하는 것"이라며 "간통은 윤리적 비난과 반성의 대상이지 국가가 개입해 형벌로 다스릴 범죄가 아니다"라고 밝혔다. [70]

법정 밖의 엽기적인 사건은 계속해서 일어났다. 아내와 간통한 동료 부인에게 '스와핑'을 강요한 사건도 있었다.

"한 직장인이 자신의 부인과 간통한 직장 동료에게 앙갚음하기 위해 부부 교환(스와핑)을 강요, 실제로 잠자리를 같이 한 어처구니 없는 일이 벌어졌던 것으로 드러났다. 도시철도공사 소속 기관사였던 A씨는 1998년 1월 동료 B씨의 아내와 눈이 맞아 은밀한 관계를 맺어오다 1년 만에 들통이 났다. B씨는 A씨 부부를 만나 '고소하지는 않겠다. 대신 네(A씨)가 내 마누라를 1년간 갖고 놀았으니 나도 그렇게 할 것'이라고 요구했고, A씨의 아내가 고민 끝에 '희생'을 결정하고 잠자리를 같이 했다. 그러나 A씨와 B씨 아내 간의 밀월은 이후에도 계속됐고, 남편의 구속을 막기 위해 희생했던 A씨의 아내는 B씨의 아내와 싸우다 쌍방 고소돼 벌금형까지 받았다. 급기야 도시철도공사는 지난해 5월 A씨와 B씨를 징계 해임했으나 두 사람은 중앙노동위원회에 이의를 제기, '해임은 너무 가혹하다'는 판정을 받아냈다. 하지만 도시철도공사는 이에 불복해 서울행정법원에 소송을 냈고, 재판부는 13일 '두 사람 모두 직장인으로서의 성실과 품위 유지 의무를 위반해 직장 분위기를 해쳤으므로 해임 사유가 충분하다'고 판결했다."[71]

다음은 위자료를 뜯으려고 친구를 시켜 남편과 간통하게 한 사건이다.

"서울지검 형사6부는 28일 이혼한 친구에게 '위자료를 받으면 취직시켜주겠다'며 부탁해 남편과 성관계를 맺게 한 뒤 거액의 위자료를 뜯어내려 한 혐의(공갈 미수)로 김 모 씨(43세)를 구속. 김 씨는 지난해 7월 남편 조 모 씨(43세)와 친구의 간통 현장을 급습한 뒤 남편에게 아파트와 현금 등 6억여 원을 뜯어내려 한 혐의인데 친구가 휴대전화 문자

메시지로 간통 장소를 알려줬다고." [72]

때는 바야흐로 불륜의 전성시대였다. 2004년 10월 지상파 방송 3사의 방영 드라마 23편 가운데 불륜 코드가 전면에 드러나지 않은 작품은 8편뿐이며 나머지 15편은 어떤 형식으로든 불륜을 극 전개의 주요 장치로 활용했다. 이와 관련, 드라마 작가와 PD들은 "드라마가 현실의 반영이기 때문"이라고 주장했다. 〈아내의 반란〉 연출을 맡은 PD 곽영범은 "여러 아줌마 만나서 얘기 들어보면 강남 쪽의 유부녀치고 애인 없는 사람이 없단다"라고 말했다. [73]

애인 하나 없는 여자는 6급 장애인

간통죄에 대한 반발은 점점 더 확산해갔다. 이런 반발엔 연예인들도 동참했다. 가수이자 방송인 신해철은 2005년 11월 3일 밤 〈MBC 100분 토론: 간통죄 폐지 논란〉에 출연해 간통죄 폐지를 주장했다. [74] 1개월여 후 가수 싸이도 《스포츠칸》과의 인터뷰에서 "신해철 선배와 마찬가지로 간통죄는 없어져야 할 법이 맞다"라고 주장했다. 싸이는 "우리나라에 있는 것으로는 '분단' 하나만으로도 족하다"라며 "남녀 간의 문제는 신뢰의 문제지 그것이 법으로서 어떻게 한다고 해서 되는 문제는 아닌 것 같다"라고 설명했다. [75]

간통이 '불륜'이라기보다는 '로맨스' 쪽으로 이동해가는 것 같았다. 2005년 한국성과학연구소가 한국 5대 도시에 거주하는 성인 여성

1,000명을 상대로 설문 조사한 결과, 남편이 아닌 남성과 성관계를 맺은 비율이 7.9퍼센트에 달했다. 연령별로는 40~44세의 혼외정사 비율이 31.6퍼센트로 가장 많았지만, 아직 신혼이나 다름없는 29세 이하도 7.6퍼센트나 됐다. 이윤수 소장은 "최근 몇 년 새 중년 남성들의 외도 대상이 유흥업소 여성에서 유부녀나 독신 여성으로 급격히 옮겨가고 있다"면서 "기혼 여성들의 외도가 늘어나고 있음을 역으로 추산해볼 수 있다"라고 지적했다.

이에 따라 DNA 검사 업체에도 친자 여부를 확인하려는 고객들의 주문이 쇄도했다. 대형 업체 I사를 예로 들면 DNA 검사 의뢰 건수는 2001년 95건에 불과했으나, 2005년엔 950건으로 5년 새 열 배나 늘어났다. 의뢰인 중 남성이 60퍼센트가량 되며, 대부분 아내의 외도를 의심한 경우라는 게 업체 측의 설명이었다. 실제 자신과 자녀의 DNA가 일치하지 않는 비율이 2001년 10퍼센트(10건)에서 2005년엔 20퍼센트에 달했다. 아내가 혼외정사로 낳은 자식들이 늘고 있음을 보여주는 증거인 셈이다. [76]

《한국일보》기획취재팀이 여성 포털 젝시인러브 xyinlove.co.kr와 함께 기혼 여성을 대상으로 설문 조사(2006년 7월 27~8월 6일)를 실시한 결과, 응답자 194명 중 '직접 외도를 했다'(56명) 또는 '외도 문제로 고민했다'(36명)는 여성이 92명으로 전체의 절반(48퍼센트)에 육박했다. 특히 외도 경험이 없는 여성 중에서도 '주변에서 외도하는 것을 본 적이 있다'는 응답자는 61명(31퍼센트)에 이르지만, '외도하는 것을 본 적이 없다'는 응답은 22명(11퍼센트)에 불과해 주부들의 불륜이 만연해 있음을

주부들의 외도 경험 (%)

기타 10
주변에서 외도를 본 적이 없다 11
직접 외도를 했다 29
주변에서 외도를 본 적이 있다 31
외도를 하진 않았으나 고민해 봤다 19

주부들의 외도 원인 (%)

기타 2
성적 욕구 충족 10
상대에게 사랑을 느껴서 11
남편에 대한 허전함을 채우기 위해 54
이성에 대한 호기심 23

한국일보와 여성포털 '젝시인러브'
기혼 여성 194명 설문 결과

아내 외도 관련 상담건수

387 (2000년)
392 (01)
436 (02)
460 (03)
542 (04)
574 (05)

〈자료:남성의 전화〉

- 《한국일보》 2006년 9월 1일자에
서 재인용

보여줬다. 실제 '아내의 외도'로 고민하는 남성들은 갈수록 늘었다. 남성 고민 상담 센터 '남성의 전화'에 따르면 매년 2,400여 건에 달하는 상담 전화 중 '아내 외도' 관련이 전체의 4분의 1에 달하며 해마다 그 비율이 늘어났다.[77]

《한국일보》(2006년 9월 2일) 기사에서도 이 같은 사실을 확인할 수 있다. "매사에 자신의 생각을 분명하게 말하고, 단호하게 행동하는 이 시대의 '똑순이'들은 사랑에서도 솔직하고 당당하다. 그들에게는 외도가 '불륜'이 아니라 '로맨스'일 뿐이다. 한국 사회에서 '양다리' 기혼 여성은 이제 매우 흔한 풍경이 됐다. 재혼 전문 업체 '온리유'가 최근 재혼 희망 남녀 512명에게 결혼 생활 중 이성 교제 여부를 물었더니 여성의 48.6퍼센트가 '이성 교제 경험이 있다'고 밝혀 남성(51.3퍼센트)과 별반 차이가 없었다."[78]

이 신문은 "'애인 하나 없는 여자는 6급 장애인' 요즘 중산층 주부들 사이에 떠도는 말이다. 수년 전까지만 해도 서울 강남의 일부 유한마담들 사이에서나 유행하던 '애인 만들기'가 평범한 주부들에게까지 급속히 번지고 있다"라며 다음과 같이 말했다.

간통의 역사

"전문가들은 주부들의 외도 급증은 여성의 사회 활동 증가에 따른 남성 접촉 기회 확대, 성 개방 풍조 등 여성의 사회적 지위 향상과 밀접한 연관이 있다고 본다. 이런 사회 분위기의 변화에도 남편들의 가부장적 태도가 바뀌지 않고 있는 것도 아내의 불륜을 부추기는 원인으로 꼽힌다. '남성의 전화' 이옥이 소장은 '주부들의 외도는 남편에 대한 불만이나 외로움 등 정서적 탈출구를 찾기 위해 시작되지만, 일단 불륜이 시작된 뒤에는 남녀 모두 육체적 쾌락의 늪에 빠져 파국으로 치닫는 경우가 대부분'이라며 '남편들은 평소 아내와 진지한 대화나 스킨십을 통해 행복한 부부 관계를 유지하기 위한 노력을 기울여야 한다'고 조언했다."[79]

실제로 간통의 양상도 크게 달라졌다. 그간 간통죄는 어머니의 보호 장치로 여겨져왔지만, 이제 꼭 그렇게 보기는 어려웠다. 대법원 자료로는 2006년 이혼소송을 당한 부인 8,664명 가운데 절반 이상인 51.6퍼센트가 부정행위 때문에 이혼을 요구받았다(1999년엔 36퍼센트).[80]

2000년대 후반의 엽기 행진

2000년대 후반의 엽기 행진은 어떠했던가? 간통을 들키자 '강간'으로 허위 고소하는 케케묵은 사건이 또 일어났다.

"불륜 사실을 남편에게 들키자 내연남을 강간범으로 몰았던 주부가 철창 신세를 지게 됐다. 텔레마케터인 이 여성의 회사에 저장된 두 사람의 통화 녹음 기록이 결정적 증거였다. A씨(30세, 여)는 올 초 남편이 바람을 피우자 시누이와 사실혼 관계에 있는 B씨(30세)에게 신세타령하며 가까워졌고 3월부터 불륜 관계로 발전했다. 이후 9월께 B씨가 결별을 요구하면서 다툼이 벌어졌고 그 과정에서 남편에게 불륜이 들통 났다. 남편이 펄펄 뛰자 A씨는 '강간당한 것'이라고 주장하며 B씨를 강간죄로 경찰에 고소했다. B씨는 황당했지만 아버지가 찾아와 '강간죄는 친고죄인 만큼 네가 자백을 해주면 A씨가 취하해주기로 했다'며 설득하자 이를 믿고 허위 자백을 했다. 그러나 약속과 달리 A씨는 고소 취하를 하지 않았고 경찰은 B씨에 대해 구속영장을 신청했다. B씨는 법원 영장실질심사에서 9월 초 A씨가 보낸 '나 혼자 있으니 전화해요'라는 문자메시지를 사진으로 찍어 제출하며 무죄를 주장했고, 영장은 기각됐다. 그러나 A씨는 검찰에서도 '불륜을 알고 난리를 치는 남편 전화를 B씨가 계속 피하자 회유해 통화하려고 문자메시지를 보낸 것'이라며 피해자임을 계속 주장했다. 검찰은 이후 텔레마케터로 일한 A씨 회사 서버에 A씨와 B씨의 통화 내용이 녹음돼 있다는 사실을 알게 됐고, 7월께에는 콧소리까지 섞어가며 다정하게 통화한 사실을 확인했다. 서울중앙지검 형사8부는 22일 A씨를 B씨에 대한 무고죄로 구속했다."[81]

이번엔 간통이 들통 나자 돈을 구하기 위해 딸과 누나를 협박한 '납치 자작극' 사건이다.

"서울 수서경찰서는 26일 자신이 납치된 것처럼 위장해 가족들을 협박한 정 모 씨(44세)에 대해 위계에의한공무집행방해 등의 혐의로 구속영장을 신청했다. 경찰은 정 씨의 내연녀 이 모 씨(44세, 여) 등 2명을

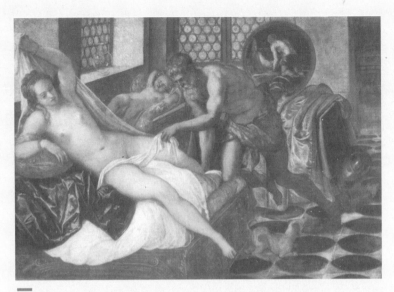

불륜을 소재로 한 미술 작품인 야코포 틴토레토(Jacopo Tintoretto)의 〈비너스와 마르스를 놀라게 하는 불카누스(Vulcan surprising Venus and Mars)〉(1555년). 추남 대장장이인 불카누스는 어머니 헤라를 협박한 끝에 미의 여신 비너스와 결혼하지만, 불카누스에게 만족하지 못한 비너스는 잘생기고 늠름한 전쟁의 신 마르스와 바람을 피운다. 그림 우측에 비너스와 밀회를 즐기던 도중 갑자기 들이닥친 불카누스를 피해 탁자 밑으로 숨어 들어간 마르스가 보인다.

불구속 입건했다. 경찰 발표로는 정 씨가 24일 오전 서울 송파구 ○호텔에서 이탈리아에 사는 누나(60세)에게 전화를 걸어 '동생을 잡고 있다. 5800만 원을 보내라'고 협박했다. 이어 자신의 딸(18세)에게도 같은 내용의 협박 전화를 해 경찰에 신고하도록 유도했다. 경찰 조사 결과 정 씨는 이 씨의 남편 김 모 씨(47세)에게 불륜 관계가 발각되고 무마 조건으로 돈을 요구받자 범행을 계획한 것으로 드러났다. 김 씨에게서 '위자료 5000만 원과 아내에게 빌린 돈 800만 원을 내놓지 않으면 간통으로 고소하겠다'고 협박을 당하자 김 씨의 추적을 피하고 돈도 마련하기 위해 이 씨와 함께 납치 자작극을 꾸민 것이다." [82]

'간통 몰카' 로 17억 원을 번 사건도 있었다.

"경기지방경찰청 사이버범죄수사대는 16일 인터넷에 홈페이지를 개설해놓고 배우자의 불륜 현장을 미행 촬영하는 등 프라이버시를 불법 탐지한 혐의로 H기획 대표 김 모 씨(50세) 등 4개 업체 17명을 불구속 입건했다. 경찰이 밝힌 바로는 이들은 서울 강남에 사무실을 마련하고 인터넷 포털 사이트를 개설, '가정 고민', '흥신소', '심부름', '사람 찾기', '뒷조사' 등 단어로 검색하면 자신들의 홈페이지가 최상위에 노출되도록 유료 광고를 게재해 배우자의 불륜을 의심하는 네티즌의 사이트 방문을 유도한 것으로 드러났다. 전국 최대 전문 조사 기관임을 내세우고 '고객의 철저한 비밀 보장' 'VIP 특별 관리' 등을 강조하며 외도나 부부간 불화 등 가정사와 남녀 문제로 고민하는 의뢰자들의 눈길을 유혹했다. 이런 수법으로 2005년 6월부터 올해 8월 말까지 2년여에 걸쳐 총 270여 명으로부터 사건을 의뢰받아 착수금 및 성공 사례비 등 명목으로 건당 백만 원부터 수천만 원씩 총 16억 8600여만 원을 받은 것으로 드러났다. 이들의 활동은 최근 늘어나고 있는 간통 현장 추적 드라마를 방불케 했다. 도청기, 캠코더, 무전기 등으로 무장하고 조사 대상자들을 24시간 미행 감시하면서 모텔 출입이나 자동차 안에서의 불륜 행위 등 중요한 장면은 몰래카메라로 촬영하는 등 불륜 증거를 수집해 의뢰인에게 제공했다. 간통 현장 발견 시에는 의뢰인을 직접 불러와 목격시키는 등 언제 어디서 누구를 만나는지 등의 일과를 동영상으로 촬영해 테이프와 서면 보고서로 작성한 후 의뢰인에게 건네줬다. 경찰이 압수한 이들의 컴퓨터와 캠코더 등에는 내연녀의 집에서 저녁을 먹는 장면 등 사생활을 심각하게 침해하는 내용이 상당수 들어 있었다."[83]

옥소리 간통 사건

2007년 7월 16일, 40대 유부남 ㅈ 씨와 30대 미혼 여성 ㅂ 씨의 간통 사건 재판을 진행 중이던 서울북부지법 형사2단독 도진기(40세) 판사는 간통죄가 "헌법에서 보장하고 있는 성적 자기 결정권을 침해한다"라며 헌재에 위헌법률심판을 제청했다. 도 판사는 위헌제청 결정문에서 "헌법에 보장된 개인의 인격권과 행복추구권은 성행위의 여부와 상대, 시간, 장소 등에 관한 성적 자기 결정권을 포함한다"라며 "간통의 본질은 부부간의 성적 성실의무 위반이자 도덕 위반으로, 배신 행위일 수는 있어도 범죄는 아니다"라고 밝혔다. 그는 또 "간통은 이혼 법정이나 민사 법정에서 다뤄야지 형사 법정에 세울 문제는 아니다"라며 "법이 이불 안까지 들어가서는 안 된다"라고 덧붙였다.[84]

도진기 판사에 이어 대구지법 경주지원 이상호 판사도 2007년 9월 간통죄의 위헌심판을 제청했다. 이어 2008년 1월 30일 간통 혐의로 불구속 기소된 배우 옥소리도 의정부지검 고양지원 형사5단독(담당 판사 조민석)에 위헌심판 제청 신청서를 제출했다. 옥소리는 남편인 배우 박철과 간통·이혼으로 법정 다툼을 벌이고 있는 것과 관련, 배우자가 있는 사람이 간통할 때 2년 이하 징역에 처하도록 한 형법 조항이 위헌인지 아닌지를 헌법재판소에 위헌심판을 제청해달라고 신청한 것이다. [85] 조민석 판사는 옥소리의 위헌법률심판 신청을 받아들여 2월 27일 헌법재판소에 위헌법률심판을 제청했다. [86]

이에 《한국일보》는 "간통은 죄의 특성상 사건 당사자들이 신분 노출을 꺼리기 십상이다. 정조의 의무를 중시하는 동방예의지국에서 간통죄 폐지 주장은 거센 반론에 부딪힐 것이 뻔하기 때문이다. 이미지로 먹고사는 유명인이라면 그 후유증은 더욱 클 수 있다"라며 다음과 같이 말했다.

"그래서 옥소리의 간통죄 위헌법률심판신청이 갖는 의미는 한층 묵직하다. 쉬쉬하고 지나가던 문제를 전 국민의 관심사로 끌어올렸기 때문이다. 하지만 스스로 간통을 이유로 법의 심판을 기다리고 있는 상황에서 간통죄 위헌법률심판신청을 제기했다는 사실에 옥소리는 곱지 않은 시선을 감내해야 하는 상황이다." [87]

2008년 10월 30일 헌법재판소는 간통죄에 대해 다시 합헌 결정을 내렸지만, 재판관 아홉 명 중 과반수인 다섯 명이 위헌 또는 헌법불합치 의견을 냈다. 다수 의견임에도 위헌 결정에 필요한 정족수(여섯 명)를 채우지 못해 합헌 결정이 났기에, 2~3년 후 제5차 간통죄 결정에서 위헌 결정이 내려질 가능성이 높아졌다. 더는 여성 단체들도 간통죄 폐지에 반대하지 않기 때문이다. [88]

헌재 결정을 '격세지감隔世之感'이라고 한 《경향신문》은 "1990년과 1993년에는 재판관 전체 9명 가운데 6대 3, 2001년에는 8대 1로 합헌 의견이 압도적으로 우세했다. 그러나 30일 결정에서는 위헌 또는 헌법불합치 의견이 5명으로 합헌 의견 4명보다 1명 더 많았다. 위헌 결정에 필요한 정족수(6명)에는 못 미쳤지만, 변화된 시대상을 반영해 무게중심이 반대 방향으로 이동했음을 보여준다"라고 했다. [89]

올해의 인물, 옥소리

한국여성단체연합은 헌재 결정 직후 발표한 성명서에서 "간통죄가 부부간에 갖춰야 할 신뢰와 책임을 국가의 형벌권에만 내맡기고 실질적 대안 마련과 인식 변화의 기회를 막고 있는 측면에서 우려를 표명한다"라고 밝혔다. 이에 대해 《동아일보》는 "대검찰청 통계를 보면 1984년 29.7퍼센트이던 간통 사건 기소율이 20년 후인 2004년엔 14.4퍼센트로 떨어졌다. 반면 2004년 여성 간통 사건의 기소율은 15.4퍼센트로 전체 간통 사건의 기소율(14.6퍼센트)을 약간 웃돌고 있다. 간통죄를 신줏단지 모시듯 하던 여성계가 먼저 반기反旗를 들고 일어난 이유다"라고 분석했다. [90]

간통죄 합헌 결정은 위선이라는 비판을 받았다. 문화평론가 홍현종은 "대한민국엔 구멍가게보다 모텔이 더 많고 그곳에서 현실적 간통이 1년에 수백만 건씩 일어나는데 겨우 몇십 명이 실형을 사는 법률은 이미 실효성이 없어진 것"이라며 "아침 드라마부터 주말 드라마까지 모두 불륜이나 간통을 아름답게 다루고, 한 여자가 두 남자와 이중 결

박철과의 파경 관련 기자회견 도중 눈물을 흘리는 옥소리.

혼 생활을 하는 〈아내가 결혼했다〉란 영화까지 관객을 끌어들이는 등 불륜이 일상화되었는데 간통죄를 존치하는 것은 오히려 우리가 얼마나 위선적인가를 보여주는 것"이라고 말했다.[91]

옥소리는 남편에게 간통죄로 고소당하고 연 기자회견에서 "결혼 십몇 년 동안 부부 관계를 한 횟수가 열 손가락 안에 꼽히며, 그의 시정을 요구했다. 아니면 이혼해달라 요구했지만 둘 다 거부당했다. 그러던 중 마음 따뜻한 사람을 만나서 간통하기에 이르렀다"라고 밝힌 바 있다. 이에 대해 옥소리를 '올해의 인물'로 선정한 김선주는 "대부분 남자를 민망하게 만든 것이 바로 부부간의 잠자리 횟수를 밝힌 부분이다. 사석에서 남자들은 이 문제에 대해 결코 옥소리 씨를 용서할 수 없다고 말한다"라며 다음과 같이 말했다.

"꼭 주먹을 들어서 패야만 폭력이 아니다. 부부 사이에서 침실에서의 냉대나 거부, 외면도 폭력이다. 인권유린이다. 소리 내 남에게 함부로 말할 수 없기에 그것은 안으로 곪는다. 옥소리 씨는 그런 폭력과 공권력, 두 가지 폭력에 희생되었다. 옥소리 씨가 간통한 것이 잘한 일이라거나 미화하려는 것이 아님은 물론이다. 간통은 분명한 이혼 사유이다. 잠자리 거부도 이혼 사유이다. 서로 간통에 이르지 않도록 대화하고 노력하고, 그래도 해결이 안 되면 이혼을 해야 했는데도 분명한 이혼 사유를 외면하고 상대를 고통 속에 살게 한 것에 대해서는 왜 처벌과 위자료가 없는지 이해할 수 없다. 옥소리 씨는 오랜 세월 행복한 부부인 척 산 것이 가장 후회된다고 했다. 개인적으로 그가 끝까지 가서 무죄를 얻어내는 것을 보고 싶었다. 불행한 결혼 생활에 대한 위자료를 받는 것도 보고 싶었다. 그러나 '아내의 성'에 대한 불만을 겉으로 드러냈다는 것만으로도 우리나라의 어떤 여성운동가들도 해내지 못한 일을 한 것이라고 인정하지 않을 수 없다." [92]

간통은 현 체제를 지키는
최대의 보호막인가?

우리는 위선적이지만, 미국은 '순결 강박'의 경지에 이른 것 같다. 미국에선 최근 남편이 아내 몰래 인터넷 음란물을 즐기다 이혼당하는 사례가 늘면서 이른바 '포르노 간통' 논란이 한창이라고 한다. [93] '간통의 천국'이라 할 한국의 처지에서 보면 참 한가한 사람들이다. 최근 한국이 '간통의 천국'임을 말해주는 재미있는 사건

한국은 어떻게 '간통의 천국'이 되었는가?

이 있었다.

경기 수원시 등에 사는 김 모 씨(62세, 자영업)와 이 모 씨(35세, 무직)는 2008년 6월부터 9월까지 국가와 공기업, 지방자치단체 연구소 연구원과 시 · 군 공무원 등에게 무작위로 전화를 걸었다. 이들은 "정보를 수집하는 단체인데 당신 여자관계를 알고 있다. 당신이 여자와 모텔에 들어가는 (장면의) 사진을 많이 갖고 있다. 1000만 원을 송금하지 않으면 그 자료를 직장과 가정에 알려 망신을 주겠다"라고 공갈 협박했다. 이에 제 발이 저린 공직자 14명은 한 사람당 130만 원에서 800만 원씩 모두 4000여만 원을 송금했다.[94]

한 달 후 부산에선 대출업체에 다니면서 빼낸 13만여 명의 개인정보를 이용해 "불륜을 폭로하겠다"는 휴대전화 문자메시지를 무작위로 보낸 뒤 돈을 뜯어낸 20대 두 명이 경찰에 구속됐다. 부산 북부경찰서는 돈을 보내주지 않으면 불륜 행위 장면이 담긴 사진을 가족과 직장에 공개하겠다는 문자메시지를 보내 여덟 명에게서 1500만 원을 받아 가로챈 조 모 씨(25세), 이 모 씨(24세)를 20일 공갈 혐의로 구속했다.[95]

이건 매년 여러 차례 일어나는 사건들이다. 신문에 보도된 것만 그렇다. 그러니 신문에 보도되지 않은, 즉 경찰에 적발되지 않은 사건은 얼마나 많으랴. 한국 드라마의 주축이라 할 '불륜 드라마'가 괜히 인기를 끄는 게 아니다. 그게 다 남의 이야기 같지 않다고 느끼는 시청자들이 그만큼 많기 때문이다. 한국이 세계 최고의 고高 스트레스 국가니 어쩌느니 하고 우려하는 사람들이 많지만, 다 나름대로 푸는 법이 있기 마련이다. 간통이야말로 한국 사회의 현 체제를 온존케 하는 최대의 보

간통의 역사

피터르 반 린트(Pieter van Lint), 〈예수와 간음한 여인(Christ and the Adulterous Woman)〉(1630~1690). 그리스도를 시험하기 위해 율법학자와 바리세인들이 간음 현장에서 붙잡힌 여인을 끌고 와 돌로 치는 형벌을 가하는 것이 마땅한지 물었다. 그리스도는 침묵하며 지면에 글씨를 쓰다가 이윽고 죄 없는 자만이 돌을 던지라 말한다. 이에 사람들은 부끄러워 해산하고 그리스도는 여인을 용서하였다.

호막은 아닐까? 이거 농담이 아니다. 진지하게 심층 연구해볼 주제다.

불륜은 사랑이란 감정의 순수성을 측정하는 리트머스 시험지다. 프리드리히 니체는 이렇게 비아냥대지 않았던가. "사람들은, 사랑하면 자신을 희생하고 타인의 이익을 꾀하므로 사랑은 이타적이라 생각한다. 그러나 이렇게 함으로써 그들은 타인을 소유하려고 하는 것이다. 사랑은 모든 감정 중에서 가장 이기적이다. 그러므로 사랑이 배신당할 때 사람들은 가장 잔혹해지는 것이다." [96]

불륜엔 여러 장점이 있겠지만, 가장 문제가 되는 건 신의信義의 가

한국은 어떻게 '간통의 천국'이 되었는가?

치와 충돌한다는 점일 것이다. 그렇다고 배우자의 허락을 받고 바람을 피울 수는 없는 일일 것이니, 사람은 역시 각자 생긴 대로 세상을 살아가는 건지도 모르겠다. 신의와 본능 가운데 양자택일할 필요가 없을 정도로 오직 한 사람만을 시종일관 사랑할 수 있다면 더할 나위 없이 좋겠지만 말이다.

— 머리말

|1| 한국여성의전화연합 엮음, 〈한국 매춘여성운동사〉, 《한국여성인권운동사》(한울, 1999), 253쪽.
|2| 번 벌로 · 보니 벌로, 서석연 · 박종만 옮김, 《매춘의 역사》(까치, 1992), 40쪽.
|3| 이상연, 〈인류의 오랜 유산 매매춘/고대 그리스 서적에 매춘부 등장/우리나라는 신라 유녀가 효시〉, 《한국일보》, 1997년 11월 2일, 13면.

— 1장

|1| 홍성철, 《유곽의 역사》(페이퍼로드, 2007), 17쪽.
|2| 이상연, 〈인류의 오랜 유산 매매춘/고대 그리스 서적에 매춘부 등장/우리나라는 신라 유녀가 효시〉, 《한국일보》, 1997년 11월 2일, 13면.
|3| 이규태, 〈대외인(對外人) 윤락형벌사〉, 《조선일보》, 1989년 12월 20일, 5면.
|4| 김형찬, 〈성(性)의 상품화 조선후기 본격진행: 사회사학회 향락 문화 학술회의〉, 《동아일보》, 2003년 12월 18일, A18면.
|5| 이상연, 〈인류의 오랜 유산 매매춘/고대 그리스 서적에 매춘부 등장/우리나라는 신라 유녀가 효시〉, 《한국일보》, 1997년 11월 2일, 13면.
|6| 권보드래, 《한국 근대소설의 기원》(소명출판, 2000), 280쪽; 야마시다 영애, 〈식민지 지배와 공창 제도의 전개〉, 한국사회사학회, 《사회와 역사》, 통권 제51집(1997년 봄), 148~149쪽.
|7| 홍성철, 《유곽의 역사》(페이퍼로드, 2007), 30쪽.
|8| 이이화, 《한국사 이야기 19: 오백 년 왕국의 종말》(한길사, 2003), 317쪽; 권보드래, 《한국 근대소설의 기원》(소명출판, 2000), 282쪽; 야마시다 영애, 〈식민지 지배와 공창제도의 전개〉,

한국사회사학회, 《사회와 역사》, 통권 제51집(1997년 봄), 153~154쪽.

| 9 | 홍성철, 《유곽의 역사》(페이퍼로드, 2007), 35~36쪽.

| 10 | 임종국, 《밤의 일제 침략사》(한빛문화사, 2004), 27~28쪽.

| 11 | 이능화, 이재곤 옮김, 《조선해어화사》(동문선, 1992), 442쪽; 임종국, 민족문제연구소 엮음, 《한국인의 생활과 풍속(상)》(아세아문화사, 1995), 219쪽.

| 12 | 김형찬, 〈성(性)의 상품화 조선 후기 본격 진행: 사회사학회 향락 문화 학술회의〉, 《동아일보》, 2003년 12월 18일, A18면.

| 13 | 강정숙, 〈매매춘 공화국〉, 한국역사연구회, 《우리는 지난 100년 동안 어떻게 살았을까 2》(역사비평사, 1998), 294쪽; 권보드래, 《한국 근대소설의 기원》(소명출판, 2000), 282쪽; 이이화, 《한국사 이야기 19: 오백 년 왕국의 종말》(한길사, 2003), 317쪽.

| 14 | 권보드래, 《한국 근대소설의 기원》(소명출판, 2000), 284쪽.

| 15 | 야마시다 영애, 〈식민지 지배와 공창 제도의 전개〉, 한국사회사학회, 《사회와 역사》, 통권 제51집(1997년 봄), 156쪽; 박정애, 〈국가의 관리 아래 신음하는 매춘 여성: 일제시대 공창제〉, 여성사연구모임 길밖세상, 《20세기 여성사건사: 근대 여성교육의 시작에서 사이버 페미니즘까지》(여성신문사, 2001), 32쪽.

| 16 | 야마시다 영애, 〈식민지 지배와 공창 제도의 전개〉, 한국사회사학회, 《사회와 역사》, 통권 제51집(1997년 봄), 156쪽; 김태수, 《꽃가치 피어 매혹케 하라: 신문광고로 본 근대의 풍경》(황소자리, 2005), 18쪽.

| 17 | 이능화, 이재곤 옮김, 《조선해어화사》(동문선, 1992), 443쪽; 박정애, 〈날고 싶은 '농중조': 일제시대 기생 이야기〉, 여성사연구모임 길밖세상, 《20세기 여성사건사: 근대 여성교육의 시작에서 사이버 페미니즘까지》(여성신문사, 2001), 80쪽.

| 18 | 이규태, 《한국학 에세이 2: 한국의 재발견》(신원문화사, 1995), 316쪽.

| 19 | 〈화장〉, 《조선일보》, 1968년 7월 7일, 4면.

| 20 | 야마시다 영애, 〈식민지 지배와 공창 제도의 전개〉, 한국사회사학회, 《사회와 역사》, 통권 제51집(1997년 봄), 158~159쪽.

| 21 | 박종성, 《한국의 매춘: 매춘의 정치사회학》(인간사랑, 1994), 74~75쪽.

| 22 | 유민영, 《한국 근대극장 변천사》(태학사, 1998), 139쪽.

| 23 | 유민영, 《한국 근대극장 변천사》(태학사, 1998), 140쪽.

| 24 | 이승원, 《학교의 탄생: 100년 전 학교의 풍경으로 본 근대의 일상》(휴머니스트, 2005), 159~160쪽.

| 25 | 이승원, 《소리가 만들어낸 근대의 풍경》(살림, 2005), 18~19쪽.

| 26 | 김태수, 《꽃가치 피어 매혹케 하라: 신문광고로 본 근대의 풍경》(황소자리, 2005), 17쪽.

| 27 | 임종국, 민족문제연구소 엮음, 《한국인의 생활과 풍속(상)》(아세아문화사, 1995), 222~223쪽.

| 28 | 임종국, 《밤의 일제 침략사》(한빛문화사, 2004), 27~28, 153쪽.

| 29 | 김민철, 〈총독관저에 드나든 조선인들〉, 한국역사연구회, 《우리는 지난 100년 동안 어떻게 살았을까 3》(역사비평사, 1999), 68~69쪽.

| 30 | 임종국, 《밤의 일제 침략사》(한빛문화사, 2004), 227~231쪽.

| 31 | 홍성철, 《유곽의 역사》(페이퍼로드, 2007), 77~78쪽.

| 32 | 홍성철, 《유곽의 역사》(페이퍼로드, 2007), 82쪽.

| 33 | 김진송, 《서울에 딴스홀을 허(許)하라: 현대성의 형성》(현실문화연구, 1999), 292쪽.

| 34 | 김태수, 《꽃가치 피어 매혹케 하라: 신문광고로 본 근대의 풍경》(황소자리, 2005), 50~52쪽.

| 35 | 강심호, 《대중적 감수성의 탄생: 도박, 백화점, 유행》(살림, 2005), 33쪽.

| 36 | 홍성철, 《유곽의 역사》(페이퍼로드, 2007), 99쪽.

| 37 | 홍성철, 《유곽의 역사》(페이퍼로드, 2007), 134쪽.

| 38 | 유해정, 〈일제 식민지하의 여성정책〉, 한국여성연구소 여성사연구실, 《우리 여성의 역사》(청년사, 1999), 297~298쪽.

| 39 | 김삼웅, 《박열 평전: 일왕 폭살을 꾀한 아나키스트》(가람기획, 1996), 96~97쪽.

| 40 | 윤정란, 《한국 기독교 여성운동의 역사: 1910년~1945년》(국학자료원, 2003), 190~192쪽.

| 41 | 박정애, 〈국가의 관리 아래 신음하는 매춘 여성: 일제시대 공창제〉, 여성사연구모임 길밖세상, 《20세기 여성사건사: 근대 여성교육의 시작에서 사이버 페미니즘까지》(여성신문사, 2001), 35~36쪽.

| 42 | 박정애, 〈국가의 관리 아래 신음하는 매춘 여성: 일제시대 공창제〉, 여성사연구모임 길밖세상, 《20세기 여성사건사: 근대 여성교육의 시작에서 사이버 페미니즘까지》(여성신문사, 2001), 35~36쪽.

| 43 | 김정동, 《문학 속 우리 도시기행》(옛오늘, 2001), 93쪽.

| 44 | 김병익, 《한국 문단사 1908~1970》(문학과지성사, 2001), 202쪽.

| 45 | 김태수, 《꽃가치 피어 매혹케 하라: 신문광고로 본 근대의 풍경》(황소자리, 2005), 291쪽; 홍성철, 《유곽의 역사》(페이퍼로드, 2007), 128쪽.

| 46 | 김경일, 《여성의 근대, 근대의 여성: 20세기 전반기 신여성과 근대성》(푸른역사, 2004), 236쪽.

| 47 | 소래섭, 《에로 그로 넌센스: 근대적 자극의 탄생》(살림, 2005), 47쪽.

| 48 | 이철, 《경성을 뒤흔든 11가지 연애사건》(다산초당, 2008), 81~82쪽.

| 49 | 정선이, 《경성제국대학 연구》(문음사, 2002), 151쪽.

| 50 | 이철, 《경성을 뒤흔든 11가지 연애사건》(다산초당, 2008), 78~79쪽.

| 1 | 홍성철, 《유곽의 역사》(페이퍼로드, 2007), 165쪽.

| 2 | 이효재, 〈분단시대의 여성운동〉, 《분단시대의 사회학》(한길사, 1985), 311~312쪽.

| 3 | 오기영, 〈공창(公娼)〉, 《진짜 무궁화: 해방경성의 풍자와 기개》(성균관대학교출판부, 2002), 24~26쪽.

| 4 | 오기영, 〈공창(公娼)〉, 《진짜 무궁화: 해방경성의 풍자와 기개》(성균관대학교출판부, 2002), 24~26쪽.

| 5 | 〈생활고로 윤락의 길: 죄악의 여인 구제책은 없는가〉, 《조선일보》, 1947년 4월 12일, 조간 2면.

| 6 | 홍성철, 《유곽의 역사》(페이퍼로드, 2007), 166쪽.

| 7 | 이효재, 〈분단시대의 여성운동〉, 《분단시대의 사회학》(한길사, 1985), 311~312쪽.

| 8 | 박영수, 《운명의 순간들: 다큐멘터리 한국 근현대사》(바다출판사, 1998), 263~264쪽.

| 9 | 〈사창 강제수용: 성병병원 신설〉, 《조선일보》, 1947년 11월 1일, 2면.

| 10 | 박영수, 《운명의 순간들: 다큐멘터리 한국 근현대사》(바다출판사, 1998), 263~264쪽에서 재인용.

| 11 | 홍성철, 《유곽의 역사》(페이퍼로드, 2007), 169쪽.

| 12 | 강정숙, 〈매매춘 공화국〉, 한국역사연구회, 《우리는 지난 100년 동안 어떻게 살았을까 2》 (역사비평사, 1998), 300쪽.

| 13 | 조순경 · 이숙진, 《냉전체제와 생산의 정치: 미 군정기의 노동정책과 노동운동》(이화여자 대학교 출판부, 1995), 200쪽.

| 14 | 〈사창 철저단속〉, 《동아일보》, 1948년 2월 17일, 2면.

| 15 | 〈인천 사창굴 적발: 4명을 여경서 문초〉, 《동아일보》, 1948년 3월 10일, 2면.

| 16 | 홍성철, 《유곽의 역사》(페이퍼로드, 2007), 170쪽.

| 17 | 〈사창으로 전락? 축출 창기 전부가 행방불명〉, 《조선일보》, 1948년 3월 31일, 2면.

| 18 | 〈창부위안회〉, 《동아일보》, 1948년 12월 2일, 4면.

| 19 | 홍성철, 《유곽의 역사》(페이퍼로드, 2007), 170쪽.

| 20 | 조순경 · 이숙진, 《냉전체제와 생산의 정치: 미군정기의 노동정책과 노동운동》(이화여자 대학교 출판부, 1995), 48쪽에서 재인용.

| 21 | 박영수, 《운명의 순간들: 다큐멘터리 한국 근현대사》(바다출판사, 1998), 182쪽에서 재인용.

| 22 | 신형기, 《해방기 소설 연구》(태학사, 1992), 153쪽에서 재인용.

| 23 | 김병걸, 《실패한 인생 실패한 문학: 김병걸 자서전》(창작과비평사, 1994), 179~180쪽.

| 24 | 이상록, 〈위험한 여성, '전쟁미망인'의 타락을 막아라: 1950년대 전쟁미망인의 출현〉, 여

성사 연구모임 길밖세상, 《20세기 여성 사건사: 근대 여성교육의 시작에서 사이버 페미니즘까지》(여성신문사, 2001), 123쪽.

|25| 이상록, 〈위험한 여성, '전쟁미망인'의 타락을 막아라: 1950년대 전쟁미망인의 출현〉, 여성사 연구모임 길밖세상, 《20세기 여성 사건사: 근대 여성교육의 시작에서 사이버 페미니즘까지》(여성신문사, 2001), 124쪽.

|26| 〈특집 해방 30년〉, 《동아연감》, 1975년, 40쪽; 정성호, 〈한국전쟁과 인구사회학적 변화〉, 한국정신문화연구원 편, 《한국전쟁과 사회구조의 변화》(백산서당, 1999), 41쪽에서 재인용.

|27| 장경학이 《여성계》 55년 12월호에 기고한 〈혼혈아의 의적 견해〉; 이임하, 《계집은 어떻게 여성이 되었나: 한국 근현대사 속의 여성 이야기》(서해문집, 2004), 99쪽에서 재인용.

|28| 김정자, 〈한국 기지촌 소설의 기법적 연구〉, 김정자 외, 《한국 현대문학의 성과 매춘 연구》(태학사, 1996), 130쪽에서 재인용.

|29| 현길언, 〈헬로우, 아이 러브 유〉, 《우리 시대 우리 작가: 현길언》(동아출판사, 1995), 381~382쪽.

|30| 〈이것도 전쟁 선물 서울만 매춘부 2만〉, 《조선일보》, 1953년 7월 27일, 조간 2면.

|31| 〈색연필〉, 《조선일보》, 1954년 3월 28일, 조간 2면.

|32| 〈색연필〉, 《조선일보》, 1954년 8월 20일, 조간 2면.

|33| 〈색연필〉, 《조선일보》, 1954년 12월 15일, 조간 2면.

|34| 〈망각되어가는 밤의 여인〉, 《한국일보》, 1956년 4월 29일, 3면.

|35| 〈광복 10면 풍물수첩: 분출(噴出)된 '새말' ⑤〉, 《한국일보》, 1955년 12월 4일, 3면.

|36| 홍성철, 《유곽의 역사》(페이퍼로드, 2007), 195쪽.

|37| 〈표주박〉, 《한국일보》, 1955년 12월 10일, 3면.

|38| 〈포주(抱主)에 진 빚도 갚지 않게: 경찰서 사창(私娼) 없앨 방법으로 구상(具象)〉, 《한국일보》, 1955년 12월 11일, 3면.

|39| 〈사창 정리를 지시: 도심지나 주택가서 일소〉, 《조선일보》, 1955년 12월 11일, 조간 3면.

|40| 〈"급격한 단속에 역효과": 사창근멸공청회의 대부분 의견〉, 《조선일보》, 1955년 12월 13일, 조간 3면.

|41| 〈없어지려나? 사창: 경찰 강권을 발동 한 달 안으로 일소하라고〉, 《조선일보》, 1955년 12월 16일, 조간 3면.

|42| 〈대부분이 농촌 출신: 3만 8천 명이나 된다는 창녀〉, 《조선일보》, 1955년 12월 16일, 조간 3면.

|43| 〈"포주가 전업을 억압": 18일 창녀 두 명 경찰에 구원 호소〉, 《조선일보》, 1955년 12월 19일, 조간 3면.

|44| 〈전업은 3할 시내 창녀들〉, 《조선일보》, 1955년 12월 30일, 조간 3면.

| 45 | 〈새해의 과제 (6) 윤락 여성: 단속보다 앞서야 할 구호〉, 《조선일보》, 1956년 1월 7일, 조간 3면.

| 46 | 〈끝내 분산 정도?: 사창근절 어렵다고 당국 견해〉, 《조선일보》, 1956년 1월 10일, 조간 3면.

| 47 | 〈백주에 사창굴 급습: 탕아와 창녀 45명을 적발〉, 《한국일보》, 1956년 2월 1일, 3면.

| 48 | 〈민가 파고드는 사창굴: 빚 때문에 빠져나갈 수도 없어〉, 《한국일보》, 1956년 3월 8일, 3면.

| 49 | 〈성병퇴치에 법의 뒷받침〉, 《한국일보》, 1956년 4월 4일, 3면.

| 50 | 〈다시 번창해지는 사창가 옛 모습 그대로 환원?: 경찰선 또다시 단속하겠다고〉, 《조선일보》, 1956년 4월 13일, 석간 3면.

| 51 | 〈사창 단속에 새 방안: 앞으로 더 늘지만 않도록 하기로〉, 《조선일보》, 1956년 9월 9일, 석간 3면.

| 52 | 〈사창 단속 하나마나: 통계 당국 나날이 늘 뿐〉, 《조선일보》, 1957년 6월 20일, 조간 2면.

| 53 | 〈해외로 간 여성 태반이 윤락의 길로: 당국, 여행을 제한/유학의 경우도 동일취급〉, 《조선일보》, 1956년 9월 13일, 석간 3면.

| 54 | 〈표주박〉, 《한국일보》, 1957년 6월 13일, 3면.

| 55 | 서중석, 《조봉암과 1950년대 (상): 조봉암의 사회민주주의와 평화통일론》(역사비평사, 1999), 444쪽.

| 56 | 이임하, 《계집은 어떻게 여성이 되었나: 한국 근현대사 속의 여성 이야기》(서해문집, 2004), 118쪽에서 재인용.

| 57 | 이임하, 《계집은 어떻게 여성이 되었나: 한국 근현대사 속의 여성 이야기》(서해문집, 2004), 121쪽.

| 58 | 이재오, 《해방 후 한국학생운동사》(형성사, 1984), 154~155쪽.

| 59 | 고은, 《만인보 16》(창비, 2004), 26~27쪽.

| 60 | 이영미, 《한국 대중 가요사》(시공사, 1998), 134~136쪽.

| 61 | 〈맹목적인 매춘부 단속: 보호 대책이 전무〉, 《조선일보》, 1958년 6월 21일, 조간 2면; 〈사창 뿌리는 어떻게 뽑나〉, 《조선일보》, 1958년 7월 1일, 조간 1면.

| 62 | 〈표주박〉, 《한국일보》, 1958년 7월 1일, 3면.

| 63 | 〈사창들을 없이 해달라고 포주도 한몫 끼어 당국에 진정〉, 《조선일보》, 1959년 3월 29일, 석간 3면.

| 64 | 〈윤락지대 (1) 시내만 추산 5천〉, 《조선일보》, 1959년 6월 10일, 석간 3면.

| 65 | 홍성철, 《유곽의 역사》(페이퍼로드, 2007), 203쪽.

| 66 | 〈한국판 '킨제이 보고': 대상은 매춘부 5백 명〉, 《조선일보》, 1959년 9월 13일, 석간 3면.

| 67 | 〈시골서 오는 구직 여성들 윤락 막아 착한 길로〉, 《조선일보》, 1959년 12월 12일, 조간 3면.

| 68 | 〈고급 창녀도 단속: 어젯밤 남대문서서 사창가 급습〉, 《조선일보》, 1959년 12월 5일, 조간

3면.

| 69 | 〈창의불환향(娼衣不還郷): 열차 태워 고향 보낸 창녀들 영등포서 되돌아와〉, 《조선일보》, 1960년 1월 10일, 석간 3면.

| 70 | 〈떠나고파도 잡힌 17만: 울어봐도 빚더미뿐〉, 《조선일보》, 1960년 9월 9일, 석간 3면.

| 71 | 〈취직 알선에 중점: 20만 사창 선도에 새 법안〉, 《조선일보》, 1961년 5월 4일, 석간 3면.

| 72 | 홍성철, 《유곽의 역사》(페이퍼로드, 2007), 198쪽.

| 73 | 한홍구, 《대한민국사: 단군에서 김두한까지》(한겨레신문사, 2003), 229~230쪽.

| 74 | 이임하, 《계집은 어떻게 여성이 되었나: 한국 근현대사 속의 여성 이야기》(서해문집, 2004), 102쪽에서 재인용.

| 75 | 김종오, 《변질되어가는 한국 현대사의 실상 상(上)》(종소리, 1989), 274~275쪽.

| 76 | 캐서린 H.S. 문, 이정주 옮김, 《동맹 속의 섹스》(삼인, 2002), 75쪽.

| 77 | 김정자, 〈한국 기지촌 소설의 기법적 연구〉, 김정자 외, 《한국 현대문학의 성과 매춘 연구》(태학사, 1996), 125쪽.

— 3장

| 1 | 김정원, 《분단한국사》(동녘, 1985), 279쪽.

| 2 | 〈"밤거리의 독버섯" 일소: 서울 사창 근절에 6개 방침〉, 《조선일보》, 1961년 6월 10일, 조간 2면; 〈윤락 여성의 단속 및 선도책을 보고(사설)〉, 《조선일보》, 1961년 6월 11일, 석간 1면; 〈채권은 일절 무효: 윤락행위등방지법 공포〉, 《조선일보》, 1961년 11월 9일, 석간 3면; 〈인권이 되찾아질까? 멍들었던 윤락 여성들〉, 《조선일보》, 1961년 12월 12일, 석간 4면.

| 3 | 손정목, 〈남기고 싶은 이야기들: 워커힐 건립〉, 《중앙일보》, 2003년 9월 5일, 23면.

| 4 | 〈실효 못 거두는 창녀 보도책: 이래서 탈출 사건은 속출한다〉, 《조선일보》, 1962년 1월 12일, 조간 3면; 〈"살기 위한 최후 수단": 서울의 윤락녀 실태〉, 《조선일보》, 1962년 4월 18일, 조간 3면; 〈윤락의 굴레 벗고 싶지만〉, 《조선일보》, 1962년 6월 27일, 조간 3면.

| 5 | 〈윤락 여성 특정구역 설정의 여파〉, 《조선일보》, 1962년 7월 17일, 조간 3면; 〈선도지역 생긴지 열녀 달 내일이 없는 "그늘의 꽃"〉, 《조선일보》, 1963년 8월 29일, 조간 6면.

| 6 | 〈넓혀가는 사창가: 적선 뚫고 주택가로〉, 《조선일보》, 1965년 6월 15일, 조간 8면; 〈나이도 어린데…늘어가는 10대 창녀〉, 《조선일보》, 1965년 8월 10일, 조간 8면; 〈'윤락의 나상' 지대〉, 《조선일보》, 1966년 8월 21일, 조간 8면.

| 7 | 〈성패 반반: 윤락 여성-부랑아 합동결혼식 그 뒤〉, 《조선일보》, 1966년 10월 5일, 조간 4면.

| 8 | Marshall McLuhan, *Understanding Media: The Extensions of Man*, New York: McGraw-Hill, 1965, p.266.

| 9 | 〈서울에도 '콜걸' 우글우글: 충무로 일대서 20여 명 연행〉, 《조선일보》, 1964년 11월 28일, 3면.

| 10 | 손정목, 《서울 도시계획 이야기: 서울 격동의 50년과 나의 증언 ⑤》(한울, 2003), 196~197쪽.

| 11 | 강정숙, 〈매매춘 공화국〉, 한국역사연구회, 《우리는 지난 100년 동안 어떻게 살았을까 2: 사람과 사회 이야기》(역사비평사, 1998), 301쪽.

| 12 | 〈윤락녀들 주택가 침투: 학생들과 투석 소동도〉, 《조선일보》, 1967년 7월 22일, 조간 4면; 〈창신동서 쫓겨난 윤락녀들 주택가에 침투〉, 《조선일보》, 1967년 8월 26일, 조간 4면.

| 13 | 〈'윤락' 뜯는 경찰: 즉결위협…5천 원씩〉, 《조선일보》, 1968년 1월 17일, 3면.

| 14 | 〈"시내 '인신매매소' 백군데"〉, 《조선일보》, 1968년 3월 15일, 3면.

| 15 | 손정목, 〈남기고 싶은 이야기들: 나비 작전〉, 《중앙일보》, 2003년 9월 17일, 27면; 홍성철, 《유곽의 역사》(페이퍼로드, 2007), 236쪽.

| 16 | 손정목, 〈남기고 싶은 이야기들: 나비 작전〉, 《중앙일보》, 2003년 9월 17일, 27면; 〈종3 완전 철폐: 정화 작전 1주간 8백여 윤락녀 모두 떠나〉, 《조선일보》, 1968년 10월 6일, 2면.

| 17 | 〈종3 완전 철폐: 정화 작전 1주간 8백여 윤락녀 모두 떠나〉, 《조선일보》, 1968년 10월 6일, 2면.

| 18 | 〈"다시는 오명 듣지 않도록": 주민들이 '종3정화위원회' 구성〉, 《조선일보》, 1968년 10월 11일, 4면.

| 19 | 〈'윤락'은 없어졌나: 골방서 '단속'과 숨바꼭질〉, 《조선일보》, 1968년 10월 12일, 4면.

| 20 | 홍성철, 《유곽의 역사》(페이퍼로드, 2007), 186쪽.

| 21 | 〈주민들이 윤락 선도: 주택가에 파고들어…마이크 들고〉, 《조선일보》, 1970년 7월 30일, 7면.

| 22 | 〈외국인만 "콜"한 6인의 아가씨〉, 《조선일보》, 1971년 10월 22일, 7면.

| 23 | 리영희, 〈한·미 안보체제의 역사와 전망〉, 《전환시대의 논리-아시아·중국·한국: 리영희 평론집》(창작과비평사, 1974, 11쇄 1979), 435쪽.

| 24 | 캐서린 H.S. 문, 이정주 옮김, 《동맹 속의 섹스》(삼인, 2002), 76~77쪽.

| 25 | 캐서린 H.S. 문, 이정주 옮김, 《동맹 속의 섹스》(삼인, 2002), 76~77쪽. 한국교회여성연합회의 73년 매춘 관광 실태 조사에 따르면, 73년 약 70만 명의 관광객이 한국을 방문하였는데, 그 중 80%가 일본인이었다는 통계도 있다. 이효재, 《한국의 여성운동: 어제와 오늘》(정우사, 1989, 증보판 1996), 251쪽.

| 26 | 캐서린 H.S. 문, 이정주 옮김, 《동맹 속의 섹스》(삼인, 2002), 76~77쪽.

| 27 | 등에 편집부 편, 《사랑의 품앗이 그 왜곡된 성》(등에, 1989), 106~108쪽; 박종성, 《한국의 매춘: 매춘의 정치사회학》(인간사랑, 1994), 117쪽에서 재인용.

| 28 | 이효재, 《한국의 여성운동: 어제와 오늘》(정우사, 1989, 증보판 1996), 182, 251쪽.

| 29 | 오경환, 〈르뽀 관광 한국〉, 《신동아》, 1976년 7월, 167쪽.

| 30 | 민경자, 〈한국 매춘여성운동사: '성 사고 팔기'의 정치사, 1970~98〉, 한국여성의전화연합 엮음, 《한국여성인권운동사》(한울아카데미, 1999), 245쪽.

| 31 | 박종성, 《한국의 매춘: 매춘의 정치사회학》(인간사랑, 1994), 116쪽.

| 32 | 박종성, 《한국의 매춘: 매춘의 정치사회학》(인간사랑, 1994), 117쪽.

| 33 | 윤일웅, 《매춘: 전국 사창가와 창녀 실태》(동광출판사, 1987), 175~176쪽; 박종성, 《한국의 매춘: 매춘의 정치사회학》(인간사랑, 1994), 117~118쪽에서 재인용.

| 34 | 등에 편집부 편, 《사랑의 품앗이 그 왜곡된 성》(등에, 1989), 111쪽; 박종성, 《한국의 매춘: 매춘의 정치사회학》(인간사랑, 1994), 119쪽에서 재인용.

| 35 | 박종성, 《한국의 매춘: 매춘의 정치사회학》(인간사랑, 1994), 120~121쪽.

| 36 | 리영희, 〈외화와 일본인〉, 《전환시대의 논리.아시아 · 중국 · 한국: 리영희 평론집》(창작과 비평사, 1974, 11쇄 1979), 181쪽.

| 37 | 〈사장 여비서 가장 윤락행위〉, 《조선일보》, 1974년 3월 26일, 7면.

| 38 | 〈'민박 윤락'성업 호텔시설 갖춰: 외국인 상대…서울에만 2백 개소〉, 《조선일보》, 1974년 4월 3일, 7면.

| 39 | 〈외국인 상대 윤락 강요: 가출여학생들 소녀 6명 꾀어〉, 《조선일보》, 1976년 6월 2일, 7면.

| 40 | 〈일본인 관광객 상대로 여고생 꾀어 윤락 기도〉, 《조선일보》, 1978년 10월 8일, 7면.

| 41 | 박종성, 《권력과 매춘》(인간사랑, 1996), 61~62쪽.

| 42 | 리영희, 〈외화와 일본인〉, 《전환시대의 논리.아시아 · 중국 · 한국: 리영희 평론집》(창작과 비평사, 1974, 11쇄 1979), 181쪽.

| 43 | 정영일, 〈한국 속의 일본〉, 《신동아》, 1972년 2월, 92쪽.

| 44 | 리영희, 〈외화와 일본인〉, 《전환시대의 논리.아시아 · 중국 · 한국: 리영희 평론집》(창작과 비평사, 1974, 11쇄 1979), 179쪽.

| 45 | 리영희, 〈외화와 일본인〉, 《전환시대의 논리.아시아 · 중국 · 한국: 리영희 평론집》(창작과 비평사, 1974, 11쇄 1979), 180쪽.

| 46 | 리영희, 〈외화와 일본인〉, 《전환시대의 논리.아시아 · 중국 · 한국: 리영희 평론집》(창작과 비평사, 1974, 11쇄 1979), 182쪽.

| 47 | 민경자, 〈한국 매춘여성운동사: '성 사고 팔기'의 정치사, 1970~98〉, 한국여성의전화연합 엮음, 《한국여성인권운동사》(한울아카데미, 1999), 251쪽.

| 48 | 여성신문사 편집부 엮음, 〈이우정: 기생 관광이 애국이면 선생 딸부터 관광 기생 만드시오〉, 《이야기 여성사 1》(여성신문사, 2000), 103~104쪽.

| 49 | 민경자, 〈한국 매춘여성운동사: '성 사고 팔기'의 정치사, 1970~98〉, 한국여성의전화연합 엮음, 《한국여성인권운동사》(한울아카데미, 1999), 251쪽.

|50| 이승희, 〈인간해방 · 여성해방을 향한 80년대 여성운동〉, 조희연 엮음, 《한국사회운동사: 한국변혁운동의 역사와 80년대의 전개 과정》(한울, 1990, 재판 2쇄 1997), 287쪽.

|51| 민경자, 〈한국 매춘여성운동사: '성 사고 팔기'의 정치사, 1970~98〉, 한국여성의전화연합 엮음, 《한국여성인권운동사》(한울아카데미, 1999), 251쪽.

|52| 여성신문사 편집부 엮음, 〈이우정: 기생 관광이 애국이면 선생 딸부터 관광 기생 만드시오〉, 《이야기 여성사 1》(여성신문사, 2000), 103쪽.

|53| 여성신문사 편집부 엮음, 〈이우정: 기생 관광이 애국이면 선생 딸부터 관광 기생 만드시오〉, 《이야기 여성사 1》(여성신문사, 2000), 103쪽.

|54| 이승희, 〈인간 해방 · 여성 해방을 향한 80년대 여성운동〉, 조희연 엮음, 《한국사회운동사: 한국변혁운동의 역사와 80년대의 전개 과정》(한울, 1990, 재판 2쇄 1997), 288쪽.

|55| 유장홍, 〈이것이 '현지처' 다: '관능의 일인'들이 번식시킨 '배금의 독버섯'〉, 《조선일보》, 1974년 9월 1일, 7면.

|56| 오경환, 〈르뽀 관광 한국〉, 《신동아》, 1976년 7월, 167~168쪽.

|57| 심송무, 〈르뽀 100만 명 돌파의 '관광 한국'〉, 《신동아》, 1979년 2월, 246쪽.

|58| 안창환, 〈남자 접대부도 '일본 수출'〉, 《일요시사》, 2002년 8월 11일, 29면.

|59| 김소희, 〈안보와 교환된 '안락한 섹스'〉, 《한겨레 21》, 2002년 7월 25일, 79면.

|60| 정희진, 〈죽어야 사는 여성들의 인권: 한국 기지촌여성운동사, 1986~98〉, 한국여성의전화연합 엮음, 《한국여성인권운동사》(한울아카데미, 1999), 307~308쪽.

|61| 정희진, 〈죽어야 사는 여성들의 인권: 한국 기지촌여성운동사, 1986~98〉, 한국여성의전화연합 엮음, 《한국여성인권운동사》(한울아카데미, 1999), 308쪽.

|62| 캐서린 H.S. 문, 이정주 옮김, 《동맹 속의 섹스》(삼인, 2002), 156쪽에서 재인용.

|63| 이승호, 《옛날 신문을 읽었다 1950~2002》(다우, 2002), 186~187쪽.

|64| 이상록, 〈천대받던 '양공주'에서 순결한 '민족의 딸'로: 1992년 케네스 이병의 윤금이 살해 사건〉, 여성사 연구모임 길밖세상, 《20세기 여성 사건사: 근대 여성교육의 시작에서 사이버 페미니즘까지》(여성신문사, 2001), 268쪽.

|65| 김은실 외, 〈국가의 안보가 개인의 안보는 아니다: 미국의 군사주의와 기지촌 여성〉, 《당대비평》, 제18호(2002년 봄), 95쪽.

|66| 캐서린 H.S. 문, 이정주 옮김, 《동맹 속의 섹스》(삼인, 2002), 85쪽.

|67| 정희진, 〈죽어야 사는 여성들의 인권: 한국 기지촌여성운동사, 1986~98〉, 한국여성의전화연합 엮음, 《한국여성인권운동사》(한울아카데미, 1999), 310~311쪽.

|68| 캐서린 H.S. 문, 이정주 옮김, 《동맹 속의 섹스》(삼인, 2002), 180쪽에서 재인용.

|69| 문명자, 《내가 본 박정희와 김대중》(월간 말, 1999), 262쪽.

|70| 문명자, 《내가 본 박정희와 김대중》(월간 말, 1999), 268쪽에서 재인용.

|71| 이태영, 《'정의의 변호사' 되라 하셨네: 이태영 선생 유고 변론집》(한국가정법률상담소, 1999), 178쪽. '유류분'은 상속물 중에서 상속받은 사람이 마음대로 처리하지 못하고, 일정한 상속인을 위하여 법률상 반드시 유류(遺留)하여 두어야 할 유산의 일정한 부분을 의미한다.

|72| 소현숙, 〈호주제, 식민주의와 가부장제의 공모: 가족법 개정운동〉, 여성사 연구모임 길밖세상, 《20세기 여성 사건사: 근대 여성교육의 시작에서 사이버 페미니즘까지》(여성신문사, 2001), 162쪽.

|73| 이효재, 《한국의 여성운동: 어제와 오늘》(정우사, 1989, 증보판 1996), 255~256쪽.

|74| 최문정, 《임진록 연구: 한일역사군담소설연구 1》(박이정, 2001), 141~143쪽.

|75| 최문정, 《임진록 연구: 한일역사군담소설연구 1》(박이정, 2001), 142쪽.

|76| 이상록, 〈위험한 여성, '전쟁미망인'의 타락을 막아라: 1950년대 전쟁미망인의 출현〉, 여성사 연구모임 길밖세상, 《20세기 여성 사건사: 근대 여성교육의 시작에서 사이버 페미니즘까지》(여성신문사, 2001), 122~134쪽 참고.

|77| 김소희, 〈동맹 속의 인신매매〉, 《한겨레 21》, 2002년 7월 25일, 76면.

|78| 김연자·캐서린 문, 〈좌담/기지촌 여성의 어제오늘 그리고 내일: "기지촌은 아시아문제이자 국제문제"〉, 《여성신문》, 2002년 7월 12일, 3면.

|79| 정유진, 〈'민족'의 이름으로 순결해진 딸들?: 주한 미군 범죄와 여성〉, 《당대비평》, 제11호 (2000년 여름), 231~232쪽.

— 4장

|1| 〈신흥 유흥가 "기생족" 무더기 검거 영동지역: 경찰 돈 갈취-윤락 알선 등 32명〉, 《조선일보》, 1981년 8월 23일, 7면.

|2| 임진모, 〈"내 노래는 성장의 그늘에 짓눌린 이들에게 카타르시스를 선물했다": 32년간 트로트의 현장을 지킨 '애모'의 가수 김수희〉, 《월간조선》, 2005년 10월, 396~409쪽.

|3| 〈'여자 파트너 임대'에 여성계 "분노": "공공연한 매춘이다" 업소 폐쇄 주장〉, 《조선일보》, 1983년 9월 30일, 11면.

|4| 고광헌, 《스포츠와 정치》(푸른나무, 1988), 114~116쪽.

|5| 〈'기생 파티' 이미지 주어 말썽〉, 《코리아 타임즈》, 1985년 10월 26일.

|6| 한국여성의전화연합 엮음, 〈한국 매춘여성운동사〉, 《한국여성인권운동사》(한울, 1999), 258~259쪽.

|7| 《동아일보》, 1986년 11월 8일; 고광헌, 《스포츠와 정치》(푸른나무, 1988), 13쪽에서 재인용.

|8| 고광헌, 《스포츠와 정치》(푸른나무, 1988), 13쪽.

|9| 고광헌, 《스포츠와 정치》(푸른나무, 1988), 14쪽.

|10| 교통부, 한국관광공사, 《한국관광통계》(1986), 11쪽; 고광헌, 《스포츠와 정치》(푸른나무, 1988), 15쪽에서 재인용.

|11| 한국여성의전화연합 엮음, 〈한국 매춘여성운동사〉, 《한국여성인권운동사》(한울, 1999), 254쪽.

|12| 강건실, 〈매춘 관광과 한국 여자〉, 《샘이 깊은 물》, 1988년 11월호, 70면에서 재인용.

|13| 강건실, 〈매춘 관광과 한국여자〉, 《샘이 깊은 물》, 1988년 11월호, 71쪽.

|14| 강건실, 〈매춘 관광과 한국 여자〉, 《샘이 깊은 물》, 1988년 11월호, 70면.

|15| 〈국회, 매춘문제 외면·방치 41년〉, 《한겨레신문》, 1990년 4월 25일, 8면.

|16| 최해운, 〈주부·학생도 AIDS …무지가 화 불러〉, 《한국일보》, 1990년 3월 30일, 16면.

|17| 고광헌, 《스포츠와 정치》(푸른나무, 1988), 9쪽.

|18| 고광헌, 《스포츠와 정치》(푸른나무, 1988), 21~22쪽.

|19| 〈변두리 다방의 영업 실태〉, 《월간다방》, 1988년 9월호, 80쪽.

|20| 홍성철, 《유곽의 역사》(페이퍼로드, 2007), 285~286쪽.

|21| 홍성철, 《유곽의 역사》(페이퍼로드, 2007), 286~287쪽.

|22| 윤기현, 〈들밥 대신 빵, 막걸리 대신 커피를〉, 《마당》, 1985년 11월호, 183쪽.

|23| 〈'남성 윤락' 업주 셋 구속〉, 《조선일보》, 1987년 2월 26일, 11면.

|24| 〈등교길 "여학생 납치" 인신매매〉, 《조선일보》, 1988년 4월 5일, 11면.

|25| 박선이, 〈정초 공연가 '매춘' 파문〉, 《조선일보》, 1988년 1월 7일, 7면.

|26| 김종원·정중헌, 〈격변기의 한국영화〉, 《우리 영화 100년》(현암사, 2001), 372~373쪽.

|27| 정연우, 〈할리우드와 한국의 비디오산업〉, 《월간 말》, 1991년 1월호: 유문무, 〈자본주의와 대중문화〉, 임희섭·박길성 공편, 《오늘의 한국사회》(사회비평사, 1995), 95쪽에서 재인용.

|28| 〈'매춘산업' 어찌할 건가(사설)〉, 《경향신문》, 1990년 3월 29일, 2면.

|29| 홍윤오, 〈인기 연예인 "매춘 파티" 더 큰 충격/히로뽕 여배우·탤런트 등 구속 파문〉, 《한국일보》, 1990년 2월 7일, 13면.

|30| 〈'매춘산업' 어찌할 건가(사설)〉, 《경향신문》, 1990년 3월 29일, 2면.

— 5장

|1| 〈밤거리에 버려진 10대 소녀(사설)〉, 《동아일보》, 1991년 11월 5일, 2면.

|2| 연세대학교 국어국문학과 학생회, 《마광수는 옳다: 이 시대의 가장 음란한 싸움에 대한 보고》(사회평론, 1995), 149쪽에서 재인용.

|3| 〈연예인 윤락 적발/비밀요정 차려 매춘 알선 7명 구속〉, 《한겨레》, 1993년 9월 23일, 19면.

| 4 | 이대현, 〈〈매춘 관광〉, 〈티켓 다방〉, 〈10대 미혼모〉/TV 심층 프로 선정적 소재 경쟁〉, 《한국일보》, 1994년 3월 24일, 19면.

| 5 | 장명수, 〈매·매춘 처벌〉, 《한국일보》, 1996년 1월 8일, 5면.

| 6 | 이동훈, 〈러시아 여성들 매춘 성행/국내 조직 러 마피아 등과 연계〉, 《한국일보》, 1996년 10월 18일, 35면.

| 7 | 이명재·정위용, 〈서울의 밤 러 매춘부 활개/한국인 상대 알선 조직 성업〉, 《동아일보》, 1996년 5월 7일, 47면.

| 8 | 권기정, 〈"우즈베크 여성에 매춘 강요"/한국 정부에 수사요청〉, 《경향신문》, 1996년 8월 10일, 23면.

| 9 | 김홍중, 〈해외 카드 과소비 3천여 명 압축수사/검찰〉, 《동아일보》, 1996년 7월 26일, 39면.

| 10 | 강남규, 〈중산층 주부 윤락 충격/"무료함 달래려…"〉, 《한겨레》, 1996년 7월 20일, 21면.

| 11 | 〈용돈 벌려고 윤락행위까지?〉, 《경향신문》, 1996년 8월 10일, 3면.

| 12 | 공종식, 〈"왜 하필 터키탕입니까"/주한터키대사관 "이미지 손상" 개명요구〉, 《동아일보》, 1996년 8월 8일, 38면.

| 13 | 장명수, 〈터키와 터키탕〉, 《한국일보》, 1996년 8월 9일, 5면.

| 14 | 조재우, 〈바람… 바람… 바람난 사회/대낮에도 붐비는 러브호텔〉, 《한국일보》, 1996년 11월 16일, 13면.

| 15 | 박성휴, 〈여대생 절반 "매춘은 필요악"/서울여대 200명 설문조사〉, 《경향신문》, 1996년 11월 27일, 27면.

| 16 | 이거산, 〈스타벅스에 도전장 낸 자바시티〉, 《주간조선》, 2002년 12월 26일, 52쪽.

| 17 | 김재선, 〈농촌에 다방이 넘친다/전국 최고 '보급률' 경북 성주군 르포〉, 《국민일보》, 1998년 7월 4일, 14면.

| 18 | 한종호, 〈부끄러운 남자들/주부 등 상대 '남봉다방'〉, 《문화일보》 1998년 7월 2일, 23면.

| 19 | 김정오, 〈욕망과 질주의 10대들〉, 박재환 외, 《현대 한국 사회의 일상문화코드》(한울아카데미, 2004), 160쪽.

| 20 | 이승재, 〈초등생 윤락 강요 업주 구속〉, 《동아일보》, 1997년 10월 25일, 39면.

| 21 | 이종규, 〈미성년 매매춘 징역구형/13살 미만과 윤락 강간죄〉, 《한겨레》, 1998년 5월 1일, 23면.

| 22 | 이경숙, 〈흔들리는 '기자 윤리' 현장스케치: "아직도 촌지, 향응 접대 사례가 사라지지 않았다"〉, 《기자통신》, 99년 6월, 57~58쪽.

| 23 | 배장수, 〈저질·유치 '한계 수위'/낯뜨거운 비디오 영화 제목 범람〉, 《경향신문》, 1998년 6월 16일, 25면.

| 24 | 부형권·박정훈, 〈윤락 알선 '사이버 포주' 적발/여대생서 직장인까지〉, 《동아일보》,

1998년 12월 5일, 31면.

| 25 | 이덕원, 〈[독자편지] 교문 앞서 매춘부 구인전단 배포〉, 《동아일보》, 1999년 3월 16일, 7면.

| 26 | 한승동, 〈"원조교제 실상은 매매춘"(세계의 창)〉, 《한겨레》, 1998년 11월 16일, 8면.

| 27 | 정인화, 〈 '그대 이름은 여자'(16) 매매춘 - 티켓 아줌마서 원조교제까지〉, 《경향신문》, 1999년 8월 4일, 9면.

| 28 | 박재현, 〈 '미성년자와 매춘' 신상 공개〉, 《경향신문》, 1999년 8월 19일, 23면.

| 29 | 임종명, 〈[사이버 서베이] 미성년자와 매매춘 "실명 공개해야" 71%〉, 《한국일보》, 1999년 9월 3일, 7면.

| 30 | 손원제, 〈남성들 '10대 접대부' / 이중적 태도〉, 《한겨레》, 1999년 11월 15일, 14면.

| 31 | 김종태, 〈미성년자와 폰팅 매매춘/기업체 상무 등 5명 영장〉, 《한겨레》, 1999년 12월 1일, 14면.

| 32 | 이태희, 〈10대 매춘 '거리 접속' /인터넷 · 전화방 등 단속 피해〉, 《한겨레》, 1999년 12월 20일, 15면.

— 6장

| 1 | 〈매춘 단속 '다 아는 함정' 있다(사설)〉, 《한국일보》, 2000년 1월 11일, 6면.

| 2 | 선대인, 〈[집중 추적] 미성년 매매춘 실태〉, 《동아일보》, 2000년 1월 8일, 29면.

| 3 | 홍성철, 〈경찰청 '미성년 매매춘과의 전쟁' 전국 확대〉, 《동아일보》, 2000년 1월 11일, 29면.

| 4 | 김종훈, 〈청소년 윤락 땐 동사무소에 '방' 붙인다, TV 보도 등 신상 공개 추진〉, 《경향신문》, 2000년 1월 28일, 25면.

| 5 | 〈매매춘 범죄에 눈감는 사회(사설)〉, 《한겨레》, 2000년 9월 28일, 4면.

| 6 | 이주현, 〈 '군산 매매춘 업소 경찰과 유착' 〉, 《한겨레》, 2000년 10월 17일, 19면.

| 7 | 김석, 〈 '노예매춘' 업주 등 83명 구속, 경찰 특별단속서 모두 157명 검거〉, 《경향신문》, 2000년 11월 28일, 19면.

| 8 | 배성규, 〈강지원 검사 "公娼 반대"〉, 《한국일보》, 2001년 6월 19일, 30면.

| 9 | 김경애, 〈엇갈리는 '공창제' /일반인 58% '그럴 수가' 전문가 51% '그럴 수도' 〉, 《한겨레》, 2001년 6월 21일, 17면.

| 10 | 정희정 외, 〈성매매 여성 음독자살기도 '자발적 매매' 논란 재점화〉, 《문화일보》, 2004년 10월 2일, 7면.

| 11 | 이용수, 〈집창촌 여성들 '대낮의 아우성' 〉, 《조선일보》, 2004년 10월 8일, A12면; 최영윤, 〈 성매매 여성 '밥줄 끊긴다' 시민단체 "악습 끊겠다" 〉, 《한국일보》, 2004년 10월 8일, A8면.

| 12 | 윤영찬 · 정연욱, 〈 "성매매특별법 할 말은 많지만": 의원들, 여성계 등 의식 입조심〉, 《동아

일보》, 2004년 10월 15일, A10면.

| 13 | 문경란, 〈750명 쉼터서 33만 명 재활하라니…〉, 《중앙일보》, 2004년 10월 16일, 4면.

| 14 | 길진균 · 조이영, 〈집창촌 성병검사 올 스톱 주변상권 함께 붕괴 조짐〉, 《동아일보》, 2004년 10월 18일, A34면.

| 15 | 이춘재 · 김보협 정리, 〈 '성매매의 종말' 을 원하는가: 관련 산업 종사자와 여성 단체 대표, 국회의원까지 함께한 불꽃 튀는 전격 대담〉, 《한겨레21》, 2004년 10월 21일, 26~30면.

| 16 | 이정환, 〈 "현상만 훑지 말고 핵심을 파고들어라": 강미노 《이코노미21》 기자〉, 《월간 말》, 2004년 12월, 52~53쪽.

| 17 | 권기석, 〈현장기자: '성매매 유비쿼터스' 〉, 《국민일보》, 2005년 3월 23일.

| 18 | 〈성매매특별법 시행 6개월 후: 준비 안 된 법… '변태영업' 키웠다〉, 《동아일보》, 2005년 3월 22일.

| 19 | 이규연, 〈노래방 · 노래바는 또 뭐야〉, 《중앙일보》, 2005년 8월 29일, 31면.

| 20 | 강구열, 〈 '음지의 성' 안마시술소로 몰린다〉, 《세계일보》, 2006년 3월 4일, 5면.

| 21 | 장인철, 〈한국 여성 美 원정 매춘 최다: 2년째 인신매매 피해자 배출 1위 '오명' 〉, 《한국일보》, 2007년 6월 7일.

| 22 | 김강자, 〈경찰에만 떠맡긴 성매매 전쟁 3년〉, 《한겨레》, 2007년 9월 20일.

| 23 | 김강자, 〈성매매 전쟁, 지금 방식으론 필패(必敗)〉, 《조선일보》, 2008년 9월 19일.

| 24 | 신광영 · 신민기, 〈성매매, 걸려도 남는 장사?: 단속해도 줄지 않는 까닭? '손익계산서' 에 답 있었다〉, 《동아일보》, 2009년 4월 21일.

— 맺는 말

| 1 | 양선희, 〈성매매 금지법은 좋은 법일까〉, 《중앙일보》, 2010년 3월 12일.

| 2 | 주경철, 《네덜란드: 튤립의 땅, 모든 자유가 당당한 나라》(산처럼, 2003).

| 3 | 번 벌로 · 보니 벌로, 서석연 · 박종만 옮김, 《매춘의 역사》(까치, 1992), 469쪽.

| 4 | 정희진, 〈성매매를 둘러싼 '차이' 의 정치학: 성매매, 성별, 목소리들〉, 《황해비평》, 제46호 (2005년 봄), 27~45쪽.

| 5 | 캐슬린 배리, 정금나 · 김은정 옮김, 《섹슈얼리티의 매춘화》(삼인, 2002), 37쪽.

| 6 | 엘리자베트 바댕테르, 나애리 · 조성애 옮김, 《잘못된 길: 1990년대 이후의 급진적 여성운동에 대한 비판적 성찰》(중심, 2005), 42쪽.

| 1 | 김성희, 〈사람들은 왜 바람을 피울까 불륜 벗어날 방법은 있을까〉, 《중앙일보》, 2009년 5월 2일.

| 2 | 손동우, 〈간통죄〉, 《경향신문》, 2005년 11월 8일, 34면.

| 3 | 이규태, 〈간통죄〉, 《조선일보》, 1985년 1월 10일, 5면.

| 4 | 김용식, 〈100년 전의 판결 들여다봤더니…/"남편 죽인 원수 살해 무죄"〉, 《한국일보》, 2005년 1월 7일, 11면.

| 5 | 신영숙, 〈자유연애, 자유결혼, 그 이상과 현실〉, 국사편찬위원회 편, 《혼인과 연애의 풍속도》(두산동아, 2005), 224쪽.

| 6 | 이효재, 〈분단시대의 여성운동〉, 《분단시대의 사회학》(한길사, 1985), 312~313쪽.

| 7 | 이임하, 《여성, 전쟁을 넘어 일어서다: 한국전쟁과 젠더》(서해문집, 2004), 154~155쪽.

| 8 | 〈간통죄는 없어지나?〉, 《조선일보》, 1949년 11월 17일, 조간 2면.

| 9 | 〈간통죄 폐기에 반대론 대두〉, 《조선일보》, 1953년 5월 9일, 조간 2면; 〈남녀평등을 주장: 형법 제257조 간통죄에 박 의원 등 수정안을 제출〉, 《조선일보》, 1953년 6월 30일, 조간 2면; 고주희, 〈'간통죄' 법무부 85년 폐지 결정했지만 번번이 무산〉, 《한국일보》, 2008년 5월 6일, 13면.

| 10 | 〈오입배에 통봉(痛棒)!: 배우자 고소 시 남녀를 동일히 처벌〉, 《조선일보》, 1953년 7월 5일, 조간 2면.

| 11 | 이임하, 《여성, 전쟁을 넘어 일어서다: 한국전쟁과 젠더》(서해문집, 2004), 162쪽.

| 12 | 권재현, 〈[반세기 전엔…] 동아일보로 본 2월 넷째 주〉, 《동아일보》, 2004년 2월 23일, 22면.

| 13 | 〈처자와 간부 타살: 치정 끝에 자기도 자살〉, 《조선일보》, 1955년 2월 14일, 조간 2면.

| 14 | 서중석, 《조봉암과 1950년대 (상): 조봉암의 사회민주주의와 평화통일론》(역사비평사, 1999), 470쪽.

| 15 | 〈"남편은 난봉쟁이"〉, 《조선일보》, 1957년 5월 15일, 석간 3면.

| 16 | 〈여 방청객 쇄도 여변호사 등장: 간통사건 공판에〉, 《조선일보》, 1959년 7월 4일, 석간 3면.

| 17 | 〈방청하러 온 여인들이 욕설/증언 마치고 나오는 자부(子婦)에〉, 《조선일보》, 1959년 7월 9일, 조간 3면.

| 18 | 〈두 피고에 징역 10월 구형〉, 《조선일보》, 1959년 7월 18일, 석간 3면; 〈증거 없어 무죄를 언도〉, 《조선일보》, 1959년 7월 27일, 석간 3면.

| 19 | 〈법정서 졸도실신〉, 《조선일보》, 1959년 12월 10일, 조간 3면; 〈이혼보다 처벌이 목적〉, 《조선일보》, 1960년 3월 12일, 조간 3면.

| 20 | 〈상류 부인의 교양문제〉, 《조선일보》, 1960년 4월 2일, 조간 2면.

| 21 | 호현찬,《한국 영화 100년》(문학사상사, 2000), 120쪽.

| 22 | 정종화,《자료로 본 한국 영화사 2: 1955~1997》(열화당, 1997), 30쪽; 호현찬,《한국 영화 100년》(문학사상사, 2000), 106쪽.

| 23 | 〈파경에서 고소까지: 갈라진 최무룡·강효실 부부〉,《조선일보》, 1962년 10월 23일, 조간 7면.

| 24 | 〈최무룡 군, 김지미 양을 구속: 어젯밤 서울교도소에 이감〉,《조선일보》, 1962년 11월 1일, 조간 7면.

| 25 | 〈죽음 빚어낸 '여자의 부정'〉,《조선일보》, 1965년 6월 15일, 조간 7면.

| 26 | 〈형수를 자상(刺傷): 형을 간통 혐의로 고소했다고〉,《조선일보》, 1967년 9월 3일, 조간 7면.

| 27 | 〈간부(姦夫) 때려 중태〉,《조선일보》, 1970년 4월 7일, 7면.

| 28 | 〈남편을 강제로 정신병원 입원〉,《조선일보》, 1974년 10월 12일, 7면.

| 29 | 〈유부녀 3각 간통…3명 구속〉,《조선일보》, 1975년 6월 11일, 7면.

| 30 | 〈모녀-사돈 합세 간통 사기〉,《조선일보》, 1976년 6월 15일, 7면.

| 31 | 〈간통 피해 배우자끼리 간통〉,《조선일보》, 1977년 11월 6일, 7면.

| 32 | 김석종,〈통행금지: 사이렌 없던 성탄, 그 짧았던 '긴 밤'의 자유〉,《경향신문》, 2001년 7월 13일, 31면.

| 33 | 남동철,〈그녀의 품에 안겨 우리는 시대를 외출했다〉,《씨네21》, 2002년 2월 19일, 81면에 서 재인용.

| 34 | 호현찬,《한국 영화 100년》(문학사상사, 2000), 228~229쪽.

| 35 | 남동철,〈그녀의 품에 안겨 우리는 시대를 외출했다〉,《씨네21》, 2002년 2월 19일, 82면.

| 36 | 김학수,《스크린 밖의 한국영화사 II》(인물과사상사, 2002), 18쪽.

| 37 | 심산,〈〈애마부인〉의 아버지〉,《씨네21》, 2001년 4월 10일, 102면.

| 38 | 남동철,〈그녀의 품에 안겨 우리는 시대를 외출했다〉,《씨네21》, 2002년 2월 19일, 81면.

| 39 | 구본준,〈일탈을 꿈꾸는 욕망의 자리〉,《한겨레21》, 2000년 8월 10일.

| 40 | 〈구속된 형사 피의자 30%가 간통 혐의〉,《조선일보》, 1984년 11월 30일, 11면.

| 41 | 고주희,〈'간통죄' 법무부 85년 폐지 결정했지만 번번이 무산〉,《한국일보》, 2008년 5월 6 일, 13면.

| 42 | 신세미,〈간통죄 폐지…열띤 찬반 두 시간〉,《조선일보》, 1986년 2월 20일, 6면; 〈간통죄 폐 지 성인 70%가 반대〉,《조선일보》, 1986년 3월 15일, 6면; 박선이,〈간통죄 존폐 다시 논란〉, 《조선일보》, 1987년 1월 15일, 6면; 〈간통죄 논란〉,《조선일보》, 1989년 1월 15일, 3면.

| 43 | 김승일,〈합헌이냐 위헌이냐/헌재 변론 찬반 주장〉,《한국일보》, 1990년 4월 17일, 22면.

| 44 | 신재민,〈간통죄 위헌 시비 "끝"…존폐와는 별개/헌재 합헌 결정 의미〉,《한국일보》, 1990 년 9월 11일, 5면.

| 45 | 김영이, 〈아내 간통 현장 덮쳐 정부 · 부인 흉기 살해/40대 미화원 구속〉, 《경향신문》, 1990년 7월 9일, 14면.

| 46 | 김인수, 〈간통 부인에게 농약 주며 "마셔라"/남편이 자살 강요…숨져〉, 《한국일보》, 1990년 7월 24일, 23면.

| 47 | 〈이혼 소송 제기당한 간통 여인/남편 청부 폭행/위자료 받아내려고〉, 《동아일보》, 1990년 8월 2일, 15면.

| 48 | 〈간통 탄로 나자 "강간당했다" 정부 고소〉, 《한국일보》, 1991년 3월 5일, 22면.

| 49 | 〈남편이 간통 눈치채자 기도원 등에 강제수용〉, 《경향신문》, 1991년 3월 25일, 15면.

| 50 | 〈아내 간통 현장 기습/정부에 공기총 난사〉, 《경향신문》, 1993년 5월 3일, 23면.

| 51 | 〈간통죄 존속 84% 찬성/형사정책연구원 설문조사〉, 《한겨레》, 1991년 4월 10일, 14면.

| 52 | 〈간통 부인 이혼도 재산분할권 인정〉, 《동아일보》, 1992년 1월 11일, 15면.

| 53 | 장명수, 〈간통한 아내의 재산권〉, 《한국일보》, 1992년 1월 13일, 3면.

| 54 | 신연숙, 〈간통죄 폐지 "아직 시기상조"〉, 《한겨레》, 1992년 4월 12일, 8면.

| 55 | 이충남, 〈간통죄 폐지 미혼 여성이 더반대〉, 《동아일보》, 1992년 4월 28일, 4면.

| 56 | 김병주, 〈〈간통죄 폐지〉 찬반 논쟁 재연/여단협 등 형법개정시안 토론회〉, 《한국일보》, 1992년 4월 28일, 22면.

| 57 | 황지희, 〈금기 깬 멜로 드라마들〉, 《PD저널》, 2006년 1월 18일, 5면.

| 58 | 전규찬, 〈 '애인' 을 둘러싼 이야기들: TV 드라마 텍스트의 주변 담론 분석〉, 황인성 · 원용진 엮음, 《애인: TV 드라마, 문화 그리고 사회》(한나래, 1997), 21쪽에서 재인용.

| 59 | 전규찬, 〈 '애인' 을 둘러싼 이야기들: TV 드라마 텍스트의 주변 담론 분석〉, 황인성 · 원용진 엮음, 《애인: TV 드라마, 문화 그리고 사회》(한나래, 1997), 33쪽에서 재인용.

| 60 | 전규찬, 〈 '애인' 을 둘러싼 이야기들: TV 드라마 텍스트의 주변 담론 분석〉, 황인성 · 원용진 엮음, 《애인: TV 드라마, 문화 그리고 사회》(한나래, 1997), 38쪽에서 재인용.

| 61 | 전규찬, 〈 '애인' 을 둘러싼 이야기들: TV 드라마 텍스트의 주변 담론 분석〉, 황인성 · 원용진 엮음, 《애인: TV 드라마, 문화 그리고 사회》(한나래, 1997), 36~37쪽에서 재인용.

| 62 | 강성만, 〈부인과 간통 유부남 협박/20년간 2억여 원 뜯어내〉, 《한겨레》, 1997년 2월 20일, 27면.

| 63 | 〈간통 알몸 도주 충북도 의원〉, 《한국일보》, 1998년 11월 5일, 23면.

| 64 | 이진구, 〈간통 혐의로 피소 20代 여성, '처녀증명서' 제출 결백 입증〉, 《경향신문》, 1999년 4월 15일, 23면.

| 65 | 박원식, 〈[사이버 서베이] 네티즌 54% "육체관계 없다면 간통 아니다"〉, 《한국일보》, 1999년 4월 22일, 7면.

| 66 | 이기호, 〈[이기호의 길 위의 이야기] 간통죄〉, 《한국일보》, 2007년 9월 21일, 38면.

| 67 | 정승호, 〈딸이 엄마 불륜 '사이버 폭로' 女 파출소장 간통혐의 영장〉, 《동아일보》, 2000년 8월 9일, 27면.

| 68 | 배명재, 〈'간통 피소' 前 파출소장, "난 피해자" 사이버 해명〉, 《경향신문》, 2000년 8월 12일, 19면.

| 69 | 〈당신의 생각은/경찰 어머니 간통 공개고발〉, 《한국일보》, 2000년 8월 14일, 7면.

| 70 | 이본영, 〈간통죄 합헌 결정/헌재 '존치하되 폐지 여부 검토 필요'〉, 《한겨레》, 2001년 10월 26일, 15면.

| 71 | 김영화, 〈아내와 간통한 동료 부인에 '스와핑' 강요 앙갚음〉, 《한국일보》, 2001년 7월 14일, 27면.

| 72 | 황진영, 〈위자료 뜯으려 친구 시켜 남편과 간통〉, 《동아일보》, 2004년 1월 29일, 31면.

| 73 | 손원제, 〈드라마만 보면…대한민국은 불륜 공화국?〉, 《한겨레》, 2004년 10월 26일.

| 74 | 이종원, 〈신해철 "간통죄 폐지하라" 오늘 밤 '100분 토론' 출연 소신 피력〉, 《경향신문》, 2005년 11월 3일.

| 75 | 강수진, 〈싸이 "간통죄 폐지해야" '빨간 딱지' 음반 심의제도 비판도〉, 《경향신문》, 2005년 12월 12일.

| 76 | 고재학 외, 〈위기의 아내들/ '위험한 줄타기' 불륜이 아니라 로맨스?〉, 《한국일보》, 2006년 9월 2일, 6면.

| 77 | 송영웅, 〈위기의 아내들/평범한 주부들까지 '애인 만들기' 유행〉, 《한국일보》, 2006년 9월 2일, 1면.

| 78 | 고재학 외, 〈위기의 아내들/ '위험한 줄타기' 불륜이 아니라 로맨스?〉, 《한국일보》, 2006년 9월 2일, 6면.

| 79 | 송영웅, 〈위기의 아내들/평범한 주부들까지 '애인 만들기' 유행〉, 《한국일보》, 2006년 9월 2일, 1면.

| 80 | 유인경, 〈배신을 법으로 단죄하는 것은 타당한가…간통죄 합헌 결정 그 후〉, 《경향신문》, 2008년 11월 6일.

| 81 | 고주희, 〈간통 들키자 "강간" 허위고소〉, 《한국일보》, 2006년 12월 23일, 8면.

| 82 | 홍진수, 〈불륜 들통 나자 돈 구하려 딸, 누나 협박 '납치 자작극'〉, 《경향신문》, 2007년 3월 27일, 8면.

| 83 | 박효순, 〈간통 현장 등 촬영 국내 최대 사이버 흥신소 적발 - '불륜 몰카'로 17억〉, 《경향신문》, 2007년 10월 17일.

| 84 | 이순혁, 〈간통죄 네 번째 헌재 심판대에〉, 《한겨레》, 2007년 9월 10일, 12면.

| 85 | 이현아, 〈옥소리 "간통이 무슨 죄?" 위헌심판 신청〉, 《한국일보》, 2008년 1월 30일.

| 86 | 이동영, 〈"간통죄 심판을" 6개월 새 3번째 위헌 제청〉, 《동아일보》, 2008년 2월 28일, 14면.

|87| 안진용, 〈이혼·간통·싱글맘···女 스타들의 힘, 세상 바꿔!〉, 《한국일보》, 2008년 3월 10일.

|88| 유인경, 〈배신을 법으로 단죄하는 것은 타당한가···간통죄 합헌 결정 그 후〉, 《경향신문》, 2008년 11월 6일.

|89| 박영흠, 〈간통죄 심판 결과, 2001년 합헌 땐 8대 1 '격세지감'〉, 《경향신문》, 2008년 10월 31일.

|90| 정성희, 〈간통죄 憲訴史〉, 《동아일보》, 2008년 10월 31일, 30면.

|91| 유인경, 〈배신을 법으로 단죄하는 것은 타당한가···간통죄 합헌 결정 그 후〉, 《경향신문》, 2008년 11월 6일.

|92| 김선주, 〈올해의 인물, 옥소리〉, 《한겨레》, 2008년 12월 23일.

|93| 남원상, 〈'사이버 애인과 포르노 간통'이 죄?〉, 《동아일보》, 2008년 9월 17일, 15면.

|94| 경태영, 〈제 발 저린 '불륜 공무원들'···60대 협박범 징역형〉, 《경향신문》, 2009년 1월 12일.

|95| 조용휘, 〈"돈 안 보내면 불륜 폭로" 무작위로 문자 2,000통〉, 《동아일보》, 2009년 2월 21일.

|96| 월 듀란트, 이철민 옮김, 《철학 이야기》(청년사, 1987), 236쪽.

매매춘, 한국을 벗기다